李穀詩選

이곡 시선

<지만지한국문학>은
한국의 고전 문학과 근현대 문학을 출간합니다.
널리 알려진 작품부터
세월의 흐름에 묻혀 이름을 빛내지 못한 작품까지
적극적으로 발굴합니다.
오랜 시간 그 작품을 연구한 전문가가
정확한 번역, 전문적인 해설, 풍부한 작가 소개, 친절한 주석을
제공합니다.

李穀詩選

이곡 시선

이곡(李穀) 지음

배규범 옮김

대한민국, 서울, 지만지한국문학, 2025

편집자 일러두기

- 이 책은 한국고전번역원에서 간행한 《한국문집총간》 3집에 실려 있는 20권 4책 총 293판 《가정집(稼亭集)》을 저본으로 번역했습니다. 이는 연세대학교 중앙도서관장본(圖書番號 : 811.96－이곡－가－판)을 대본으로 영인(影印)한 것으로, 반엽(半葉)은 10행 20자이고 반곽(半郭)의 크기는 20.9 × 15.6센티미터입니다.
- 이 책은 《가정집》에 수록된 369제(題) 492수(首) 중 180제 233수를 뽑아 옮겼습니다. 선별 기준은 작가 이곡(李穀)의 생애를 7단계로 나누고, 각 단계에서 주요 사건이나 교유, 심리 변화를 잘 보여 주는 작품을 위주로 골랐습니다.
- 번역문은 최대한 한글 표기를 사용했으며, 각주(脚註) 없이도 이해가 되게끔 풀어서 옮겼습니다. 원문에 붙인 각주는 전고(典故)나 고전 용어 등 반드시 필요한 부분으로 제한했습니다.
- 작품 뒤에 (권○○)으로 표기한 것은 모두 《가정집》의 권수를 의미합니다.
- 번역에서 필요한 경우 이해를 돕기 위해 한자를 넣었습니다.
- 맞춤법과 띄어쓰기는 한글 맞춤법과 표준어 규정을 따랐습니다.
- 이 책에서 사용한 부호는 다음과 같습니다.

  《 》: 서명.

  〈 〉: 작품명.
- 주석과 해설은 모두 독자의 이해를 돕기 위해 옮긴이가 작성한 것입니다.
- 저자의 원주는 본문에 작은 글씨로 표시했습니다.

- 한글에 한자를 병기할 때 괄호 안의 말과 바깥 말의 독음이 다르면 [ ]를 사용하고, 번역어의 원문을 표시할 때는 ( )를 사용했습니다. 또 괄호가 중복될 때에도 [ ]를 사용했습니다.
- 외래어 표기는 현행 한글어문규정의 외래어표기법을 따랐습니다. 중국 인명과 지명 중 옛날 인명과 지명은 한국 발음으로, 현대 인명과 지명은 중국 발음으로 표기했습니다.

차 례

1. 제과 급제 이전기

2. 제2 · 3차 재원(在元) 활동기

3. 정동행성(征東行省) 원외랑(員外郎) 근무기

4. 제4차 재원 활동기

5. 고려에서의 반삭(頒朔) 활동기

6. 제5차 재원(在元) 활동기

7. 고려에서의 황혼기

1. 제과 급제 이전기(34년 5개월)

출생(1298)~34세(1332)

차운(次韻)해 백화보(白和父)에게 답하다

내 태어나길 멀리 다니길 좋아해
산수도 깊고 그윽한 곳에 이르렀네.
서울에선 몇 달을 지냈을 뿐
강남에서 열 번이나 가을을 보냈다오.
내가 생각해도 놀라운 요즘 내 생각
방까지 빌려 이리 오래 죽치고 있다니.
궁벽과 영달은 분명 운명에 달렸을 터인즉
뻔뻔스럽게 무엇을 또 구하리오?
늙으신 홀어머니와
고향 돌아갈 길 꿈에서도 어른거리네.
그대도 알다시피 부잣집 문 두드려도
우리를 어디 아는 척이나 한답디까?

次韻答白和父1)

吾生好遠游　　山水極深幽
都下數閱月　　江南十經秋
自訝今日計　　賃屋久淹留
窮通要有命　　强顔何所求
孀親亦已老　　故山歸夢稠
君看富兒門　　不容吾輩流

1) 백화보(白和父) : 이 시는 젊은 날 구직 활동을 펼칠 때의 심정을 담아 예부시 동년인 백문보(白文寶)에게 보낸 것이다. 정확한 창작 시기를 알 수 없어 저간의 사정을 알 수는 없지만 백문보는 이곡이 가장 가까이 지냈던 벗 중 하나였다. 이후 백문보는 광주목사(廣州牧使)를 지냈는데, 이곡은 그를 위해 〈청풍정기(淸風亭記)〉를 써 주기도 했다. 이곡은 한산(韓山) 북고촌(北古村, 현 충남 서산군 한산면)에서 출생했는데, 조부 이창세(李昌世)로부터 대대로 그곳의 호장(戶長)을 지냈다. 열두 살 때 부친 이자성이 사망하자 어머니를 모시고 상경해 도평의사사(都評議使司)의 말단 행정 실무 요원인 연리(掾吏)로 생계를 유지했다. 이후 이곡은 22세 되던 1320년(충숙왕 7) 이제현(李齊賢)이 지공거(知貢擧)를, 박효수(朴孝修)가 동지공거(同知貢擧)를 맡은 거자과[擧子科, 구재삭시(九齋朔試), 국자감시(國子監試)]에 2등으로 합격해 복주(福州, 지금의 안동) 사록참군사(司錄參軍事, 정9품)에 임명됨으로써 고려에서의 관직 생활을 시작했다. 이후 3년 동안의 임기를 마치고 26세가 되던 1324년(충숙왕 11)부터 예문검열(藝文檢閱)에 임명되는 33세 1331년(충혜왕 1) 봄까지 무려 6년간 무직 시절을 보내야만 했다. 이 시가 정확히 어느 때 어느 곳에서 지은 것인지는 알 수 없다. 다만 이 어지는 다음 시를 보면 부귀 자제의 홀대를 받으며 송도(松都)에서 어렵게 생활하던 때의 작품이 아닌가 싶다.

진주(眞州) 새로 온 기생의 이름—완계사(浣溪沙)

나그네 길 봄바람에 취해 돌아가지 못해
생황 가락 느릿느릿 밤은 길고 길기만.
죽서루 저 멀리 달그림자 들쭉날쭉
행락은 본래 아무 일 없어야 제격이지.
피기도 전에 찾아온 것이 못내 아쉽거늘
앞으로 누가 장원의 가지를 꺾을는지?

眞州[2]新妓名詞—浣溪沙[3]

客路春風醉不歸　　笙歌緩緩夜遲遲
竹西樓逈月參差　　行樂雅宜無事地
尋芳却恨未開[4]時　　他年誰折狀元枝[5]

2) 진주(眞州) : 삼척(三陟)의 옛 이름.

3) 완계사(浣溪沙) : 사(詞) 장르에서 곡조(曲調)의 한 종류. 당대(唐代) 교방곡(敎坊曲)에서 시작되었는데, 서시(西施)가 약야계(若耶溪)에서 비단을 빠는 것을 노래한 것에서 유래해 완계사라고 한다. 당송(唐宋) 시단에서 사용 빈도가 가장 높은 곡조였고, 소식(蘇軾)이 가장 많이 지은 것으로 알려져 있다.

4) 한미개(恨未開) : 새로 온 어린 기생을 희롱하는 대목. 당나라 시인 두목(杜牧)이 호주(湖州)에서 아주 마음에 든 어린 소녀를 보고 10년

뒤에 돌아와 혼인을 하고 싶다고 미리 폐백을 주고 떠났다. 14년 뒤에 와서 보니 그 소녀는 벌써 결혼해 두 아이의 엄마가 되어 있었다. 이에 두목은 꽃을 너무 늦게 찾아온 것이 한스럽다는 시를 지었다. 《당시기사(唐詩紀事)》 참조.

5) 장원지(狀元枝) : 과거에서 장원 급제를 하고 머리에 꽃가지를 꽂고 금의환향하는 모습을 떠올리면 된다. 과거에 급제하면 증서인 홍패(紅牌)와 어사화(御賜花)를 받게 된다. 어사화는 종이로 여지(荔枝)꽃 모양을 만들었다고 한다.

무진년(1328, 충숙왕 15) 겨울, 얼어붙은 한강(漢江)을 건너며

모래 언덕 여인숙 정말 을씨년스러워,
빈 처마 아래서 북두성 자루만 쳐다봤지.
한밤중 질풍에 지붕이 날아갈 듯하더니,
강물이 외길로 얼어붙어 다리가 되었네.
문득 사람이 얼마나 소심한지 알겠구나.
한 길 얼음 위 힘센 말 자랑 멈추게 되네.
건너온 뒤 후유 하며 혼자 쓴웃음 짓게 되니,
고향에서 고기 잡고 나무하며 늙는 게 낫겠네.

戊辰冬氷渡漢江

沙頭逆旅正蕭條　幾傍虛簷望斗杓
半夜疾風吹破屋　一江流水凍成橋
須臾便見人心小　尋丈休誇馬足驕
過了畏途還自笑　不如歸去老漁樵

기행(紀行)시 한 수를 지어 청주참군(淸州參軍)에게 주다

옛사람들 획일법을 중시했는데,
지금 사람은 바꾸길 좋아하지.
법령이 쇠털처럼 세세하니,
백성은 꼬리 붉은 물고기처럼 고달프구나.
아아! 멀리 지방으로 갈 사람아,
너는 어찌 불평만 일삼는가?
한평생 대부분 먹고살기 위해,
지방 발령에 익숙할 것인즉.
구불구불 청주(淸州)를 거쳐,
천 리를 돌아 한산(韓山)에 이르렀네.
오는 길에 본 것이 많아,
탄식이 절로 나오는구나.
십 리나 오 리 길 사이에도,
달리는 역마들 정말 많구나.
말에서 내려 길옆에 비켜서니,
유성처럼 휙 하고 지나가네.
혹시 나라님 말씀을 가지고 달려가,
삼남의 농민들에게 반포하려는가 했거늘.

옆에서 그러길 집칸 수와 식구 수를 따져,
고아와 독신에게까지 세금을 매긴다고 하네.
또 말하길 산과 들을 모두 손아귀에 넣고,
권세가들 남의 땅 쪼개 제 땅에 합친다고 하네.
소송 문건들이 쉴 새 없이 쏟아지고,
부역 피해 도망간 빈집들 줄지어 무너진다.
명 받은 사신이 어찌 이런 말 하리오?
성인께서 경전에 적어 두셨거늘.
나도 몰래 〈대동〉 편 읊노라니,
여태 술에서 깨지 못해서인가?
선왕께선 부지런하고 검소해,
사방을 처음 경영하실 적에
산천에 각각 경계를 두었으니,
조세에 어찌 규정을 두지 않았으랴?
공자는 이익에 대해 잘 말하지 않았고,
맹자는 서로 이익 다투는 것을 미워했다.
마침 봄비가 그친 뒤라
뻐꾸기 지저귀는 소리 어여쁘다.
밭머리에 새참도 볼 수 없으니
그 누가 물가에서 밭을 갈겠는가?
나는 산을 하나 사서 돌아가
높은 곳에 집 짓고 창 활짝 열어 놓으리.

뜰 안에는 소나무 대나무 키우고,
문밖에는 찰벼와 메벼 심으리라.
울창한 나무 그늘에 앉아도 보고,
차디찬 맑은 샘물을 마셔도 보고.
날마다 세심경이나 읽으면서,
세상일에 얽히기 싫다네.
한 치 땅도 권력자가 뺏어 가니,
어느 곳이 편안한 오막살이일까?
무슨 일로 바삐 돌아다니느라
해가 다 가도록 편치 못한가?
그대를 생각하니
하급 관리로서 권력자 뒤치다꺼리에 지치리라.
이것 역시 내 눈으로 본 것이요,
저것 역시 내 귀로 들은 것이네.
그대는 이런 상황 늘 접해 봐서
기세가 쩌렁쩌렁 높을 줄 잘 안다네.
그대 마음은 변치 않는 마음이요,
그대 귀밑머리는 온통 검구나.
훗날 중앙 정부로 올라가
직접 나라를 요리하는 재상이 되리라.
혹 이 시를 버리지 않거들랑
내 말로 좌우명을 삼으시라.

紀行一首 贈淸州參軍

古人重畫一6)　　今人好變更
法令牛毛細7)　　黔蒼魚尾赬8)
嗟嗟遠游子　　爾心胡不平
平生多爲口　　慣作東南行
逶迤過上黨9)　　千里到韓城

6) 획일(畫一) : 획일법(畫一法). 한 일(一) 자를 긋듯 간단하고 명쾌해서 누구나 환히 알 수 있는 법령이라는 뜻. 한나라 초기 상국(相國) 소하(蕭何)가 간단명료하게 법을 제정했는데, 그의 뒤를 이은 조참(曹參)이 바꾸지 않고 그대로 유지하자 백성이 노래를 지어 부르면서 "소하가 제정한 법이 일자를 긋듯 명백했는데, 조참이 대신해 지키면서 그 정신 잃지 않았다네(蕭何爲法 顜若畫一 曹參代之 守而勿失)"라고 찬미했다고 한다. 《사기(史記)》 권54 〈조 상국 세가(曹相國世家)〉 참조.

7) 법령우모세(法令牛毛細) : 법령을 엄밀하고 자세하게 만들어 백성의 생활을 가혹하게 규제하는 것을 말한다. 두보(杜甫)는《두소릉 시집(杜少陵詩集)》 권12 〈술고(述古)〉 제2수에서 "진 효공(秦孝公)이 법 제정을 상앙에게 일임하자, 법령이 쇠털처럼 세밀하게 되었다네(秦時任商鞅 法令如牛毛)"라고 했다.

8) 어미정(魚尾赬) : 살기 위해 몸부림치는 물고기처럼 백성의 생활이 감당할 수 없을 정도로 극히 곤궁해진 것을 말한다. 《시경(詩經)》 〈주남(周南) 여분(汝墳)〉에 "방어 꼬리 붉어지고, 왕실은 불타는 듯(魴魚赬尾 王室如燬)"이라고 했고, 그 주(註)에 "방어(魴魚)는 힘이 약하고 비늘이 가늘다. 물고기는 피곤해지면 꼬리가 붉어진다. 방어 꼬리가 원래 흰데 지금 붉어졌다면 힘을 많이 써서 매우 피곤해진 것이다"라고 했다.

道途多所見　　感嘆由中生
十里五里間　　馳傳[10]紛可驚
下馬立道側　　過眼知流星
吾疑將德音[11]　　布玆南畝氓
或云算間口[12]　　抽錢及孤惸
或云籠山野　　割地歸兼幷
訟牒方組織　　逃戶[13]連畝傾
皇華[14]豈謂是　　聖人著之經[15]
忽詠大東[16]詩　　兀如未解酲

9) 상당(上黨) : 백제 때부터 청주 지역을 일컫는 말.

10) 치전(馳傳) : 역참 마차를 급히 몰다. 급한 용무로 쓰는 가마를 뜻하기도 한다.

11) 덕음(德音) : 좋은 평판이나 명망. 임금의 말이나 도리에 맞는 말.

12) 산간구(算間口) : 간구(間口)는 집의 간가(間架)와 인구(人口)라는 뜻으로, 모든 주민을 대상으로 주택세(住宅稅)와 호구세(戶口稅)를 강제로 부과하는 것을 말한다.

13) 도호(逃戶) : 부역(賦役)을 피해 도망간 호구라는 말. 이들은 호적도 없이 유랑하며 목숨을 이어 나갔는데 사회 혼란과 국가 경제 몰락의 주요 원인 중 하나였다.

14) 황화(皇華) : 임금의 명을 받든 사신이라는 뜻인 황화사(皇華使)의 준말.

15) 성인저지경(聖人著之經) : 성인저경(聖人著經). 공자가 찬술한 《시경》 〈소아(小雅) 황화(皇華)〉에 임금이 사신을 보내면서 간곡히 당부하는 내용이 들어 있다.

16) 대동(大東) : 《시경》 〈소아〉의 편명. 동쪽 나라 전체가 부역과 착취에 시달리는 참상을 서술했다. "경박한 귀족들이 저 큰길을 행차하며

先王勤且儉　　四方始經營
山川各有界　　租稅豈無程
孔氏罕言利[17]　　孟子惡交征[18]
時當春雨後　　布穀[19]間關鳴
不見田頭饁　　誰從水際耕
我欲買山[20]去　　鑿翠[21]開風欞
園中養松竹　　門外種稌秔
茂樹坐鬱鬱　　淸泉飮泠泠
日讀洗心經[22]　　無令世故嬰

오락가락해, 내 마음을 병들게 하도다(佻佻公子 行彼周行 旣往旣來 使我心疚)."

17) 한언리(罕言利) : 《논어(論語)》 〈자한(子罕)〉에 "공자는 이익과 운명과 인에 대해서 드물게 말했다(子罕言利與命與仁)"라는 말이 나온다.

18) 오교정(惡交征) : 《맹자(孟子)》 〈양 혜왕 상(梁惠王上)〉에 "윗사람과 아랫사람이 서로 이익을 취하면 나라가 위태로워진다(上下交征利而國危矣)"라는 맹자의 말이 나온다.

19) 포곡(布穀) : 뻐꾸기의 별칭이다. 봄철에 우는 소리가 '씨앗을 뿌려라(布穀)'라고 재촉하는 것과 비슷하다고 해서 붙은 이름이라고 한다.

20) 매산(買山) : 낙향 또는 은거를 의미한다. 진(晉)나라 승려 지도림(支道林)이 심공(深公)의 소유인 인산(印山)을 사서 은거하려고 하자, 심공이 "소부(巢父)와 허유(許由)가 산을 사서 숨어 살았다는 말을 듣지 못했다"고 기롱한 고사가 있다. 《세설신어(世說新語)》 〈배조(排調)〉 참조.

21) 착취(鑿翠) : 산의 높은 곳에 집을 지은 것을 말한다.

22) 세심경(洗心經) : 《역경(易經)》의 별칭. 《주역(周易)》 〈계사전(繫

尺地入金穴[23]　　何處安柴扃
所以事奔走　　終歲不得寧
念我掌書郎　　青衫[24]倦送迎
此亦眼所見　　彼亦耳所聆
知君常對此　　意氣何崢嶸
君心一寸丹　　君鬢十分青
他年廟堂上　　手調殷鼎羹[25]
吾詩儻不棄　　以爲座右銘

辭傳)〉 상(上)의 "성인은 이로써 마음을 씻어 아무도 모르게 은밀한 곳에다 감추어 둔다(聖人以此洗心 退藏於密)"에서 유래했다.

23) 금혈(金穴) : 황금이 쌓인 동굴이라는 뜻으로, 임금의 총애를 받아 부귀영화를 누리는 가문을 말한다. 후한 광무제(光武帝) 곽 황후(郭皇后)의 동생 곽황(郭況)이 황제의 총애를 받으며 은상(恩賞)으로 엄청난 재물을 받곤 했으므로, 사람들이 그의 집을 금혈이라고 불렀다. 《후한서(後漢書)》 권10 상(上) 〈광무 곽 황후기(光武郭皇后紀)〉 참조.

24) 청삼(青衫) : 푸른 적삼으로, 품계가 낮은 관원의 복장을 뜻한다. 보통 실의에 빠진 하급 관리의 심정을 비유할 때 많이 쓴다. 당나라 백거이(白居易)가 강주(江州)의 사마(司馬)로 좌천되자 〈비파인(琵琶引)〉을 지었다. "좌석에서 제일 많이 운 사람이 누구인고, 강주사마 푸른 적삼 눈물 젖어 축축하네(座中泣下誰最多 江州司馬青衫濕)."

25) 수조은정갱(手調殷鼎羹) : 주방에서 간을 맞추는 요리사처럼 은나라 조정에서 재상의 지위에 올라 국정을 주도하는 것을 말한다. 《서경(書經)》 〈상서(商書) 열명(說命)〉 하(下)에 은나라 황제 무정(武丁)이 재상인 부열(傅說)에게 재상직을 부탁하며 "여러 가지 양념을 넣고 국을 끓일 때면, 그대가 간을 맞출 소금과 매실이 되어 주오(若作和羹 爾惟鹽梅)"라고 말하는 내용이 있다.

천력(天曆) 기사년(1329), 예성강(禮成江)에서 배를 띄웠다가 강어귀에서 바람에 막히다 2수

제1수

강물이 상앗대 반쯤으로 불어났기에
맑은 새벽 조각배 한 척 띄웠네.
바람의 신은 도대체 누구에게 노했는지,
하늘도 나를 불쌍히 여기지 않는구나.
푸른 마름꽃이 막 기운을 내뿜자,
흰 물결은 벌써 산더미처럼 일렁인다.
먼 하늘에선 빗발이 후드득 떨어지고,
파도 소리는 대지를 감아 휘돈다.
바다와 산악에 이어진 무시무시한 길,
구름과 우레의 둔괘(屯卦) 상을 만났구먼.
건너는 게 이롭다는 가르침 생각하며,
후배들에게 천천히 갈 것을 당부하노라.
염여(灩澦)가 닥쳤다고 걱정하지 말자꾸나.
끝내는 봉래(蓬萊)에 이르고 말 텐데 뭘.
그저 고향의 어머니 생각에
돌아가고픈 마음 밤낮으로 재촉하네.

제2수

강물이 동쪽 바다로 흐르는 것은 우왕(禹王)의 공이라,
남쪽 돛 북쪽 노가 멀리 서로 통하게 됐네.
누구는 강 가득 자욱한 빗속에서 늘어지게 자건만,
나는 종일 부는 바람 속에서 깊은 시름 잠겼구나.
어둠 속에 가랑잎처럼 흔들흔들 나부끼고,
아무것도 없다가 뭇 산들이 갑자기 나타나네.
뗏목 타고 바다로 가려 했던 공자님 본뜰 수는 없어도,
반계에서 낚시하던 강태공에게는 물어보리라.

天曆己巳 舟發禮成江 江口阻風 二首

其一

長江半篙漲　　清曉片帆開
風伯知誰怒　　天公不我哀
青蘋纔吐氣[26)]　　白浪已成堆
雨脚橫空遠　　濤聲捲地廻
畏途連海岳　　屯象[27)]值雲雷

26) 청빈재토기(青蘋纔吐氣) : '청빈토기(青蘋吐氣)'는 바람이 불어 강가 마름꽃이 흔들리는 모습을 묘사한 말이다. 전국 시대 초나라 송옥(宋玉)의 〈풍부(風賦)〉에 "대저 바람은 땅에서 생겨나는데, 푸른 마름꽃 끝에서부터 움직이기 시작한다(夫風生于地 起于青蘋之末)"라는 말이 나온다.

利涉[28]思前訓　　徐行[29]戒後來
莫愁當灩澦[30]　　終欲到蓬萊[31]
只爲庭闈念　　歸心日夜催

其二

河海東流想禹功[32]　　南檣北楫遠相通
何人睡足連江雨　　有客愁深盡日風

27) 둔상(屯象) : 운뢰둔(雲雷屯). 《주역》 〈둔괘(屯卦) 상사(象辭)〉에 "구름과 우레가 둔이니 군자는 이때를 당해 천하를 경륜한다(雲雷屯 君子以經綸)"라는 말이 나온다. 운은 상괘(上卦) 감괘(坎卦)이고, 뇌는 하괘(下卦) 진괘(震卦)다. 진괘의 뇌(雷)는 감괘의 구름 아래에 있어 우레가 울리지 않는다. 아직도 우레가 울리지 않고 비가 지상으로 내리지 않는 것, 이것이 둔괘의 상(象)이다. 군자는 이 둔괘의 상을 보고 천하를 다스리며 둔난(屯難)의 어려움을 구제한다. 즉, 하늘과 땅의 기운이 서로 통하지 않고 막혀 버린 난세일수록 영웅호걸이 나와 자신의 뜻을 펼치며 큰일을 할 수 있는 절호의 기회가 된다는 말이다.

28) 이섭(利涉) : 《주역》의 괘사(卦辭)에 "큰물을 건너면 크게 이롭다(利涉大川)"라는 말이 여러 차례 나온다. 큰물로 상징되는 어려움을 돌파하면 반드시 좋은 일이 있을 것이라는 의미다.

29) 서행(徐行) : 《맹자》 〈고자(告子)〉 하(下)에 "천천히 걸어서 어른의 뒤를 따르는 것을 공경한다 하고, 빨리 걸어서 어른보다 앞서가는 것을 불공이라고 한다(徐行後長者 謂之弟 疾行先長者 謂之不弟)"라는 말이 있다.

30) 염여(灩澦) : 염여퇴(灩澦堆)의 준말로, 험하기로 유명한 장강(長江) 구당협(瞿塘峽)의 여울 이름이다.

31) 봉래(蓬萊) : 선인(仙人)이 사는 곳으로, 이상향을 말한다. 각자가 뜻하는 바를 통칭하는 말이다.

一葉簸掀冥晦裏　　群山出沒有無中
敢希魯國乘桴叟[33]　　擬向磻溪問釣翁[34]

32) 우공(禹功) : 대홍수의 난리에서 우왕이 치산치수(治山治水)를 잘 한 덕분에 강물이 범람하지 않고 순리대로 흘러서 바다로 빠지게 되었다는 말. 《시경》 〈대아(大雅) 문왕유성(文王有聲)〉에 "풍수가 동쪽으로 흐르게 된 것은 생각하면 우의 공이로다(豐水東注 維禹之績)"라 했다.

33) 승부수(乘桴叟) : 《논어》 〈공야장(公冶長)〉에는 "나의 도가 행해지지 않으니, 뗏목을 타고 바다로나 나갈까 보다(道不行 乘桴浮于海)"라고 탄식한 공자(孔子)의 말이 실려 있다. 이 구절은 공자가 천하에 어진 임금이 없음을 슬퍼하며 가설해서 말한 것이다. 그러니 실제 바다 건너 한반도로 가겠다는 뜻이 아니라 도가 행해지지 않는 세상을 떠나고 싶은 심정을 밝힌 대목이다.

34) 조옹(釣翁) : 강태공(姜太公) 여상(呂尙)을 가리킨다. 그는 위수(渭水) 물가의 반계(磻溪)에서 낚시질하다가 문왕(文王)을 처음 만나 사부(師傅)로 추대되었고, 뒤에 문왕의 아들인 무왕(武王)을 도와서 은나라를 멸망시키고 천하를 평정했다.

자연도(紫燕島)에서

도중에 자연도를 지나니,
삿대를 두드리며 한가로이 읊조린다.
개펄은 구불구불 전자(篆字) 같고,
돛대는 촘촘히 꽂힌 게 비녀 같구나.
소금 굽는 연기는 가까운 물가에 피어오르고,
바다 위 달은 먼 산 위로 떠오른다.
내 조각배 타고 노는 흥치 가졌으니,
다른 해에 다시 찾아오리라.

次紫燕島

行過紫燕島　　扣枻一閑吟
浦漵盤如篆　　竿檣簇似簪
鹽煙橫近渚　　海月上遙岑
我有扁舟興　　他年擬重尋

뜻을 함께하는 여러 친구들에게 부치다

군자의 사귐은 소인이 짜증 내기 마련인 법,
이제 남은 벗이라야 고작 여덟아홉 명뿐.
서로 모여 내구(耐久)라는 이름 실컷 누렸으니,
이제 경개를 기약하되 여신을 면해 봅세.
한가한 날 담소를 나눌 그대들을 생각하며,
거처에 새 종자 심으며 봄 한 철 보냈노라.
청운에 지기가 있는 것을 혼자 기뻐하노니,
이리 오래토록 날 버려둘 리 있으랴!

寄義交諸君

淡交應使利交[35]嗔　只數而今八九人
已厭盍簪[36]名耐久[37]　但期傾蓋[38]免如新[39]

35) 담교응사이교(淡交應使利交) : 담교(淡交)는 군자의 사귐을, 이교(利交)는 소인의 사귐을 뜻한다. 차이점은 의(義)를 위해서냐 개인적 이익을 위해서냐인데, 이(利)를 추구하는 소인은 이와 무관하게 진행되는 군자의 사귐을 답답하게 여기면서 짜증을 낸다는 뜻이다. 《장자(莊子)》, 〈산목(山木)〉에 "군자의 사귐은 담담하기가 물과 같고, 소인의 사귐은 달기가 단술과 같다(君子之交淡若水 小人之交甘若醴)"라 했다.

笑談暇日思諸彦　　栽種幽居過一春
自喜青雲有知己　　肯教長此作遺民

36) 합잠(盍簪) : 뜻 맞는 이들이 서로들 달려와 만나는 것을 뜻한다. 《주역》〈예괘(豫卦)〉에 "공경은 예정대로 하면 크게 소득이 있으니, 의심하지 않으면 친구들이 다 모이리라(九四由豫 大有得 勿疑朋盍簪)"라 했다.

37) 내구(耐久) : 내구붕(耐久朋)의 준말로, 장기간 우정을 나눈 붕우를 말한다. 당나라 위현동(魏玄同)과 배염(裴炎)이 우정을 맺고서 끝까지 변하지 않자 당시 사람들이 내구붕이라고 불렀던 고사가 있다. 《구당서(舊唐書)》 권87 〈위현동 열전(魏玄同列傳)〉 참조.

38) 경개(傾蓋) : 수레를 멈추고 덮개를 기울이다. 우연히 한 번 보고 서로 친해짐을 이르는 말. 공자(孔子)가 길을 가다가 정본(程本)을 만나 수레의 덮개를 젖히고 정답게 이야기를 나누었다는 데서 유래한다.

39) 여신(如新) : 백두여신(白頭如新). 머리가 백발이 되도록 오래 사귀었어도 서로 마음을 깊이 알지 못해 새로 사귄 사람과 같다는 뜻. 오랫동안 사귄 사이이지만 서로 간의 정이 두텁지 못함을 비유하는 말.

첩박명(妾薄命) 이백의 운(韻)을 써서 짓다. 2수

제1수

저는 본래 한미한 집안의 딸로
가시나무 비녀 꽂고 오두막에 살았지만
타고난 자질이 아름다워
두 뺨은 붉은 옥소반과 같았죠.
스스로 경국지색이라 믿고는
세상 사람들과 사귀지 않았어요.
오릉의 많은 젊은이들이
지나가다 모두 수레를 멈췄지만
미소 한 번도 가벼이 흘리지 않았고,
천금을 준다 해도 응하지 않았지요.
이 때문에 좋은 때를 다 놓치고,
세월만 장강에 흘려보내고 말았어요.
어젯밤엔 서풍이 불더니만,
이슬 맺힌 풀숲에서 베짱이 우는군요.
고운 얼굴 사라질까 두렵나니,
때 지나면 호시절 다시 오지 않겠지요.

제2수

나면서부터 남과 사귀지 못한 채
긴 세월 집 안에만 틀어박혀 살았어요.
줄곧 예쁜 얼굴 때문에 그르치다
도리어 가짜 옥에게 조롱을 받았답니다.
미움과 사랑은 예부터 무상한 것이라서
아침의 은인도 저녁에는 소원해지는 법.
울적한 심정에 〈추선(秋扇)〉 시 읊으니,
임의 총애 되찾을 희망도 끊겼답니다.
누굴 위해 금빛 침대의 먼지 털까나,
수놓은 이불 넣어 버린 지도 오래되었지요.
텅 빈 방에 스며드는 차가운 달빛,
깜빡깜빡 날아가는 반딧불만 보입니다.
깊은 시름 속에 잠깐 꿈을 꾸었는데,
어렴풋이 누가 더 예쁜지 다투었는지도.
세상엔 사마상여(司馬相如)만 한 재주가 없으니,
그 누가 옛정을 되찾게 해 줄는지요?

妾薄命 用太白韻[40]

其一

妾本寒門子　荊釵居白屋
美質天所生　兩臉如頳玉
自倚傾國艷　乃與世人疏
五陵[41]多年少　過者皆停車
一笑肯輕賣　千金且不收
以此自慾期　歲月長江流
西風昨夜至　莎雞鳴露草
紅顏恐消歇　時過不再好

40) 태백운(太白韻) : 첩박명(妾薄命)은 악부(樂府) 잡곡가사(雜曲歌詞)의 한 종류다. 원래는 미인박명(美人薄命)을 주제로 하는 노래였지만, 이백은 한 무제(漢武帝)의 총애를 받다가 나중에는 폐위되어 장문궁(長門宮)에 유폐된 황후 진아교(陳阿嬌)의 일을 읊었다. 부귀영화가 허망하다는 주제를 담고 있다. 이백의 《이태백집(李太白集)》 권3 〈첩박명(妾薄命)〉은 5언 고시라 정해진 운자가 없었지만, 운자가 들어갈 자리에 옥(屋)·옥(玉)·소(疏)·거(車)·수(收)·유(流)·초(草)·호(好) 자를 사용했다. 이곡은 이 글자를 운으로 사용해서 시를 지었다.

41) 오릉(五陵) : 함양(咸陽) 부근에 있는 서한(西漢) 다섯 황제의 능을 가리킨다. 이곳에 능을 세울 때마다 사방의 부호들을 옮겨 와 살도록 했기 때문에 요즘 말로 부자 동네가 되었다. 서울 부호(富豪)의 경박하고 호협한 자제들을 가리킨다. 《한서(漢書)》 권92 〈원섭전(原涉傳)〉 참조.

其二

生不識人面　長年在深屋
一爲色所誤　反遭珉[42]欺玉
憎愛古無常　朝恩暮乃疎
悒悒詠秋扇[43]　望絶登君車
金牀爲誰拂　繡被久已收
閨空寒月落　但見螢火流
沈憂暫成夢　依俙鬪百草[44]
世無相如才[45]　誰令復舊好

42) 민(珉) : 민은 옥과 비슷하게 생긴 돌로, 가짜 옥을 가리키는 말이다. 자기보다 못난 사람에게 자신의 자리를 빼앗겼음을 뜻한다.

43) 추선(秋扇) : 가을 부채. 가을에는 부채를 쓸 일이 없으므로 흔히 남자에게 버림받은 여인의 처량한 심정을 비유한다. 한나라 성제(成帝) 때 궁인 반 첩여(班倢伃)는 시가에 능해 황제의 총애를 받았는데, 이후 조비연(趙飛燕) 자매가 궁에 들어오고 나서는 뒷전으로 밀려났다. 이에 스스로 장신궁(長信宮)으로 물러나 폐위된 태후를 모시고 시부를 읊으며 슬픈 나날을 보내며 지냈다. 《문선(文選)》 권14에 자신의 서글픈 심정을 가을 부채에 비유한 그녀의 〈원가행(怨歌行)〉이 수록되어 있다.

44) 투백초(鬪百草) : 단오절에 여인들이 꽃을 꺾어 와서 다과(多寡)와 우열(優劣)을 비교하며 시합한 놀이. 여기서는 잠시 꾼 꿈에서 누가 더 예쁜지 서로 경쟁하던 때로 돌아갔음을 의미한다.

45) 상여재(相如才) : 진 황후(陳皇后) 아교(阿嬌)가 유폐된 뒤에 시인 사마상여(司馬相如)가 문장을 잘 짓는다는 말을 듣고는 100근(斤)의 황금을 보내어 글을 부탁했다. 그는 〈장문부(長門賦)〉를 지어 주었는데, 한 무제가 그 글을 읽고 나서 진 황후를 다시금 총애했다고 한다. 《문선》 권8 〈장문부〉 참조.

애왕손(哀王孫)

진황이 범처럼 노려봄에 만국이 무릎을 꿇자
옛 도를 모두 없애고서 백성을 바보로 만들었네.
승냥이가 길 막으니 누가 감히 나서겠는가?
천지가 막혀 버렸으니 운뢰둔(雲雷屯)이로구나.
회음 땅 젊은이는 장사(壯士)를 업신여기며
가랑이 사이 기면서도 태연자약했지.
빨래터 아낙네 안목이 있어 왕손을 애처롭게 여기자
한 그릇 밥에 천금으로 보답하리라 다짐했지.
망이궁의 난이 일어나 진(秦)이 사슴을 잃자
천하가 얼마나 분분하게 뒤쫓았던가?
이 중 유방과 항우 발 빠르다 칭했지만,
한밤중 사면초가(四面楚歌)로 승부가 결판났네.
왕손의 공로 소하(蕭何)와 조참(曹參)을 압도해,
동서로 종횡무진하며 천하를 주물렀지.
왕손의 충의는 당시에도 여전히 사모할 만해,
괴통(蒯通)도 계책을 거두고 다시 말하지 않았다지.
새를 잡고 나면 활은 감춘다는 그 말 얼마나 슬픈가?
왕손은 한 황실의 야박함을 원망했다네.
왕손이여 번쾌(樊噲)와 한 줄에 선 것을 탄식 마오.

하늘이 어찌 오강(烏江)에서 항우만 망하게 했겠는가?
다시 도모하고자 해도 그럴 수 없으니,
만고에 왕손만 불쌍히 여기게 되었구나.

哀王孫46)

秦皇虎視萬國奔　　剗滅古道愚黎元47)
豺狼當途48)誰敢行　　天地閉塞雲雷屯49)

46) 왕손(王孫) : 한나라 개국 공신 회음후(淮陰侯) 한신(韓信, ?~BC 196)을 말한다. 그가 한(韓)나라 희성 한씨 왕족 출신으로, 한 양왕(襄王)의 서손이었기에 왕손이라 부른 것이다. 두보의 〈애왕손〉이 유명한데, 이 곡도 제목을 따왔다.

47) 우여원(愚黎元) : 여원(黎元)은 백성을 말한다. 진시황(秦始皇)이 이사(李斯)의 건의를 따라 법가(法家) 사상으로 6국(六國)을 병탄하고 중국 최초로 통일 국가를 이루었지만, 자신에게 저항하는 유생들과 서적을 불태운 분서갱유(焚書坑儒)를 일으켰다. 그 결과 전적(典籍)이 끊기면서 학술 문화의 발전을 후퇴시켰다. 이를 두고 《사기(史記)》 권6 〈진시황 본기(秦始皇本紀)〉에서는 "이에 선왕의 도를 폐하고 백가의 말을 불태워 백성을 바보로 만들었다(於是廢先王之道 焚百家之言 以愚黔首)"라고 기록했다.

48) 시랑당도(豺狼當途) : 진시황의 아들 호해(胡亥)가 즉위하자 승상 환관 조고(趙高)가 천자를 농락하면서 정권을 좌지우지했다. 조고는 지록위마(指鹿爲馬)의 고사와 같이 권력을 손에 쥐고 국정을 농단했지만 누구 하나 나서서 그를 막지 못했다. 또한 후한 순제(順帝) 때에 장강(張綱)이 지방 풍속을 순찰하라는 명을 받았다. 하지만 그는 타고 갈 수레의 바퀴를 낙양(洛陽) 교외의 땅에 묻고서 "승냥이와 늑대가 지금

淮陰少年侮人傑[50]　　令出胯下如出門
漂母有眼哀王孫　　千金思酬一飯恩
望夷禍起秦失鹿[51]　　天下共逐何紛紛

큰길을 막고 있으니, 여우와 살쾡이 따위야 굳이 따질 것이 있겠는가?(豺狼當路 安問狐狸)"라고 하고는, 곧바로 당시의 권간(權奸)인 대장군 양기(梁冀)를 탄핵해 정사를 바로잡았다. 《후한서(後漢書)》 권56 〈장강 열전(張綱列傳)〉 참조.

49) 운뢰둔(雲雷屯) : 《주역》 〈둔괘(屯卦) 상사(象辭)〉에 "구름과 우레가 둔이니 군자는 이때를 당해 천하를 경륜한다(雲雷屯 君子以經綸)"라는 말이 나온다. 운은 상괘(上卦) 감괘(坎卦)이고, 뇌는 하괘(下卦) 진괘(震卦)다. 진괘의 뇌(雷)는 감괘의 구름 아래에 있어 우레가 울리지 않는다. 아직도 우레가 울리지 않고 비가 지상으로 내리지 않는 것, 이것이 둔괘의 상(象)이다. 군자는 이 둔괘의 상을 보고 천하를 다스리며 둔난(屯難)의 어려움을 구제한다. 즉, 하늘과 땅의 기운이 서로 통하지 않고 막혀 버린 난세일수록 영웅호걸이 나와 자기의 뜻을 펼치며 큰일을 할 수 있는 절호의 기회가 된다는 말이다.

50) 모인걸(侮人傑) : 한신(韓信)이 나중에 초왕(楚王)이 되었을 때에 자신을 가랑이 사이로 기게 한 사람을 찾아 중위(中尉)에 임명하면서 "이자는 장사다. 나를 모욕할 당시에 내가 어찌 죽일 수 없었겠는가마는, 그를 죽여 이름 낼 것도 아니라서 꾹 참은 결과 오늘날에 이르게 된 것이다(此壯士也 方辱我時 我寧不能殺之邪 殺之無名 故忍而就於此)"라고 했다. 《사기》 권92 〈회음후 열전〉 참조.

51) 망이화기진실록(望夷禍起秦失鹿) : 여기서 사슴은 제위(帝位)를 뜻한다. 진나라 이세 황제 호해가 망이궁(望夷宮)에서 조고에게 살해당한 뒤 천하는 다시 어지러워졌다. 이에 천하의 영웅호걸들이 패권을 두고 쟁탈전을 펼쳤다. 제(齊)나라 변사(辯士) 괴통(蒯通)이 한고조(漢高祖)에게 "진나라가 사슴을 잃자 천하가 모두 그 뒤를 쫓았습니다. 이에 재능이 뛰어나고 발 빠른 사람이 먼저 사슴을 잡았습니다(秦失其鹿

是中劉項號疾足　　楚歌半夜雄雌分
王孫功大壓蕭曹[52]　　東收西取囊乾坤
當時忠義猶可慕　　蒯生[53]計輟無復言
鳥盡弓藏[54]語已悲　　漢家恩薄王孫寃
王孫休嫌噲等伍[55]　　天亡豈獨烏江濆

天下共逐之 於是高材疾足者先得焉)"라고 말했다. 《사기》 권92 〈회음후 열전〉 참조.

52) 소조(蕭曹) : 소하(蕭何)와 조참(曹參). 두 사람 모두 유방(劉邦)을 적극 보좌한 개국 공신으로서, 이어서 상국(相國)에 임명되었다.

53) 괴생(蒯生) : 괴통은 한신의 책사였다. 그는 한신에게 "공이라는 것은 이루기는 어려워도 망치기는 쉽고, 때라는 것은 얻기는 어려워도 잃기는 쉽다. 지금과 같은 좋은 때는 다시 오지 않을 것이다(夫功者難成而易敗 時者難得而易失也 時乎時乎不再來)"라고 하며 한왕을 위해 항우를 공격할 것이 아니라 중립을 지켜 천하를 삼분하라고 건의했다. 하지만 한신은 "내가 어떻게 이익을 좇아 의리를 배반할 수가 있겠는가?(吾豈可以鄕利倍義乎)"라면서 거절했다. 이에 괴통은 한신과 발을 끊고 미친 척하며 무당 행세를 했다. 뒤에 한신이 죽임을 당하면서 그의 말을 듣지 않은 것을 후회했다.

54) 조진궁장(鳥盡弓藏) : 토사구팽(兎死狗烹) 고사. 한신이 초왕(楚王)의 신분으로 한고조에게 끌려와 죽임을 당할 때 탄식한 말. "과연 사람들의 말과 같도다. 꾀 많은 토끼가 죽으면 날쌘 사냥개가 삶겨 죽고, 높이 나는 새가 다 잡히면 좋은 활이 벽장 속에 감춰지고, 적국이 격파되면 모신이 죽는다고 했는데, 지금 천하가 이미 평정되었으니, 내가 삶겨 죽는 것도 원래 당연한 일이다(果若人言 狡兎死 良狗烹 高鳥盡 良弓藏 敵國破 謀臣亡 天下已定 我固當亨)."

55) 쾌등오(噲等伍) : 한신이 초왕으로 있다가 한고조에게 낙양(洛陽)으로 잡혀 와 회음후(淮陰侯)로 강등된 뒤에 번쾌(樊噲)의 영송(迎送)

更欲乞飯那可得　　　空令萬古哀王孫

을 받고 문을 나오면서 "내가 살아남아 그만 번쾌 따위와 한 줄에 서게 될 줄이야(生乃與噲等爲伍)" 하며 자조 섞인 웃음을 지었던 기록이 《사기》 권92 〈회음후 열전〉에 보인다.

사바검(闍婆劍) 선배의 운(韻)을 빌려

동쪽 접해(鰈海)로부터 서쪽 봉파(蓬婆)까지
육지엔 안개가 없고 바다엔 파랑이 없다.
용이 날아오르고 만물이 우러러보는 것은
어찌 은혜가 금수와 교룡에까지 미친 덕분 아니겠는가?
명당이 크게 열려 왕도 정치를 펼치나니,
총총한 좋은 기운 태묘(太廟)를 둘렀다네.
요임금 백성 기뻐하며 절로 착해지니,
어찌 인의로 수고롭게 교화할 것이 있으랴?
백성이 바라는 건 오직 태평성대뿐,
반백의 노인도 부역과 세금을 모르는 것일세.
성조(聖朝)라 무력행사를 하지 않지만,
일이 생기면 창칼을 치켜들어야만 하리.
땋은 머리 풀지 않는 저 작은 사바국의
얕고 좁은 식견은 대롱이나 바가지에 비할 수 없지.
한신(韓信)이 명령권 갖고 장양(張良)이 작전 세우고,
부족한 군량은 소하(蕭何)가 도왔다네.
돛 올리고 북 울리며 거친 파도 헤치니,
새매가 신라를 지나듯 빠르게 진격했지.
남만(南蠻)의 임금은 항복의 깃발을 들 수밖에

심각한 형세 막혀 버려 손쓸 수 없었다지.
한군(漢軍)이 물처럼 고요히 사방을 포위하니,
초가(楚歌) 들은 병사들 장막 아래서 울었다네.
개선하며 누군가 보검을 가지고 오니,
선명한 북두 무늬에 방금 간 듯 예리하네.
용이 신음하는 듯 자기(紫氣)도 내뿜는 듯하니
정원 나무에 깃들인 새도 놀라 떨어진다.
온 천하가 하나로 통일된 뒤로
서쪽 보물 남쪽 재화 산하를 넘나들었지.
사바의 명검은 어떤 물건과 견줄 수 있을까?
자격도 없이 허리에 차면 칼이 거부하리라.
간사한 자는 가슴이 떨려 쳐다보지도 못할 것이니,
그래서 이 칼이 다른 보물들과 다른 줄 알겠네.
시를 지어 뒷면에 새겨 둠으로써,
보검을 전함에 천년토록 딴소리 없게 해야 하리.
가을바람 차가운 역수에 물결을 일으키며
떠나가 버린 형가 같은 장부 없어
서생이 사바검을 보고 괜스레 탄식할 뿐,
머리 위 세월은 북처럼 빨리도 지나가네.

闍婆[56]刀 用前輩韻

東自鰈海[57]西蓬婆[58]　野無氛祲[59]水無波
此豈龍飛萬物覩　澤及禽獸兼蛟鼉
明堂大闢布王政　鬱蔥佳氣纏四阿[60]
堯民熙熙[61]自於變[62]　寧將仁義勞漸摩[63]

56) 사바(闍婆) : 당시 사바(闍婆)와 대식(大食)은 바다 건너 서남쪽에 있는 나라의 대명사로 인식되었다. 사바는 사바달(闍婆達)이라고도 하는데, 지금의 인도네시아에 속한 섬나라의 이름이다. 사바바달(闍婆婆達)의 준말. 이 작품은 한나라 때 사바국을 병합하고 전리품으로 가져온 사바검을 소재로 쓴 시다.

57) 접해(鰈海) : 가자미[比目魚]가 나는 바다라는 뜻으로, 동해(東海)를 가리키는데, 여기서는 고려를 의미한다.

58) 봉파(蓬婆) : 토번(吐蕃)에 속한 산 이름으로, 대설산(大雪山)이라고도 하는데, 현 중국 쓰촨성(四川省) 마오현(茂縣) 서남쪽에 있다.

59) 분침(氛祲) : 요사스럽고 간사한 기운으로, 바다 위에 낀 아주 짙은 안개를 가리킨다.

60) 사아(四阿) : 기둥이 넷이고 지붕이 사각추(四角錐) 형태로 된 건물을 말한다. 보통 태묘(太廟)와 명당(明堂) 등을 가리키는 말이다.

61) 희희(熙熙) : 화락(和樂)한 모양을 뜻하는 의태어다.

62) 오변(於變) : 오변시옹(於變時雍)의 준말. 백성이 선도(善道)에 이르러 서로 화목해 천하가 잘 다스려지는 것을 말한다. 여기서 오(於)는 감탄사이고, 변(變)은 악(惡)을 변화시켜 선(善)하게 하는 것이며, 시(時)는 시(是)와 같고, 옹(雍)은 화목하다는 뜻이다. 백성이 요순(堯舜)과 같은 성군의 덕에 힘입어 태평성대를 누리고 있다는 말이다.

63) 점마(漸摩) : 물에 담갔다가 숫돌에 간다는 뜻. 차차 좋은 방향으로 감화되어 간다는 의미다. 여기서는 백성을 애써 교화할 필요도 없이 자

黔蒼但期事耕鑿[64]　班白不復知差科[65]
聖朝雖已不好武　有事徑須橫劍戈
蕞彼闍婆不解辮[66]　淺狹那容比管蠡[67]
淮陰受鉞子房籌　餉饋不及煩蕭何
張帆擊鼓駕高浪　疾如鶻子逾新羅[68]

연스럽게 도덕이 갖추어졌다는 말이다. 《한서(漢書)》 권56 〈동중서전(董仲舒傳)〉에 "태학을 세워 국도에서 가르치고 상서를 세워 고을에서 교화하되, 인으로 백성이 젖어 들게 하고 의(義)로 백성을 단속하게 해야 한다(立大學 以教於國 設庠序 以化於邑 漸民以仁 摩民以誼)"라는 말이 나온다.

64) 경착(耕鑿) : 밭 갈고 우물 판다는 말로, 여기에도 태평 시대를 구가한다는 뜻이 들어 있다. 요임금 때에 어느 노인이 지었다는 〈격양가(擊壤歌)〉에 "해가 뜨면 일어나고 해가 지면 쉬면서, 내 샘을 파서 물 마시고 내 밭을 갈아서 밥 먹을 뿐이니, 임금님의 힘이 도대체 나에게 무슨 상관이랴!(日出而作 日入而息 鑿井而飮 耕田而食 帝力於我何有哉)"라는 말이 나온다.

65) 차과(差科) : 차역(差役)과 과세(科稅)의 준말로, 조세의 독촉을 의미한다. 노인들도 평생 조세 독촉을 받지 않지 않고 편하게 살았다는 뜻이다.

66) 불해변(不解辮) : 땋은 머리를 푼다는 것은 중국의 복식을 취한다는 말이다. 이를 보아 사바국이 변발(辮髮)의 풍속을 고치지 않고 중국에 귀순하지 않았음을 짐작할 수 있다.

67) 관려(管蠡) : 국량과 견식이 협소하고 천박한 것을 비유하는 말인데, 한나라 동방삭(東方朔)의 〈답객난(答客難)〉[《문선(文選)》 권45]에 "대롱 구멍으로 하늘을 엿보고, 바가지로 퍼서 바닷물을 재며, 풀 줄기로 종을 치는 격이다(以管窺天 以蠡測海 以筳撞鍾)"라는 말이 나온다.

68) 유신라(逾新羅) : 중국에서는 신라(新羅)라는 말이 특정 국가명이

蠻君徒自豎降旌　　膏肓[69]勢窘難醫痾
漢軍四擁寂如水　　帳下掩泣聞楚歌[70]
班師誰得寶刀來　　斗文赫赫如新磨
龍吟有時紫氣[71]迸　　棲禽驚墮庭之柯
自從六合爲一家　　西賝南貨通山河

라기보다 한반도를 상징하는 단어로 사용해 왔다. 특히 원대(元代)에는 고려의 송골매가 특산으로 인정을 받았는데, 그런 점에서 매우 빨리 민첩하게 지나간다는 뜻을 표현하는 관용구로 사용했다. 선가(禪家)의 《경덕전등록(景德傳燈錄)》에서 "금강 일척전(金剛一隻箭)" "그 화살이 벌써 신라를 지나갔다(過新羅國去)"는 화두로 등장하고, 소식의 《소동파 시집(蘇東坡詩集)》 권17 〈백보홍(百步洪)〉에도 "내 생애 조화를 타고 밤낮으로 흘러가거늘, 가만히 앉아 순식간에 신라까지 넘어감을 깨닫네(我生乘化日夜逝 坐覺一念逾新羅)"라는 구절이 보인다.

69) 고황(膏肓) : 살찔 고, 명치 황. 명치와 심장 사이를 뜻하는데, 병이 이곳에 이르면 고칠 방법이 없다는 의미다. 보통 불치의 병을 가리킬 때 사용하는데, 여기서는 사바국이 한군(漢軍)에게 점령당했다는 뜻이다. 춘추 시대 진 경공(晉景公)의 꿈에 병마(病魔)가 더벅머리 두 아이로 변해 고황에 들어갔는데, 결국은 병을 고치지 못하고 죽었다는 이야기가 전한다. 《춘추좌씨전(春秋左氏傳)》 〈성공(成公) 10년〉 참조.

70) 초가(楚歌) : 사면초가(四面楚歌). 항우군처럼 사바국도 패전했다는 의미다.

71) 용음(龍吟), 자기(紫氣) : 전욱(顓頊)이 예영(曳影)이라는 명검으로 천하를 정벌했는데, 그 검을 사용하지 않고 상자 속에 보관하고 있을 때에는 '용과 범이 신음하는 듯한 소리(如龍虎之吟)'가 새어 나왔다고 한다. 《습유기(拾遺記)》 〈전욱(顓頊)〉 참조. 또 천하의 명검으로 이름난 용천검(龍泉劍)과 태아검(太阿劍)은 풍성(豐城) 땅에 묻혀 있으면서 밤마다 북두성과 견우성 사이로 자줏빛 상스러운 기[紫氣]를 뿜었다고 한다. 《진서(晉書)》 권36 〈장화 열전(張華列傳)〉 참조.

闍婆之刀孰與竝　　佩非其人刀所呵
姦邪寒心敢正看　　故知此物殊於他
要當作詩銘其背　　千年爲寶傳無訛
秋風吹波易水寒　　壯士一去無荊軻[72]
書生對此空嘆息　　頭上歲月如飛梭

72) 형가(荊軻) : 역수한풍(易水寒風) 고사. 전국 시대 자객 형가가 연나라 태자 단(丹)의 부탁을 받고 진왕(秦王)을 죽이려고 떠날 때 역수(易水) 가에서 축(筑)의 명인인 고점리(高漸離)의 반주에 맞추어 "바람결 쓸쓸해라 역수 물 차가운데, 장사 한번 떠나 다시 오지 않으리(風蕭蕭兮易水寒 壯士一去兮不復還)"라는 비장한 노래를 부르고 작별했다. 《전국책(戰國策)》〈연책(燕策)〉 3 참조.

당(唐) 태종(太宗) 육준도(六駿圖)

변하의 비단 닻줄 사람들이 싫어해
당 태종 천명 따라 보검을 빼 들었네.
폭풍 불고 번개 치듯 비린내 씻어 내며
가는 곳 요새마다 무너뜨렸지.
주나라 이후 천 년 만에
이룬 태평성대,
빛나는 공업(功業) 양한(兩漢)을 초월했네.
당시에 여섯 마리 준마를 타고 다녔는데,
창 휘두를 공간 널찍하니 일 처리 여유로웠지.
그 모습 돌에 새기고서 손수 찬까지 지었으니,
그 비석 우뚝 서서 능연각(凌煙閣)과 나란히 했다네.
소릉(昭陵)의 가을 풀엔 석양이 비치나니,
길손이 가리키자 슬픔이 몰려오네.
그대 보지 못했는가?
수레 타고 돌아다니다 왕도를 잃어버린 채,
팔준마 몰아 곤륜산 정상에서 서왕모 만난 목왕(穆王)을.
또 보지 못했는가?
산도 뽑을 힘 다하자 오추마(烏騅馬) 가지 않아

오강 땅이 한나라에 넘어간 것을.
예로부터 공업 이루는 건 지기(知己)에 달린 법,
어찌 준마에 달렸다고 하리오?

唐太宗六駿圖

汴河錦纜[73]人方厭　　秦王[74]順天提寶劍
風行電邁掃羶腥　　所向金湯[75]隨手陷
周衰千載一貞觀[76]　　功業赫然超兩漢[77]

73) 변하금람(汴河錦纜) : 수양제(隋煬帝)가 운하를 통해 강남(江南)을 순행할 적에 변하에 이르러 자신은 용주(龍舟)에 타고 소후(蕭后)는 봉모(鳳艒)에 태운 뒤에, 돛과 닻줄을 모두 비단으로 만들게 하고는, 장장 200여 리에 걸쳐 수백 척의 배로 자신을 뒤따르게 했던 고사가 전한다. 여기서 용주는 용무늬로 장식한 배를, 봉모는 봉황 모양으로 장식한 배를 말한다. 수양제는 직접 〈봉모가〉를 짓기도 했다. 《수서(隋書)》 권24 〈식화지(食貨志)〉 참조.

74) 진왕(秦王) : 당 태종(唐太宗) 이세민(李世民)이 황제에 즉위하기 전의 봉호(封號).

75) 금탕(金湯) : 금성탕지(金城湯池)의 준말로, 굳건한 요새지를 가리킨다.

76) 정관(貞觀) : 당 태종의 연호. 정관지치(貞觀之治, 627~649). 당나라 제2대 황제 태종 이세민 시기의 태평성대를 의미한다. 중국 역사상 가장 번영했던 시대 중 하나로 평가받는다. 이때 태종은 위징 · 방현령 · 장손무기 · 두여회 · 울지경덕 · 이정 · 이적 등의 보좌를 받으며 밖으로는 돌궐을 제압하는 한편 토번을 회유했으며, 안으로는 조용조(租庸調) 제도 · 부병제 · 균전제 등의 제도를 마련하고 과거제를 정비

當時所乘有六駿　　揮戈恢恢有餘刃[78]
寫眞刻石手自贊　　片石屹與凌煙[79]峻
昭陵[80]秋草夕陽邊　　行人指點多愴然
君不見
轍迹紛紛王道缺　　八駿曾到崑崙巓[81]

했다. 이로 인해 당의 기틀이 마련되었다.

77) 양한(兩漢) : 서한(西漢)과 동한(東韓)의 합칭.

78) 여인(餘刃) : 《장자(莊子)》 〈양생주(養生主)〉에 포정(庖丁) 고사가 나온다. 포정은 "지금 내가 칼을 잡은 지 19년이나 되고 잡은 소도 수천 마리를 헤아리는데, 칼날이 지금 숫돌에서 금방 꺼낸 것처럼 시퍼렇다. 소의 마디와 마디 사이에는 틈이 있고 나의 칼날에는 두께가 없으니, 두께가 없는 것을 그 틈 사이에 밀어 넣으면 그 공간이 널찍해서 칼을 놀릴 적에 반드시 여유가 있게 마련이다(今臣之刀十九年矣 所解數千牛矣 而刀刃若新發於硎 彼節者有間 而刀刃者無厚 以無厚入有間 恢恢乎其於遊刃 必有餘地矣)"라고 자신의 비법을 밝혔다. 여기서는 당 태종이 육준(六駿)을 타고 전쟁터를 누비면서 아무리 복잡하고 힘든 상황도 손쉽고 여유 있게 처리했다는 말을 비유해서 표현한 것이다.

79) 능연(凌煙) : 능연각(凌煙閣). 당 태종이 정관 17년(643)에 장손무기(長孫無忌) · 두여회(杜如晦) · 위징(魏徵) · 방현령(房玄齡) 등 개국공신 24명의 초상화를 그려서 여기에 걸어 놓게 했다. 이후 충신을 현창하는 것의 대명사로 사용된다. 《신당서(新唐書)》 권2 〈태종 황제 본기(太宗皇帝本紀)〉 참조.

80) 소릉(昭陵) : 지금의 중국 산시성(陝西省)에 있는 당 태종의 능. 정관 10년(636)에 육준(六駿)을 돌로 조각해 소릉 앞에 세웠는데, 현재 여섯 개의 석각(石刻) 중 두 개는 미국에 있고 네 개는 산시성 박물관에 있다.

81) 곤륜전(崑崙巓) : 주 목왕(周穆王)이 정사는 돌보지 않은 채 팔준마

又不見
拔山力[82]盡騅不逝　烏江煙月漢家天
功成自古在知己　豈在蹄高幷銳耳[83]

(八駿馬)가 모는 수레를 타고 천하를 두루 유람했는데, 곤륜산 꼭대기의 요지(瑤池)에 가서 서왕모(西王母)를 만나 환대를 극진히 받았다고 한다. 《열자(列子)》〈주 목왕(周穆王)〉 참조.

82) 발산력(拔山力) : 항우(項羽)가 일찍이 서초패왕(西楚覇王)이 되어 천하를 호령했으나, 뒤에 해하(垓下)에서 한군(漢軍)에게 겹겹으로 포위되어 곤경에 처하게 되었다. 그는 우미인(虞美人)과 함께 술을 마시며 "힘은 산을 뽑을 만하고 기개는 세상을 덮었는데, 때가 이롭지 못해 오추마가 가지 않는구나. 오추마가 가지 않으니 어떻게 하겠는가? 우여 우여 너를 어찌하면 좋단 말이냐!(力拔山兮氣蓋世 時不利兮騅不逝 騅不逝兮可奈何 虞兮虞兮奈若何)"라고 노래했다. 그 뒤 오강(烏江)에 이르자 본래 근거지인 강동(江東)으로 건너가 재기하자는 주위의 권유를 거부하고 그곳에서 자결해 생을 마감했다. 《사기(史記)》 권7 〈항우본기(項羽本紀)〉 참조.

83) 제고병예이(蹄高幷銳耳) : 여기서 뾰족한 귀와 높은 굽은 준마를 가리킨다. 두보(杜甫)는 《두소릉 시집(杜少陵詩集)》 권6 〈이호현장인호마행(李鄠縣丈人胡馬行)〉에서 준마인 호마(胡馬)를 형용하길, "머리 위 뾰족한 귀는 가을 대나무를 비스듬히 잘라 놓은 듯하고, 다리 아래 높은 굽은 견고한 옥돌을 깎아 놓은 듯하다(頭上銳耳批秋竹 脚下高蹄削寒玉)"라고 표현했다.

한양참군(漢陽參軍) 정 모(鄭某)를 전송하며

한양참군 정영세(鄭永世)가 한양부(漢陽府)로 떠나려 할 적에, 뜻을 같이하는 친구 열 명이 동쪽 교외에 모여 환송식을 했다. 술잔이 돌고 나서 정 군이 일어나 읍하며 말하기를 "붕우는 길 떠나는 사람에게 한마디 말을 선물로 주는 법인데, 어찌 술잔만 건네십니까?"라고 했다. 이에 내가 선뜻 응해 다음과 같이 말했다.

"한양은 수도권 밖의 큰 고을이다. 예로부터 남경(南京)이라고 불리며 동경[東京, 지금의 경주(慶州)] · 서경[西京, 지금의 평양(平壤)]과 함께 정족(鼎足)의 형세를 이루어 왔다. 선대의 도읍지로서, 산하가 장려하고 인물이 번화한 면에서 왕경(王京)인 송도와 어깨를 견줄 만한 곳이다. 그렇기 때문에 한양의 부윤(府尹)은 반드시 재능과 인망이 뛰어나 사람들이 믿고 따르는 자라야 감당할 수 있다고 여겼고, 그것은 빈료(賓僚)와 참좌(參佐)도 마찬가지였다. 국가에 변고가 많이 일어난 뒤로부터 일이 옛날과 달라져서 염치의 도(道)는 없어지고 위와 아래가 서로 이익만을 다투게 되었다. 그리하여 부호들은 남의 소유를 강제로 합병하고, 혹리(酷吏)는 제멋대로 수탈해, 송곳 하나 꽂을 정도의 땅도 없어지고 집에는 곡식 한 톨도 남지 않게 되었다. 그럼에도 수령이 된 자들은 지켜보기만 하고 감히 말도 하지 못하며 백성을 해치고 자신의 안락만 도모하고 있을 뿐이다. 그리하여 백성이 곤궁하면서도 무료하기가 지금보다 심한 경우는 없었다. 경기(京畿) 주위의 수백 리는 특별히 해를 입었는데, 이른바 남경이라고 하는 곳은 더욱 심각하게 쇠약해졌다. 쓸쓸하게 가시덤불이 우거진 가운데 유망민들의 집이 여덟아홉 채 정도 남아 있을 뿐이니, 다른 군현이 어떠할지는 짐작해 볼 수 있다. 그중에 어찌 한두 사람 정도 백성에게 뜻을 둔 자가 없겠느냐마는 그들도 모두 여전히 구차하게 행동하며 답습하고 있을 따름이다.

지금 정 군은 재능이 뛰어나고 나이도 젊은 데다가 한양부윤이 인자하고 현명해서 정 군이 건의하는 대로 승인하며 결재해 줄 것이다. 그러니 정 군이 평소의 뜻을 펼쳐 백성에게 유익한 일을 일으키고 해로운 일을 제거해 선정을 베풀고 그것을 기리는 노래가 한양 경내에 들려 사방으로 퍼지는 것이 바로 이번 걸음에 달려 있다고 할 것이다. 혹자는 '참군(參軍)은 미관말직이니, 깊이 쌓인 폐단을 갑자기 개혁할 수는 없을 것이다'라고 말할지도 모른다. 그러나 이것은 절대 그렇지 않다. '한 가정이 어질면 한 나라가 인자한 마음을 일으키는 법(一家仁 一國興仁)'이라고 했다. 그러니 군자는 자기 자신의 본성과 능력을 다 발휘할 뿐이다. 참으로 그렇게 하면서 백성의 마음을 자신의 마음으로 삼는다면, 비록 적중하지는 않더라도 크게 잘못되지는 않을 것이다. 그러니 어찌 꼭 지위나 녹봉의 높고 낮음이나 풍속이 경박하거나 순박한 것을 따질 것이 있겠는가?"

참군은 내 말을 듣고 그러겠다고 했으며, 여러 사람들도 그렇다고 동의해 주었다. 그래서 이 내용을 글로 써서 전송하는 시들의 서문으로 삼게 되었다.

가을바람에 정원의 나뭇잎 우수수 지니,
내 시름 깊어 긴 밤 잠 못 이루네.
황계(荒鷄) 소리에 깨어 춤추다 잠들면,
중천이 되도록 문밖엔 찾아오는 이 없다네.
오늘 아침 똑똑 소리 반갑게도 손이 왔지만,
바로 마음의 친구가 작별하러 온 것일세.
백 년 인생에서 즐거울 때가 적고
태반이 근심 겨운 건 애착 때문이리라.
동교에 술을 싣고 가니 온통 누런 잎이거늘,
한잔 술 마시기도 전에 노래가 먼저 끝나네.
그대 가는 길 한양관을 가리키니,
삼각산 봉우리가 눈에 선히 보이는 듯.

예로부터 칭송받은 양주(楊州)의 풍경은
내 익히 다녔으니 자세히 말해 줄 수 있지.
남한강 비바람 속 고기잡이 등불은 흔들리고,
북한산 안개에도 사찰은 선명하네.
한스러운 건 백성 착취에 시달려
온 마을 쓸쓸하고 생계조차 어렵다는 점.
그대 가거든 병들고 지친 백성을 어루만져
그곳이라도 먼저 다시 살리시게나.
올해도 세상일 차마 들을 수 없을 지경이라
나 또한 남쪽으로 떠날 뜻 굳혔다네.
봄물이 불어 삿대 저을 수 있을 때면
한강에 조각배 띄우고 뱃전을 두드릴 것을.

送漢陽鄭參軍[84]

漢陽參軍鄭永世將之府, 有執友十人會餞于東郊. 酒既行, 鄭君起揖曰, 朋友贈行以言, 豈特巵酒而已, 余率爾應之曰 : 漢陽, 畿外之巨鎭也. 古稱南京, 而與東西京鼎峙焉. 盖爲先代所

84) 이곡은 이 시를 지은 송별연에서 〈한양참군이 되어 떠나는 정영세를 전송하는 시권의 서문(送鄭參軍序)〉이라는 서문을 짓기도 했다. 서문은 《가정집》 권8에, 〈송한양정참군(送漢陽鄭參軍)〉은 권14에 수록되어 있다. 같은 자리에서 지은 작품들이기에 여기서는 함께 두었다.

都, 山河之壯麗, 人物之繁華, 可肩之於王京. 故尹于是者, 必宏材偉望, 人所信服然後能也, 其賓僚參佐亦如之. 自國家多故, 事異古先, 廉耻道喪而上下交征利. 豪家得以兼幷, 酷吏因而掊克, 地無立錐之閑, 室有懸罄之嘆. 爲守令者, 坐視莫敢言, 厲民自奉而已. 民之困且無聊, 未有甚於此時也. 環畿數百里, 尤被其害, 所謂南京者, 凋弊滋甚. 蕭條荊棘間, 遺氓八九戶耳, 其它郡縣, 可以槩見矣. 豈無一二有志於民者乎, 亦皆因仍苟且, 聊復爾耳. 今君才高年少, 又得府尹之仁且賢者爲之晝諾, 則行其素志, 興利除害, 使弦歌之聲, 襦袴之音, 聞于一境而達之四方, 其在此行乎. 或曰, 參軍微官也, 深弊不可遽革也. 此大不然, 一家仁, 一國興仁, 君子盡己而已, 苟能盡己而以百姓之心爲心, 則雖不中亦不遠矣. 豈必計班資之崇庳, 風俗之澆朴哉. 參軍不以余言爲不可, 諸君亦以爲然, 因書以冠群詩之首.

西風庭樹鳴摵摵　長夜幽人正愁絶
舞破荒鷄[85]擁褐眠　日高門外無來轍
今朝剝啄喜有客　乃是心親來告別
人生百歲少歡樂　大半離愁緣愛結
載酒東郊黃葉稠　一杯未盡歌先闋

85) 황계(荒鷄) : 황계는 삼경(三更) 이전, 즉 새벽이 되기 전에 우는 닭으로, 그 소리는 보통 악성이라고 해서 불길한 조짐으로 받아들여진다. 그런데 동진(東晉)의 조적(祖逖)이 친구인 유곤(劉琨)과 함께 자다가 한밤중에 황계 소리를 들었다. 그는 유곤을 발로 차 깨우며 "이 소리는 악성(惡聲)이 아니다"라고 하며 함께 춤을 추었다고 한다. 《세설신어》 〈상예(賞譽)〉 참조.

歸途政指漢陽關　三峯入眼明如刮
楊州景物古所稱　我慣經由能細說
南江風雨亂魚火　北嶺煙霞明佛刹
所恨居民魚尾赤　籬落蕭條生事拙
君歸摩撫已痌瘝　要令一境先再活
年來世事不堪聞　我亦南游意已決
待得半篙春水生　扁舟一扣漢江枻

궁궐 내 여러 친구들과 자하동(紫霞洞)에서 놀며 차운하다

초당에서 잠 깨고 보니 한가로이 꽃이 지고,
주렴을 걷자 남북으로 청산이 이어졌네.
청산이 나를 비웃네. 방구석 틀어박혀
오롯이 앉아 평생 책이나 보며 산다고.
하지만 서울 그 어디 내 갈 곳 있던가?
고관 댁 대문엔 고개 숙이고 싶지 않은걸.
산중에서 노닐다 보니 또 어이 밤이 되었는고?
시냇가 바위에 달각달각 나막신 소리 울리네.
시호(詩豪)가 또 옥당의 인재를 만났나니
팔두 문장이 옛사람을 뛰어넘었다네.
푸른 석벽 기어올라 오늘 일 새겨 보지만
내일 아침엔 예전처럼 홍진객(紅塵客) 돌아가리.

同禁內諸生遊紫霞洞次韻

草堂睡起落花閑　　卷簾南北多靑山
靑山笑我不出門　　兀兀窮年文字間
長安萬家無所適　　肯向高門低我顔

山中之遊是何夕　　屐齒礰礰響溪石
詩豪[86]更値玉堂賢　　八斗文章[87]超古昔
須攀翠壁記玆遊　　明朝依舊紅塵客[88]

86) 시호(詩豪) : 당나라의 문장가 백거이(白居易)는 유우석(劉禹錫)을 시호(詩豪)로 추천하고 그의 시를 보고는 "물속에서 졸고 있는 여룡(驪龍)의 턱 아래 구슬을 얻었다"고 극찬했다. 그리고 송나라 때 시인 소식(蘇軾)이 자신의 친구 성교(盛僑)를 진(晉)나라의 반악(潘岳)에 비유하면서 그를 칭찬해 〈손거원이 연수의 이성 등 두 저작랑에게 보낸 시에 차운하고, 아울러 내게 보낸 시를 보고 5언 절구를 짓다(次韻孫巨源寄漣水李盛二著作幷以見寄五絶)〉(《소동파 시집》 권12)라는 시를 지었다. "백거이가 시호라고 추천한 유우석도 있지만, 오늘은 반악과 같은 성교와 함께 두었더니 반악은 하양현에 가득 심어 놓은 꽃나무만 괜스레 보게 되었구나."

87) 팔두문장(八斗文章) : 삼국 시대 위(魏)나라 조식(曹植)과 관련한 고사. 《석상담(釋常談)》에는 남조 송나라의 시인 사영운(謝靈運)이 "천하의 글재주가 모두 합쳐서 한 섬이라면, 조자건 혼자 여덟 말을 차지하고, 나는 한 말이요, 나머지 한 말을 천하 사람들이 나누어 갖고 있다(天下才有一石 曹子建獨占八斗 我得一斗 天下共分一斗)"라고 조식을 칭찬한 일화가 실려 있다.

88) 홍진객(紅塵客) : 홍진은 티끌 같은 세상으로 속세를 뜻한다. 그곳에서 아둥거리며 살아가는 우리의 모습을 비유한 말이다.

포사(曝史)의 임무를 띠고 남쪽으로 내려가는 원지(員之) 안보(安輔)를 전송하며

지순(至順) 3년(1332, 충숙왕 복위 1) 겨울 10월 일에 춘추관수찬(春秋修撰) 원지(員之) 안보가 사명(使命)을 받들고 남쪽으로 내려가는 길에 모친을 뵙게 되었으므로 동료들이 모여서 전별했다. 마읍[馬邑, 지금의 한산(韓山)]의 이곡(李穀)이 술잔을 들고 그에게 권하며 말했다.

"예로부터 금의환향(錦衣還鄕)이라는 말이 있는데, 그대가 그런 경우라고 하겠습니다. 그대는 한산(漢山)을 경유하고 죽계(竹溪)를 거칠 것인데, 한산은 예전에 장서기(掌書記)로 근무했던 곳으로 그대가 끼친 선덕을 그리워하는 이가 있을 것이요, 죽계는 그대의 고향으로 자친(慈親)께서 계신 곳입니다. 그런데 10년 만에 사명을 띠고 돌아가니 이 얼마나 영광입니까? 그러므로 한잔 술을 올려 축하하고자 합니다."

안 군(安君)이 웃으면서 술잔을 사양하고는 다시 말했다.

"당치도 않은 말씀이십니다. 대저 벼슬길에 올라 장상(將相)의 지위에 이르고, 부귀해져서 고향에 돌아가는 것을 금의환향이라고 합니다. 그리고 부절(符節)을 손에 쥐고 민정을 살피거나, 절부(節符)를 나눠 받고 원님으로 부임해 한 방면에서 자기 뜻대로 행하며 고향을 빛나게 하는 것이 또 그다음이라고 할 것입니다. 그런데 지금의 나는 품계가 매우 낮은 데다가 맡은 일도 크게 나아진 것이 없습니다. 게다가 포사(曝史)하는 임무를 띠고 단기(單騎)로 달려갔다가 돌아오니 백성에게 득이 될 일도 없고 국정에 도움을 줄 일도 없습니다. 그러니 유감스럽게 여긴다면 몰라도, 어떻게 축하할 수가 있겠습니까? 그리고 제가 듣건대 밥 한 그릇 먹을 적에도 임금을 잊지 못한다고 했는데, 그렇게 임금을 잊지 못하는 이유는 또한 (임금께서) 그 백성을 잊지 않기 때문일 것입니다. 나라는 백성을 근본으로 삼고, 백성은 벼슬아치를 하늘로 삼는 법입니다. 그런데 근래의 지방관들을 보면 그런 사람이 아니라 부절을 잡은 소신(小臣)들이 조정의 명령과는 별도로 자신의 이익을 위해 노력하고 있습니다. 그러므로 백성이 모두 부역을 피해 부호의 집에 노예로 들어가거나 도처에서 무리를 이루어 관리를 능멸하고 있는데도 아무도 어찌하지 못하고 있습니다. 그런가 하면 또 권세에 편승해 사리(私利)를 도모하는 자들이 유성(流星)이 떨어지듯 다투어 역마를 치달리니 성은 황폐해지고 역도 무너져 버려 아득히 밥 짓는 연기가 사라졌습니다. 이러한 현상은 가는 곳마다 모두 그러하니 비록 수려한 강산과 올라서 유람하기 좋은 승경이 있다고 할지라도, 누가 또 수레를 잠시 멈추고 쉬면서 그사이에 한번 눈을 붙일 수나 있겠습니까? 지금은 외방(外方)의 사명을 받들 때가 아닙니다."

이에 이곡이 말했다.

"그대는 약관의 나이에 과거에서 잇달아 급제했으며, 학식은 풍부하고 재주는 민첩하며, 마음은 올바르고 품행은 방정합니다. 남방의 좌막(佐幕)으로 나가자 백성이 차마 속이지 못했으며, 얼마 뒤 비서각(祕書閣)에 들어와서는 옥당(玉堂)에 으뜸으로 천거되었지요. 바야흐로 좋은 때를 만나고 좋은 임금을 만났으니, 임금을 잊지 못하는 마음을 가지고 백성을 잊지 못하는 정치를 행한다면, 미래에 이룰 것들은 상상할 수도 없을 겁니다. 이번 행차가 선정을 베풀고자 하는 뜻은 아니더라도 문에 기대어 기다리는 모친의 소망을 위로해 드릴 수 있을 것이니, 또 무슨 유감이 있겠습니까? 그러므로 한잔 술을 올려 축하하려는 것입니다."

그러자 안 군이 웃으면서 술잔을 받았다. 이때 자리에 있던 세 사람이 떠나고[行] 남는다[處]는 뜻에서 행 자와 처 자로 운자(韻字)를 삼아 시를 지어 주었다. 그리고 안 군의 말이야말로 시속(時俗)을 경책할 수 있음은 물론 사명을 받든 자가 경계로 삼기에 충분하다고 생각했기에 시편(詩篇)들의 첫머리에 함께 밝혀 두고자 한다.

문장을 본받으려면 사마천(司馬遷)과 반고(班固)쯤은 되어야 하고

사업 역시 이윤(伊尹)과 여상(呂尙) 정도는 엿보아야 하고말고.

채소 사며 더 달라 하지 않는 마음 잘 아는지라

닥나무 잎 조각하듯 교묘히 꾸며 대면 사람들이 비웃겠지.

가슴속 희로의 감정은 원숭이처럼 분분하거늘,

머리 위의 광음은 두 마리 쥐처럼 바쁘도다.

그대가 끌어 준 덕분에 버림받지 않았는데,

내가 게을러 함께할 이 없음을 알았다네.

이따금 함께 백운편(白雲篇) 읊으며,

밤마다 연꽃 모양 등촉을 마주했다네.

어찌 우리가 시와 술만 함께했겠는가,

평생 출처를 함께하리라 진즉에 작정했거늘.

오늘 아침 역마를 타고 모친 뵈러 가시니,

옛날 사마상여 다리에 적은 글 농담이 아니었다네.

정녕 아들을 위해 내내 문에 기대실 분,

어찌 증자의 거짓 소문 듣고 베틀을 내려오실까?

붉은 기 서 있는 문 앞에는 수레들이 모여들고,

색동옷 입은 마루 위에는 진수성찬을 차렸으리.
왕명에 기한이 있는 것을 걱정하면서도,
학수고대하는 우리들 생각도 해 주겠지.
분명 해를 넘기지 않고 돌아올 터이니
아녀자처럼 작별을 아쉬워하겠는가?
다만 나도 고향 떠난 지 오래인 사람인지라,
귀향하는 그대 보내려니 마음이 쓰릴 뿐이네.

送安員之89)曝史南歸90)

至順三年冬十月日, 春秋修撰安員之奉使南行, 因覲慈闈, 同僚會餞之. 馬邑李穀執爵而進之曰 : "古有衣錦還鄕者, 君其庶幾乎. 君歷漢山, 道竹溪以行, 漢山舊掌書地, 遺愛存焉, 竹溪, 君之鄕黨, 慈親在焉. 今往返十年間, 銜使命歸, 爲之榮. 敢

89) 안원지(安員之) : 원지는 안보(安輔, 1302~1357)의 자다. 안축(安軸)의 동생이다. 1320년 19세의 나이로 문과에 급제한 뒤 경주사록, 춘추관수찬 등을 지냈다. 1344년 원나라 제과에 급제해 요양행중서성조마 겸 승발가각고(遼陽行中書省照磨兼承發架閣庫)로 부임했지만 어머니 봉양을 이유로 귀국했다. 1355년 정동행성에 올랐으며, 이곡과는 평생지기로서 마음을 터놓고 서로를 존경했던 사이다.

90) 이곡은 이 시를 지은 전송연에서 〈송안수찬서(送安修撰序)〉라는 서문을 지었다. 이 서문은《가정집》권9에, 〈송안원지포사남귀(送安員之曝史南歸)〉는 권14에 수록되어 있다. 같은 자리에서 지은 작품들이기에 여기서는 함께 두었다.

奉巵酒以賀." 君笑而却之, 且曰 : "子欺余哉! 夫仕宦而至將相, 富貴而歸故鄕, 此所謂衣錦也. 若杖節而觀風, 剖符而專城, 橫行於方面而焜耀於鄕閭者, 又其次也. 今吾品秩甚卑而事業如故. 且因曝史[91], 馳單騎以歸, 無所事於民, 無所益於國. 可恨也, 豈可賀也. 且吾聞之, 一飯不忘君, 盖所以不忘其君者, 亦所以不忘其民也. 國以民爲本, 民以吏爲天. 比來承流宣化[92]者, 未盡得其人, 小臣諸節, 乃別播敷[93]. 故民皆逃賦, 而入於豪家, 所在團聚, 陵轢官吏, 莫敢誰何. 抑乘勢營私者爭馳傳遽,

91) 포사(曝史) : 포쇄(曝曬)라고도 하는데, 사고(史庫)를 점검하면서 습기에 젖거나 좀먹은 서적들을 바람에 쐬고 볕에 쬐어 말리는 것을 말한다. 보통 춘추관(春秋館)이나 예문관(藝文館)의 관원이 이 일을 맡아서 했는데, 그 관원을 포쇄관(曝曬官)이라고 했다.

92) 승류선화(承流宣化) : 풍교(風敎)를 받들어 숭상하고 은택을 베풀어 백성을 교화하는 관원의 직분을 가리키는 말로, 흔히 지방 장관을 가리킬 때 쓰는 표현이다. 《한서(漢書)》 권56 〈동중서전(董仲舒傳)〉 참조.

93) 내별파부(乃別播敷) : 《서경(書經)》 〈강고(康誥)〉에 "법도를 따르지 않는 자들은 철저히 형법을 적용해 다스려야 한다. 더군다나 외제자(外諸子)로서 사람을 가르치는 자, 관장(官長), 부절(符節)을 잡은 소신 등이 조정의 명령과는 별도로 선전하고 전파해 선심을 쓰면서 백성에게 큰 명예를 구하기만 할 뿐, 임금을 생각하지도 않고 국법을 적용하지도 않아 임금의 정사를 해치는 경우야 더 말해 무엇 하겠는가? 이는 바로 악을 조장하는 것으로서 내가 미워하는 바이니 그냥 놔둘 수 있겠는가? 그대는 속히 이 의리를 따라 그런 자들을 모두 주륙하라(不率大戛 矧惟外庶子訓人 惟厥正人 越小臣諸節 乃別播敷 造民大譽 弗念弗庸 瘝厥君 時乃引惡 惟朕憝已 汝乃其速由茲義率殺)"라는 말이 나온다.

星火相射, 而荒城破驛, 杳無人烟. 往往皆是, 雖有江山之麗, 登覽之美, 誰復停車弭節, 一寓目於其間哉. 此非奉使于外之時也." 穀曰 : "君以弱冠, 連捷於科場, 學富而才敏, 心正而行方, 佐幕南州而民不忍欺, 俄入芸臺而首薦於玉堂. 方將逢時遇主, 以不忘君之心, 行不忘民之政, 它日所就, 未可量也. 今之行雖非古人攬轡[94]之志, 足慰慈母倚門之望, 尙何恨之有. 敢奉巵酒以賀." 君笑而頷之. 時在席者三人, 以行與處分字爲韻, 賦詩贐行. 謂君之言可以警時俗, 而爲奉使者之戒, 故幷書于篇首.

文章當須慕班馬[95]　　事業亦可窺伊呂[96]
自知求益非買菜[97]　　人笑費巧如刻楮[98]

94) 남비(攬轡) : 고삐를 잡는다는 말은 지방관으로 부임한다, 더 나아가 난세에 선정을 베풀어 백성을 안정시키겠다는 의미다. 후한(後漢) 범방(范滂)이 기주자사(冀州刺史)로 나가면서 "수레에 올라 고삐를 잡고서는 천하를 정화할 뜻을 개연히 품었다(登車攬轡 慨然有澄淸天下之志)"라고 했다 한다. 《후한서(後漢書)》 권67 〈당고 열전(黨錮列傳) 범방(范滂)〉 참조.

95) 반마(班馬) : 중국의 저명한 역사가이자 문학가였던 전한(前漢)의 사마천과 후한(後漢)의 반고.

96) 이려(伊呂) : 중국 역사에서 명재상으로 이름난 상나라 탕왕(湯王)의 승상인 이윤과 주나라 무왕(武王)을 보좌해 은나라를 멸망시킨 여상.

97) 구익비매채(求益非買菜) : 《고사전(高士傳)》에 따르면 후한(後漢) 때 사도(司徒) 후패(侯霸)가 후자도(侯子道)를 보내 고사(高士) 엄광(嚴光)을 초청했다. 엄광이 다른 얘기만 하면서 입으로 간단히 대답하

胸中喜怒紛衆狙99)　頭上光陰催二鼠100)
賴君汲引不見棄　知我疎慵無所與
時時共和白雲篇101)　夜夜相對金蓮炬102)

자 후자도가 보고할 말이 별로 없는 것을 걱정하며 몇 마디만 더 해 달라고 요청했다. 그러자 엄광이 "채소를 사면서 더 달라고 떼쓰는 격이다(買菜乎 求益也)"라고 핀잔을 주었다고 한다. 이 고사를 가져다가 안보가 떠나면서 친구에게 듣기 좋은 말을 많이 해 달라고 요구하는 것도 아닌데 공연히 미사여구로 교묘히 꾸며서 말을 많이 하면 오히려 비웃음을 당할 것이라고 스스로 기롱한 표현이다.

98) 각저(刻楮) : 송나라 사람이 임금을 위해 상아(象牙)로 '닥나무 잎(楮葉)'을 교묘히 조각해서 3년 만에 완성한 뒤에 실제의 닥나무 잎사귀 사이에 놔두니 구별할 수가 없었다고 한다. 열자(列子)가 이 말을 듣고는 "가령 천지가 3년 만에 나뭇잎 하나를 만들어 낸다면, 나뭇잎을 가진 식물은 별로 없을 것이다(使天地三年成一葉 則物之有葉者寡矣)"라고 비웃었다. 《한비자(韓非子)》〈유로(喩老)〉 참조.

99) 중저(衆狙) : 《장자(莊子)》〈제물론(齊物論)〉에 나오는 송나라 저공(狙公)과 원숭이 사이의 조삼모사(朝三暮四) 고사를 인용해 자신의 감정을 표현한 대목.

100) 이서(二鼠) : 흑서(黑鼠)와 백서(白鼠). 불교에서 일월(日月)과 주야(晝夜)를 가리키는 말이다. 세월이 바쁘게 지나간다는 뜻이다.

101) 백운편(白雲篇) : 고향의 부모님을 생각하며 그리워하는 시를 말한다. 남조(南朝) 제(齊)나라 시인 사조(謝朓)의 〈배중군기실사수왕전(拜中軍記室辭隨王箋)〉에 "흰 구름은 하늘에 떠 있건만, 용문 땅은 보이지 않네(白雲在天 龍門不見)"라는 구절이 있다.

102) 금련거(金蓮炬) : 왕의 총애를 받으며 궁궐에서 함께 근무했다는 의미다. 당나라 영호도(令狐綯)가 대궐에서 야대(夜對)하다가 늦은 밤 돌아가게 되자 천자가 '황금 장식을 한 연꽃 모양(金蓮)'의 등촉(燈燭)

豈唯詩酒謾追隨　已分平生同出處
今朝乘傳覲慈親　昔日題橋103)非戲語
端爲王孫久倚閭104) 豈因曾子輕投杼105)
紅旆門前織車轍　綵衣106)堂上列樽俎

과 승여(乘輿)를 내주었다. 이에 학사원(學士院)의 관리들이 멀리서 바라보고는 천자의 행차인 줄로 알았다고 한다. 《신당서(新唐書)》 권 166 〈영호도 열전(令狐綯列傳)〉 참조.

103) 제교(題橋) : 촉(蜀) 성도(成都) 사람 사마상여(司馬相如)가 일찍이 촉군을 떠나 장안(長安)으로 가는 길에 성도의 성 북쪽에 있는 승선교(昇仙橋)에 이르렀다. 그는 다리 기둥에 "출세해 고거사마를 타지 않고서는 다시 이 다리를 건너지 않겠다(不乘駟馬高車 不復過此橋)"라고 써서 기필코 공명을 이루겠다는 자신의 포부를 밝혔다. 뒤에 그의 뛰어난 문장 실력을 한 무제(漢武帝)에게 인정받고 출세해 뜻을 이루게 되었다. 《화양국지(華陽國志)》 참조.

104) 의려(倚閭) : 아들의 무운을 빌며 집 밖에 나와 기다리는 어머니. 전국 시대 제나라 왕손가(王孫賈)가 나이 열다섯 살에 민왕(閔王)을 섬겼다. 그의 모친이 "네가 아침에 나가서 저녁에 돌아올 때면 내가 '집 문에 기대어 너를 기다렸고(倚門而望)', 네가 저녁에 나가서 돌아오지 않을 때면 내가 '마을 문에 기대어 너를 기다렸다(倚閭而望)'"라고 말했다고 한다. 《전국책(戰國策)》 〈제책(齊策)〉 6 참조.

105) 투서(投杼) : 증모투서(曾母投杼)의 준말로, 아무리 굳은 마음을 가졌어도 여러 번 비방하는 말을 들으면 끝내는 믿게 된다는 뜻이다. 춘추 시대 노나라에 증삼(曾參)과 같은 이름을 가진 사람이 살인을 했다. 어떤 사람이 베 짜던 증삼의 어머니에게 사실을 알려 주자 "내 아들은 그럴 리가 없다"며 듣지 않았다. 조금 있다가 또 누가 그 사실을 알려 주었지만 여전히 의심하지 않았다. 하지만 세 번째로 누가 와서 같은 얘기를 하자 그녀는 그제야 두려워하며 북을 던지고 담을 넘어 달아났다고 한다. 《전국책》 〈진책(秦策)〉 2 참조.

應愁王命有程期　亦念吾儕若延佇
歸期未必閱歲時　惜別何須效兒女
只緣長作遠遊人　因送君歸心惻楚

106) 채의(綵衣) : 안보가 어버이를 위해 수연(壽宴)을 벌일 것이라는 의미다. 춘추 시대 초나라의 은사(隱士)인 노래자(老萊子)가 일흔의 나이에도 부모님을 기쁘게 해 드리기 위해 색동옷을 입고 재롱을 떨었다는 고사가 있다. 《초학기(初學記)》 권17 〈노자전(孝子傳)〉 참조.

음주시(飮酒詩) 백화보(白和父), 우덕린(禹德麟)과 함께 짓다

사물에 대한 싫고 좋음은 차이가 있는 법,
모두 조물주의 용광로에서 나오는 것이니.
완부는 나막신을 화교는 돈을 좋아했는데,
현인(賢人)이 들으면 얼굴이 붉어질 일.
우리들 취미는 이런 것과는 달라서
늘상 만나는 곳은 꽃 앞이나 달 아래였지.
백씨는 술을 좋아해서 잔질을 멈추지 않고,
우 군은 닷 말쯤 마셔야 가슴이 트인다고 하네.
나는 평생 술 끊을 생각 않을 것이니,
술 단지 빈 것을 본다면 질색하리라.
몸뚱이 잊은 너와 나 천지 밖 경지가 되니,
술이야말로 우리에게 참으로 고마운 존재지.
그대 듣지 않았던가?
천 종(千鍾)과 백 고(百觚)를 마신 분들처럼
역사 이래 통음(痛飮)한 이는 모두 영웅이었다네.
취흥이 도도하면 득실은 비슷한 법,
낱낱이 같고 다른 점 따져 볼 게 뭐 있겠나?
사람의 일이란 예로부터 어긋남이 많으니,
후예의 화살도 간혹 적중하지 않을 수 있다네.

잔을 들었던 최종지(崔宗之)요,

비녀장 던져 버린 진맹공(陳孟公)이로다.

우습구나, 노동(盧仝)은 차 일곱 잔에

겨드랑이에서 날개 돋을 거라 했으니.

飮酒 同白和父 禹德麟作

物情好惡淡且濃　俱出造化爐中鎔

阮孚好屐和嶠錢107)　達人聞之面發紅

吾徒所好異於此　長向花前月下逢

白氏好飮不停手　禹君五斗方盪胸

李子平生不入務108)　擧眼厭見金罇空

107) 완부호극화교전(阮孚好屐和嶠錢) : 완부호극은 《세설신어(世說新語)》 〈아량(雅量)〉에 나오는 납극(蠟屐) 고사의 내용을 말한다. 진(晉)나라 완부가 나막신에 항상 밀랍을 반들반들하게 칠해서 신는 괴이한 습관을 가지고 있었다. 어떤 사람이 그를 찾아갔을 때에도 밀랍 칠하는 일을 태연히 계속하면서 "일생 동안 이런 나막신을 몇 켤레나 신을 수 있을지 모르겠다(未知一生當着幾緉屐)"라며 탄식했다. 또한 《진서(晉書)》 권45 〈화교 열전(和嶠列傳)〉에 따르면 진(晉)나라 화교(和嶠)는 왕에 버금갈 정도로 부자였는데 돈을 계속 모으기만 할 뿐 지극히 인색했다. 그래서 두예(杜預)가 그를 전벽(錢癖)이라고 비판했다. 그와 관련해서 계핵책전(計核責錢) 고사가 있다. 그의 집 정원에 맛 좋은 자두나무가 있었는데, 그가 없는 틈을 타서 아우들이 몰려와 자두를 따 먹었다. 그러자 그가 나중에 먹고 남은 씨를 계산해서 돈을 받아 냈다는 내용이다. 《세설신어》 〈검색(儉嗇)〉 참조.

忘形爾汝外天地　　麴生於我良有功
君不聞
千鍾與百觚[109)]　　古來痛飮皆英雄
但可陶陶齊得喪　　安用星星較異同
人事古多違　　羿觳[110)]或未中
擧觴崔宗之[111)]　　投轄陳孟公[112)]

108) 입무(入務) : 금주(禁酒). 소식의 시 〈7월 5일(七月五日)〉(《소동파 시집》 권14)에 "비방을 피하려고 시는 의사를 찾아가고, 병들까 무서워 술이 술집으로 들어가네(避謗詩尋醫 畏病酒入務)"라 했는데, 시를 끊고 술을 끊는다는 말이다.

109) 천종여백고(千鍾與百觚) : 종(鍾)은 동그스름한 작은 술잔을, 고(觚)는 뿔 모양의 긴 술잔을 뜻하는데, 모두 많은 양의 술을 가리킨다. 《공총자(孔叢子)》 〈유복(儒服)〉에 "요순은 1000종의 술을 마셨고, 공자는 100고의 술을 마셨다(堯舜千鍾 孔子百觚)"라고 했다.

110) 예구(羿觳) : 후예(后羿)의 화살. 후예는 중국 하(夏)나라 때 동이족의 수령으로 제후가 되었으며 활쏘기로 이름났던 사람이다.

111) 최종지(崔宗之) : 당 현종(玄宗) 때의 풍류 문인이다. 두보(杜甫)의 〈음중팔선가(飮中八仙歌)〉에 "우리 최종지는 티 없이 맑은 미소년, 잔을 들고서 푸른 하늘 흘겨볼 때면, 깨끗하기가 바람 앞에 선 옥수와 같다 할까(宗之蕭灑美少年 擧觴白眼望靑天 皎如玉樹臨風前)"라 했다.

112) 진맹공(陳孟公) : 비녀장[轄]은 바퀴가 빠지지 않도록 굴대 머리의 구멍에 끼우는 큰 못을 말한다. 자(字)가 맹공(孟公)인 한나라 진준(陳遵)이 술을 좋아해서 주연을 크게 벌이곤 했다. 그런데 그때마다 손님들이 가지 못하도록 문을 걸어 잠그고 손님들의 수레바퀴에서 비녀장을 빼내어 우물 속에 던져 넣었으므로, 아무리 급한 일이 있어도 끝내 가지 못했다는 이야기가 있다. 《한서(漢書)》 권92 〈진준전(陳遵傳)〉 참조.

應笑盧仝七椀茶[113]　　誤疑兩腋生淸風

113) 칠완다(七椀茶) : 당나라 시인이자 다성(茶聖)으로 유명한 노동(盧仝)은 〈다가(茶歌)〉에서 "다섯째 잔은 기골을 맑게 해 주고, 여섯째 잔은 선령을 통하게 해 주고, 일곱째 잔은 다 마시기도 전에 두 겨드랑이에 날개가 돋아 맑은 바람이 솔솔 이는 걸 깨닫겠네(五椀肌骨淸 六椀通仙靈 七椀喫不得 也唯覺兩腋 習習淸風生)"라고 했다.

무극(無極) 스님의 시에서 차운해 항주(杭州)로 돌아가는 그의 제자 경초(景楚)를 전송하다

부처는 본래 말한 것이 없다고 했으며,
유학자 행실도 복장에 있지는 않네.
염화미소의 경지 만나 보지 못했으며,
창 든 이에게 쫓길까 걱정이었다네.
이런 이치들을 매우 논평하고 싶었소만
바짝 다가앉아 터놓고 얘기 나누지 못했네.
우리나라 아름다운 산수에는
현자 성인의 자취가 남아 있다네.
알다시피 무극 스님께서
자운 골짜기에서 노년을 보내고 있나니.
그대 돌아가는 길 뭐가 그리 급하기에,
훌쩍 세속을 떠나려 하시는가?

次無極師韻 送其徒景楚歸錢塘
佛說本無言114)　　儒行不在服

114) 불설본무언(佛說本無言) : 선교(禪敎)에서는 석가(釋迦)가 8만

未遇拈花笑115)　恐見操戈逐116)
甚欲評此理　吾膝未曾促
海東佳山水　賢聖有遺躅
已知無極師　送老慈雲谷
子歸獨何先　飄然謝羈束

4000법문을 설했지만 그것은 어디까지나 중생의 8만 4000번뇌를 치유하기 위한 일종의 방편 설법이었을 뿐이고, 진정한 의미에서 석가 자신은 한마디도 설한 것이 없다고 말한다. 선가의 수많은 전적(典籍) 역시 같은 원리로 세상의 수많은 문제에 답하기 위해 그렇게 많은 수의 경전이 만들어졌을 뿐 실제 진리에 대해서는 현재의 언어로는 표현할 길이 없다는 것이다.

115) 염화소(拈花笑) : 염화미소(拈花微笑). 석가모니가 영산회상(靈山會上)에서 설법을 마친 뒤 연꽃을 들어 대중에게 보이자(拈花示衆) 그 의미를 아무도 몰랐지만, 가섭(迦葉)만이 파안미소(破顔微笑)를 지었다. 이에 석가는 "나에게 있는 정법안장(正法眼藏) · 열반묘심(涅槃妙心) · 실상무상(實相無相) · 미묘법문(微妙法門) · 불립문자(不立文字) · 교외별전(敎外別傳)을 마하가섭(摩訶迦葉)에게 맡긴다"라고 했다. 육조 대사(六祖大師)의 《법보단경(法寶壇經)》〈서문〉, 《오등회원(五燈會元)》 권1 참조.

116) 과축(戈逐) : 송나라 양리(陽里)에 사는 화자(華子)는 심한 건망증을 앓고 있었는데, 노나라의 어떤 유생이 찾아와서 완전히 낫게 해 주었다. 그런데 병이 나은 화자는 오히려 화를 내면서 창을 들고 유생을 쫓아냈다(操戈逐儒生). 그 이유를 물으니 "건망증에 걸렸을 때에는 천지가 있는 것조차 몰랐는데, 지금은 존망득실과 희로애락 등 온갖 복잡한 상념이 일어나니 어느 한순간인들 망각의 상태로 다시 돌아갈 수가 없게 되었다"라고 대답했다. 《열자(列子)》〈주 목왕(周穆王)〉 참조.

2. 제2 · 3차 재원(在元) 활동기(4년 7개월)

35세(1333. 2)～39세(1337. 9)

원지 안보와 중권(仲權) 이달충(李達衷)이 동시에 옥당(玉堂)에 임명되었다는 소식을 듣고 시를 지어 축하하다

함께 한림원에 들어갔다는 말을 듣고,
나도 몰래 갓 털며 기뻐 넘어질 뻔했소.
다른 이들 어찌 상석에 앉을 수 있으리까?
그대들 모두 나보다 먼저 출발하셨구먼.
평소 용 잡는 기술을 비웃었소마는,
태평성대라고 어찌 어진 이 추천하지 않으리오?
청운에 지기(知己)가 적다고 말하지 않으리.
유림의 반절이 바로 망년우(忘年友)니까.

聞安員之李仲權[117]同拜玉堂[118] 作詩爲賀

忽聞同上入花甎[119]　不覺彈冠[120]喜欲顚
餘子豈能居座右　諸公皆已著鞭[121]先

117) 이중권(李仲權) : 중권은 이달충(李達衷, 1309~1385)의 호다. 이천(李蒨)의 아들로, 1326년(충숙왕 13) 문과에 급제해 성균관좨주(成均館祭酒)를 거쳐서 공민왕 때 전리판서(典理判書) · 감찰대부(監察大夫)를 역임했다. 호부상서로 있던 1360년 팔관회 때 왕의 노여움을 사서 파면되었으나, 뛰어난 학자였으므로 1366년에 밀직제학으로 다시 기용되었다. 신돈이 전횡하던 때에 그에게 주색을 일삼는다고 공석에서 직언한 것이 화근이 되어 다시 파면되었다. 신돈이 주살(誅殺)된 뒤에 계림부윤(鷄林府尹)이 되었고, 1385년(우왕 11) 계림 부원군(鷄林府院君)에 봉해졌다.

118) 옥당(玉堂) : 화려한 전당이나 궁전을 비유하는 말로, 흔히 임금이 거처하는 곳을 뜻한다. 보다 구체적으로는 홍문관(弘文館)을 뜻하기도 하며, 홍문관의 관직인 부제학(副提學) · 교리(校理) · 부교리(副校理) · 수찬(修撰) · 부수찬(副修撰) 등을 통틀어 이른다.

119) 화전(花甎) : 꽃무늬 벽돌이라는 말로, 한림원을 가리킨다. 당나라 때 학사가 근무하는 내각(內閣) 북청(北廳)의 앞 섬돌에 화전이 있었던 데에서 유래했다.

120) 탄관(彈冠) : 갓에 쌓인 먼지를 털어 냄. 갓의 먼지를 털고 벼슬길에 나가는 것을 비유한 말. 서한 왕길(王吉)이 관직에 임명되자 친구 공우(貢禹)도 덩달아 갓의 먼지를 털고 벼슬길에 나설 준비를 했다는 "왕양재위 공공탄관(王陽在位 貢公彈冠)"에서 나온 말이다. 《한서》 권72 〈왕길전(王吉傳)〉 참조. 왕양은 왕자양(王子陽)의 준말로, 왕양의 자가 자양이다.

121) 착편(著鞭) : '말에 채찍질하다, 출발하다'라는 뜻이다. 동진의 유곤(劉琨)이 친구인 조적(祖逖)과 함께 북벌을 해 중원을 회복할 뜻을 지니고 있었다. 그런데 조적이 먼저 기용되었다는 말을 듣자 "내가 창

平生自笑屠龍技122)　　盛代寧無薦鶚123)賢
莫道靑雲知己少　　　儒林一半是忘年

을 머리에 베고 아침을 기다리면서 항상 오랑캐 섬멸할 날만을 기다려 왔는데, 늘상 마음에 걸린 것은 나의 벗 조적이 나보다 먼저 채찍을 잡고 중원으로 치달리지 않을까 하는 점이었다(吾枕戈待旦 志梟逆虜 常恐祖生先吾著鞭耳)"라고 말했다. 《세설신어》〈상예(賞譽)〉 하(下) 참조.

122) 도룡기(屠龍技) : 용을 도살하는 기술. 뛰어나지만 세상에 쓰이지 못하는 기술. 《장자》〈열어구(列御寇)〉에 "주평만이 지리익에게서 용 잡는 기술을 배웠는데, 천금의 가산을 다 쏟으면서 3년 만에 그 기예를 완전히 익혔지만, 그 기교를 발휘해 볼 곳이 없었다(朱泙漫學屠龍於支離益 單千金之家 三年技成 而無所用其巧)"라는 말이 나온다.

123) 천악(薦鶚) : 독수리를 추천한다는 뜻으로, 인재를 조정에 천거해 발탁하게 한다는 말이다. 후한 공융(孔融)이 예형(禰衡)을 추천하면서 "사나운 새가 수백 마리 있어도 한 마리의 독수리보다 못하니, 예형을 조정에 세우면 필시 볼만한 점이 있을 것이다(鷙鳥累百 不如一鶚 使衡立朝 必有可觀)"라고 말했다. 《후한서》 권80 하(下) 〈문원 열전(文苑列傳) 예형(禰衡)〉 참조.

7월 4일, 집에서 온 편지를 받고

고국 떠난 지 벌써 다섯 달,
오늘 아침 비로소 편지를 받았네.
받고도 뜯어보지 못했다네,
무슨 내용이 들었을지 겁이 나서.
다른 말은 없이 모두 평안하다고,
나그네 시름이 이제사 풀어지네.
숙수(菽水)의 기쁨이면 충분하고,
기두(箕斗)란 이름 또한 허무한 법.
누가 다시 나를 구속할 수 있으랴,
내 응당 집으로 돌아가야 할 것을.

七月四日得家書

去國已五月　　今朝始得書
得之不敢拆　　書中道何如
平安無他語　　旅懷今始舒
菽水歡[124]自足　　箕斗名[125]亦虛

124) 숙수환(菽水歡) : 콩과 물만 먹는 가난한 생활 속 즐거움이라는 의미. 그런 와중에도 부모를 잘 섬겨 그 마음을 기쁘게 한다는 숙수지공

誰能更拘束　　　吾當返吾廬

(菽水之供)이라 하기도 한다. 공자의 제자 자로(子路)가 집안이 가난해서 효도를 제대로 못한다고 탄식하자, 공자가 "콩죽을 끓여 먹고 물을 마시더라도 기쁘게 해 드리는 일을 극진히 행한다면, 그것이 바로 효다(啜菽飮水盡其歡 斯之謂孝)"라고 위로했던 고사가 전한다. 《예기(禮記)》〈단궁(檀弓)〉 하(下) 참조.

125) 기두명(箕斗名) : 기두는 기수(箕宿)와 두수(斗宿)로 하늘 별자리 28수의 두 별이다. 유명무실한 사물을 비유하는 말이다. 《시경》〈소아(小雅) 대동(大東)〉의 "남쪽엔 기성(箕星)이 떠 있어도, 나락을 까불어 날릴 수 없고, 북쪽 하늘에 두성(斗星)이 있어도, 술과 물을 떠 마실 수 없네(維南有箕 不可以簸揚 維北有斗 不可以挹酒漿)"라는 말에서 유래한 것이다.

묵매(墨梅)

맑은 창에 고운 자태 비치나니,
순식간에 봄바람 묵지(墨池)에 넘실거린다.
이미 그림 속 왕소군(王昭君) 얼굴 망쳐 버렸으니,
적선께선 옥안 검게 변한 것 저어 마시게.

墨梅

晴窓寫出照潭姿　頃刻春風漲墨池[126]
已分明妃[127]愁畫面　謫仙休怪玉顏緇[128]

126) 묵지(墨池) : 벼루에서 먹물이 한데 모이도록 오목하게 팬 곳. 연지(硯池)라고도 한다.

127) 명비(明妃) : 명비는 한 원제(元帝) 때 흉노의 호한야(呼韓邪) 선우(單于)에게 보내진 왕소군(王昭君)을 가리킨다. 원제는 후궁이 워낙 많아서 화공에게 궁녀의 그림을 그리게 하고는 그것을 보고 합방을 했다. 그래서 궁녀들은 화공에게 뇌물을 주어 실제보다 예쁘게 그리도록 했다. 후궁 중 최고의 미인으로 꼽히던 왕소군은 그렇게 하지 않아서 화공이 일부러 추하게 그렸다. 이 때문에 그녀는 황제의 은총을 입지 못했을뿐더러 흉노가 요구하는 선우의 부인에 발탁되어 흉노 땅에 가서 살게 되었다. 나중에 그녀의 얼굴을 보게 된 원제는 후회했지만 때는 늦었다는 고사가 전한다. 《한서(漢書)》 권94 〈흉노전(匈奴傳)〉 하(下) 참조. 여기서는 뇌물을 받지 않아 왕소군의 얼굴을 엉망으로 그린 화공처럼 자신도 매화의 본색을 제대로 그려 내지 못하고 그림을 망쳐

버렸음을 겸사로 하는 말이다.

128) 옥안치(玉顔緇) : 옥같이 고왔던 얼굴이 야위어 핼쑥해지면서 검은색으로 바뀌었다는 말인데, 여기서는 그 정도야 잘못된 이 그림에 비하면 아무것도 아니라는 뜻으로 이해하면 된다. 적선(謫仙)은 인간 세계에 귀양을 온 신선이란 뜻으로, 하지장(賀知章)이 이백을 처음 만나 그의 글을 보고 지어 준 별칭이다. 이백(李白)의《이태백집(李太白集)》권14 〈영양별원단구지회양(潁陽別元丹丘之淮陽)〉에 "시조 사이에서 그럭저럭 보내는 동안, 옥 같은 얼굴은 날로 검게 야위어, 잃은 것은 산악보다도 중하고, 얻은 것은 진애보다도 가벼웠소(悠悠市朝間 玉顔日緇磷 所失重山岳 所得輕埃塵)"라 했다.

매화 권한공(權漢功)의 시에 차운하다

달빛 아래 노니는 흰 소매 푸른 치마의 그녀,
그대 사례금은 따로 받지 않는다지.
세상의 온갖 꽃들이 사람 눈을 미혹하거늘,
세찬 바람 흰 올챙이 꽃 꺾을까 두려워라.

梅花 次權一齋[129)]韻

縞袂靑裙月下遊　　知渠不要錦纏頭[130)]
世間紅紫迷人眼　　便恐凌風控玉蚪

129) 권일재(權一齋) : 일재는 고려 후기 문신인 권한공(權漢功, ?~1349)의 호다. 성절사로 원나라에 다녀왔으며 충선왕의 총애를 받아 인사권을 장악했다. 충선왕의 측근에 머물며 만권당(萬卷堂)에서 이제현 등과 함께 지내며 문명을 떨치기도 했다. 저서로 《일재집(一齋集)》이 있다.

130) 금전두(錦纏頭) : 옛날 예인(藝人)이 가무를 끝내고 나면 손님들이 일종의 팁으로 주던 비단을 말한다.

김벽전(金壁傳) 김벽은 고려인으로, 대녕(大寧)에 들어와 살았다

돌아보니 지난날 가족 이끌고 피난 오던 초기에는,
요서(遼西) 땅이 우리 집보다 꼭 나은 건 아니었지.
지금은 말소리도 변하고 자손들도 자라나서,
고향 마을 모조리 잊고도 아무렇지도 않다네.

題金壁傳後131) 壁高麗人 入居大寧132)

憶昔携家避地初　　遼西未必勝吾廬
語音變盡兒孫長　　鄕井渾忘却自如

131) 제후(題後) : 뒤에 붙여서 쓴다는 의미로, 발문을 뜻하기도 한다. 원래 발문은 서적 또는 글을 소개하거나 작가의 일생, 저작 동기, 간행 경위 등을 기록한 것으로, 서문이 앞에 붙는 데 반해 뒤에 붙이기에 발문이라 한다. 여기서는 이곡이 김벽(金壁)이란 고려인의 전기를 구해 보고 발문 형식을 취해 쓴 시로 보는 것이 타당할 것 같다.

132) 대녕(大寧) : 대녕은 지금의 중국 산시성(山西省) 린펀시(臨汾市)다. 이 시는 14세기 고려를 떠나 중국 산서성까지 이주했던 고려인들의 생활상을 유추해 볼 수 있는 매우 중요한 작품이다. 시 본문에서는 요하(遼河) 서쪽을 의미하는 요서(遼西)라고 표현했지만 부제를 통해 산서성 대녕까지 이동했음을 알 수 있다.

중서성 역사(譯史)의 모란도(牡丹圖)

화가의 정묘한 구상 조물주 솜씨 뺏었으니,
모란은 여전히 붉은 이슬 머금었도다.
기억하리, 내년에 우리 서로 만날 곳.
봄바람 부는 침향정 북쪽 난간에 기대리라.

題中書譯史牡丹圖後

畫師妙思奪天工　　國色133)依然帶露紅
記取明年相對處　　沈香亭北134)倚春風

133) 국색(國色) : 모란의 별칭이다. 모란의 비범한 향기와 색깔을 국색천향(國色天香)이라 한다.

134) 침향정북(沈香亭北) : 원나라 조정에 들어가서 출세하겠다는 뜻을 은연중에 토로한 것이다. 당 현종(玄宗)이 침향정(沈香亭)에서 양귀비(楊貴妃)와 모란꽃을 구경하다가 한림(翰林) 이백(李白)을 불러 시를 짓게 하자 세 수를 지어 바쳤다. "유명한 꽃과 경국지색 모두 기쁨을 선사해서, 군왕이 언제나 미소 띠고 바라본다네. 봄바람의 끝없는 한을 풀어 녹이려고, 침향정 북쪽 난간에 기대섰다오(名花傾國兩相歡 長得君王帶笑看 解釋春風無限恨 沈香亭北倚闌干)"[《이태백집》 권4 〈청평조사(淸平調詞)〉].

동년(同年) 한림(翰林) 남 모(南某)에게 부치다

과방(科榜)에 어깨 스쳤으면 연분이 깊거늘,
근래의 출처는 오르내림이 다르구려.
굴원(屈原)은 나의 창랑 곡조를 비웃을 것이요,
세상은 그대의 작약 노래를 우러러보리라.
백낙(伯樂)이 천리마를 만나지 못한다면,
범여(范蠡)처럼 오호의 마음 지녀야 하리라.
재목 아닌 이가 어찌 취허의 힘을 바라리오?
비칙(批勅)하는 여가에 안부나 전해 주시길.

寄同年[135]南翰林[136]

兩牓[137]磨肩緣分深　年來出處[138]異升沈
濯纓[139]笑我滄浪曲　給札[140]看君芍藥吟

135) 동년(同年) : 같은 해에 과거에 급제한 사람. 동방(同榜)이라고도 한다. 고려 시대에는 과거에 급제한 사람과 시험을 관장했던 사람은 문생(門生)과 좌주(座主)의 관계를 맺음으로써 학문적, 정치적 운명 공동체를 이루었다. 이곡이 이제현과 긴밀한 관계를 유지하며 정치 활동을 함께할 수 있었던 것도 이제현이 1320년 예부시(禮部試)의 좌주였기 때문이다.

136) 남한림(南翰林) : 동년으로 언급한 한림학사 남 모(南某)가 누구인지는 알 길이 없다. 동년이 만들어지기 위해서는 이곡이 합격한 모든 과거 시험을 확인해 봐야 하는데, 현재 남은 기록으로는 남 한림을 확인할 수 없다. 참고로 해당 과거 시험은 1317년(충숙왕 4) 거자시(擧子試), 1320년(충숙왕 7) 예부시(禮部試), 1326년(충숙왕 13)과 1332년(충혜왕 2) 정동행성 향시(鄕試), 1333년(충숙왕 복2) 전시(殿試)인데, 남 한림이 고려의 동년임은 확실하다.

137) 양방(兩牓) : 과방(科榜). 과거에 급제한 사람의 이름을 써서 거리에 붙이는 글. 원나라 제과(制科)의 경우, 한족과 남인의 좌방과 몽고인과 색목인의 우방으로 나누어 선발했다.

138) 출처(出處) : 유교에서 출처는 선비라면 벼슬길에 나서서 나라와 백성을 위해 최선을 다하되 끝내 도를 펼치는 것이 불가능하다고 판단하면 물러나 때를 기다리는 줄 알아야 한다는 뜻이다.

139) 탁영(濯纓) : 갓끈을 빤다는 말로, 진속(塵俗)을 초탈해 고결한 자신의 신념을 지키는 것을 말한다. 《맹자》〈이루(離婁)〉 상(上)과 《초사(楚辭)》〈어부(漁父)〉에 "창랑의 물이 맑으면 나의 갓끈을 씻고, 창랑의 물이 흐리면 나의 발을 씻으리라(滄浪之水淸兮 可以濯我纓 滄浪之水濁兮 可以濯我足)"라고 했다.

伯樂[141]未逢千里足　鴟夷[142]應有五湖心
不才敢望吹噓力[143]　批勅[144]餘閑幸寄音

140) 급찰(給札) : 급찰은 필찰(筆札)을 지급받는다는 말로, 임금으로부터 문재(文才)를 인정받는 것을 뜻한다. 당 현종(玄宗)이 침향정(沈香亭)에서 양귀비(楊貴妃)와 함께 목작약(木芍藥)을 완상하다가 한림(翰林) 이백(李白)을 불러 시를 짓게 했다. 이백이 그 자리에서 〈청평조사(淸平調詞)〉 세 수를 지어 바치자 금화전(金花牋)을 하사했다.

141) 백낙(伯樂) : 춘추 시대 진(秦) 목공(穆公) 때 준마를 잘 감별하기로 유명했던 손양(孫陽)을 말한다. 백낙일고(伯樂一顧) 고사로 유명하다. 전국 시대 종횡가(縱橫家)인 소대(蘇代)가 순우곤(淳于髡)에게 "준마를 팔기 위해 사흘간 시장에 내놓았지만 아무도 거들떠보지 않더니, 백낙이 한 번 돌아보자 하루아침에 그 말의 값이 열 배나 뛰어올랐다"라고 말했다. 《전국책》 〈연책(燕策)〉 2 참조.

142) 치이(鴟夷) : 춘추 시대 월왕(越王) 구천(句踐)의 모신(謀臣)인 범여(范蠡). 범여가 일찍이 월왕을 보좌해 오나라를 쳐서 멸망시켰다. 그러나 그 뒤에는 월나라를 떠나 오호(五湖)에 배를 띄우고 노닐었고, 제나라로 가서 치이자피(鴟夷子皮)로 이름을 바꾸고 살았다고 한다. 여기서는 세상을 떠나 은거해 사는 것을 말한다. 《국어(國語)》 〈월어(越語)〉 하(下)와 《사기(史記)》 권129 〈화식 열전(貨殖列傳)〉 참조.

143) 취허력(吹噓力) : 입김을 불어 좋은 자리로 올려 줄 힘. 남이 잘한 것을 과장해서 칭찬해 천거한다는 뜻이다.

144) 비칙(批勅) : 왕의 조칙(詔勅)에 대한 비평. 왕의 조서에 불가한 내용이 있을 경우, 신하가 자기의 의견을 말미에 적어 넣는 것을 말한다.

3. 정동행성(征東行省) 원외랑(員外郎) 근무기 (4년 8개월)

39세(1337. 10)~43세(1341. 2)

차운해 승통(僧統) 이 모(李某)의 시권(詩卷)에 쓰다

이치가 극에 달하면 근원으로 돌아오는 법,
어버이 상(喪)에 극진히 함은 항상 하는 말이네.
구천에 영결하고 나면 찾아뵐 길이 없거늘,
삼교도 귀결은 같으니 무슨 차이가 있으랴?
바람이 멎지 않아 묘역의 나무는 흔들흔들,
햇볕 들지 않는 무덤은 캄캄한 세상이라.
유명묵행(儒名墨行)하는 이 얼마나 많은지 알거늘,
보은하는 우리 스님께 부끄러워 죽을 지경이네.

승통(僧統)이 모친의 무덤에서 시묘살이를 하며 3년상을 마쳤다.

次韻題李僧統145)詩卷

理極從來必返原　　　親喪自盡146)是恒言

145) 이승통(李僧統) : 최해의 〈송반룡여대사서(送盤龍如大師序)〉[《졸고천백(拙藁千百)》 권1]의 주인공인 각해 여공(覺海如公)이라는 주장이 있다. 각해는 검교시중(檢校侍中)을 지낸 이진(李瑱)의 둘째 아들이며, 익재(益齋) 이제현(李齊賢)의 형이다. 공주 반룡사(盤龍社)에 주석했다.

146) 친상자진(親喪自盡) : 《맹자》 〈등 문공(滕文公)〉 상(上)에 "어버이의 상이야말로 스스로 극진히 해야 할 일이다(親喪固所自盡也)"라

九泉永訣無尋處　　三敎同歸豈異門
宰樹搖搖風不止　　佳城鬱鬱日長昏
儒名墨行147)知多少　愧殺吾師解報恩

僧統廬母墳, 終三年制.

했다.

147) 유명묵행(儒名墨行) : 유자(儒者)의 이름을 내걸고 있지만 실제로는 묵자(墨子)의 도를 따른다는 말이다. 겉으로만 유자인 척하고 실제로는 그 가르침을 제대로 실천하지 못함을 비판하는 뜻이다. 그런 점에서 이 승통은 묵명유행(墨名儒行)이라고 칭송하는 대목이다. 한유(韓愈)의 〈문창 스님을 전송하는 시권의 서문(送浮屠文暢師序)〉에 "사람 중에는 본디 이름은 유자이지만 묵자의 도를 행하는 자가 있다. 이름을 물어보면 유자이지만 행동을 따져 보면 유자가 아니니다. 이런 자와는 어울려 노닐 수가 없다. 반대로 이름은 묵자이지만 유자의 도를 행하는 자가 있다. 이름을 물어보면 유자가 아니지만 행동을 따져 보면 유자다. 이런 자와는 어울려 노닐 수가 있다(人固有儒名而墨行者 問其名則是 校其行則非 可以與之遊乎 如有墨名而儒行者 問其名則非 校其行則是 可以與之遊乎)"라 했다.

권한공이 중양절에 용산(龍山)에 올라 두목(杜牧)의 시를 차운해 지은 시에 차운하다

강물은 도도히 동쪽으로 해는 날듯 서쪽으로,
세상일 분분하니 사건들도 흐지부지.
노란 국화 필 때라면 양껏 마셔야지
푸른 산 좋은 곳 두고 그냥 돌아가랴?
속된 선비 고상한 모임에 다시 끼일 일 없어,
좋은 때 마주해 짧은 해가 아쉬울 뿐.
아쉬운 것은 취모객(吹帽客)이 되어
그대와 함께 취해 옷깃 떨치고 춤추지 못한 것.

次權一齋九日登龍山用牧之詩148)韻

東流袞袞日西飛　　世事紛紛時事微
黃菊開時宜痛飮　　靑山好處可空歸

148) 목지시(牧之詩) : 여기서 권한공이 차운한 두목(杜牧)의 시는 〈중양절에 제산에 올라(九日齊山登高)〉[《번천 시집(樊川詩集)》 권3]다. 두목(803~852)은 당나라 말기 시인으로, 자는 목지(牧之), 호는 번천(樊川)이다. 두보(杜甫)에 견주어 소두(小杜)라 불린다. 시풍은 호방하면서도 청신(淸新)하며, 특히 7언 절구에 뛰어났다. 대표 작품에 〈아방궁부(阿房宮賦)〉, 〈산행(山行)〉 등이 있다.

更無俗士參高會　　唯對良辰惜短暉
恨[149]不得爲吹帽客[150]　爲公醉舞拂塵衣

149) 한(恨) : 이곡은 정동행성 원외랑에 10월에야 부임했기에 9월의 중양절 모임에 참석하지 못했다. 10월 이후 이를 아쉬워하며 차운해 이 시를 지었다.

150) 취모객(吹帽客) : 진(晉)나라 맹가(孟嘉)가 중구일에 정서장군(征西將軍) 환온(桓溫)이 베푼 용산(龍山)의 주연(酒宴)에 참군(參軍)의 신분으로 참석했다가, 국화주에 취한 나머지 바람에 모자가 날아가는 것도 알아채지 못했던 고사가 있다. 《세설신어》 〈식감(識鑑)〉 참조.

영양(英陽) 신촌(新村)의 이 거사(李居士)에게 부치다

신촌의 경치 좋은 곳에 청초한 초당 하나,

저녁엔 달 뜨고 아침엔 꽃 피는 이 세상 풍경 아니었지.

옛날엔 곁에서 함께 시와 술 나눴는데,

속세에서 다시 공명(功名)을 좇고 있구려.

푸른 산은 예전처럼 무탈하겠지만,

내 흰머리는 공정치 않아 후생을 기만하고 있네.

난(亂) 이후로 함께 취하고픈 생각 간절해도,

고기 먹던 나는 나물국 먹는 그대에게 부끄러워 못 가겠네.

寄英陽151)新村李居士

新村勝處草堂淸　　月夕花朝不世情

詩酒昔曾陪杖屨152)　　風塵忽復走功名

151) 영양(英陽) : 아내의 고향(妻鄕)인 경북 영해(寧海) 관할 지역. 옛날 이곳에서 시주(詩酒) 모임을 함께했던 이 거사에게 부치는 시다.

152) 배장리(陪杖屨) : 이(屨)는 삼이나 칡을 엮어 만든 신발을 말한다. 배장리는 지팡이와 신발을 곁에서 모신다는 뜻으로, 지팡이와 신발은

青山無恙似前日　　白髮不公欺後生
亂後更思同一醉　　從來肉食愧藜羹153)

모두 길을 간다는 의미이니, 여기서는 어디를 가든 곁에서 함께한다는 뜻이다. 흔히 임금을 가까운 거리에서 모실 때를 말하기도 한다.

153) 육식괴여갱(肉食愧藜羹) : 육식은 보통 벼슬아치들을 낮춰 부를 때 쓰는 말이며, 여갱은 나물국 먹는 청빈한 선비라는 뜻이다. 여기서는 육식은 이곡 자신을, 여갱은 이 거사를 가리킨다. 《춘추좌씨전》〈장공(莊公)〉 10에 마을 사람들이 "고기 먹는 자들이 잘 알아서 할 텐데, 또 뭣 때문에 끼어드는가?(肉食者謀之 又何間焉)"라고 말하자, 조귀(曹劌)는 "고기 먹는 높은 분들은 식견이 낮아서 멀리 꾀하지 못하니까(肉食者鄙 未能遠謀)"라고 대답했다고 한다.

안강(安康) 이 모(李某) 선생(先生)에게 부치다

몸이 한가해야 마음 한가한 분을 찾아뵐 텐데,
속세에 분주해 또한 면목이 없습니다.
선생도 출처에 대해 충분히 생각했겠죠?
옛사람도 동산재기(東山再起) 도모했으니.

寄安康154)李先生

身閑方可見心閑　　奔走紅塵亦强顔
出處先生思已熟　　古人猶議起東山155)

154) 안강(安康) : 경북 경주 관할 지역으로, 대표적 반촌(班村)인 양동(良洞) 마을이 있다.

155) 기동산(起東山) : 동진의 명재상이었던 사안(謝安)의 고사. 그는 대사마 환온(桓溫)의 황위 찬탈 기도를 저지하고, 비수(淝水) 전투에서 전진(前秦) 부견(符堅)의 백만 대군을 막아 낸 국난 극복의 재상이면서 당대 풍류인으로 명성이 자자했다. 그는 원래 회계(會稽) 땅 동산(東山)에서 20여 년 동안 한가롭게 은거하며 조정의 부름에도 계속해서 응하지 않았다. 마침내 나이 마흔에 몸을 일으켜 벼슬길에 나아가 삼공(三公)의 지위에까지 이르렀다. 《진서(晉書)》 권79 〈사안 열전(謝安列傳)〉 참조.

완산(完山)의 동년 장원 최용갑(崔龍甲)에게 부치다

물러나 시골집 누운 게 충분치 않은 건,
산천을 경계로 모두 권세가의 땅이라서지.
그래도 나은 듯, 벼슬길에 허덕이며
만 길 누런 먼지 속에서 귀밑머리 세는 것보단.

寄完山崔壯元156)

退臥田廬未足多　　山川爲界入豪家
算來猶勝馳名客　　萬丈黃埃鬢欲華

156) 최장원(崔壯元) : 최용갑(崔龍甲, 생몰년 미상). 이제현(李齊賢)이 지공거(知貢擧)를, 박효수(朴孝修)가 동지공거(同知貢擧)를 맡은 충숙왕 7년(1320) 9월 예부시(禮部試)에 장원 급제한 인물. 함께 급제한 백문보(白文寶)가 정당문학(政堂文學, 종2품), 이곡과 윤택(尹澤)이 찬성사(贊成事, 정2품)에 오른 것에 비해 그는 관력(官歷)이 일절 보이지 않는다. 급제 후 곧장 낙향한 것으로 보인다.

중국 강남(江南)으로 돌아가는 비 태의(費太醫)를 전송하며

천 리 밖에서 너무 늦게 만난 게 유감이었어요.
오늘 아침 또 전송하는 시를 짓게 되었네요.
강남에 가시거든 삼한의 일은 말하지 마세요.
풍속이 옛날과는 많이 달라졌을 테니까요.

送費大醫歸江南

千里相逢恨已遲　　今朝又作送行詩
南歸莫說三韓事　　風俗多應異舊時

경진년(1340, 충혜왕 복위 1) 봄날의 느낌 절구 3수

제1수

청전이 낡았더라도 도둑은 막아야지

옥촉이 조화로우니 홀로 가난하게 두겠는가?

수많은 세상일 하늘은 말하지 않거늘,

서로를 원망하니 어떻게 된 사람들인지.

제2수

산과 친구라 굳이 돈 주고 사야 할까?

보필도 못하고 돌아가지도 못했네.

오늘 이 마음은 오히려 기쁘거늘,

원추리 심은 북당의 따스한 봄볕이 그립구나.

제3수

입추의 여지 없이 사람들 다투느라,

거적문 친 집에도 손님이 찾아오네.

이만하면 여유 있으니 뭐가 부족하랴?

어디서나 손안의 술잔 올릴 수 있으니.

庚辰春日有感 三絶

其一

青氈[157]雖舊防他盜　玉燭常和[158]任獨貧
世事悠悠天不語[159]　一方相怨[160]是何人

157) 청전(靑氈) : 짐승의 털로 만든 푸른색 담요를 뜻하는데, 선대(先代)로부터 전하는 귀한 유물 또는 면면히 이어져 온 국가 기업을 의미한다. 진(晉)나라 왕헌지(王獻之)가 자는 방에 도둑이 들어와서 물건을 모두 훔쳐 가려고 했다. 그러자 그가 “도둑이여, 그 푸른 모포는 우리 집안의 유물이니, 그것만은 두고 가는 것이 좋겠다(偸兒 靑氈我家舊物 可特置之)”라고 했고, 도둑이 놀라서 도망쳤다고 한다. 《진서(晉書)》 권80 〈왕희지 열전(王羲之列傳) 왕헌지(王獻之)〉 참조.

158) 옥촉상화(玉燭常和) : 옥촉은 옥으로 만든 등불로, 왕의 정치를 의미한다. 그러므로 옥촉이 조화롭다는 것은 음양의 기운이 조화를 이루어 계절에 따라 알맞은 기후가 펼쳐진다, 즉 성군(聖君)의 태평성대를 비유하는 말로 쓰인다.

159) 천불어(天不語) : 인간 세상의 일에 대해서 하늘은 말로 하지 않고 직접 행동으로 보여 준다는 뜻이다. 《맹자》 〈만장(萬章)〉 상(上)에 “하늘은 말로 하지 않는다. 행동과 일을 통해 보여 줄 따름이다(天不言 以行與事 示之而已矣)”라 했다.

160) 일방상원(一方相怨) : 한쪽에서 상대방을 원망한다는 뜻으로, 당시 소인배들이 충혜왕에 붙어 잘못된 길로 이끌면서 권력을 두고 서로 싸우는 모습을 의미한다. 《시경(詩經)》 〈소아(小雅) 각궁(角弓)〉에 “백성 중에 불량한 자들은 서로 한쪽을 원망하느니라. 관작을 받고 사양할 줄도 모르니, 결국은 망하고 말 것이니라(民之無良 相怨一方 受爵不讓 至于已斯亡)”라 했다.

其二

與山有素[161]何須買　輔理無能且未歸
此日此情猶可喜　北堂萱草[162]媚春暉

其三

立錐無地人猶競　以席爲門[163]客亦來
豈不有餘何不足　逢場且進手中杯

161) 여산유소(與山有素) : 산과 친하게 지낸다는 뜻이다. 관직에서 물러나 살 산골을 원한다면 산과 친하니 굳이 돈을 주고 사야 하는가 하는 냉소적이고 풍자적인 표현이다. 《소동파 시집》 권7 〈월주 장중사의 수락당(越州張中舍壽樂堂)〉에 "고인은 원래 산과 벗으로 지내는지라, 부르지 않아도 산이 내 집에 가득 내려와 앉네(高人自與山有素 不待招邀滿庭戶)"라 했다.

162) 북당원초(北堂萱草) : 북당(北堂)은 주부의 거실이라는 점에서 모친의 거처를 뜻하는 말이다. 그러니 이 시구는 고향에 계신 모친을 그리워한다는 뜻이다. 《시경》 〈위풍(衛風) 백혜(伯兮)〉에 "어떡하면 원추리를 얻어서 북쪽 뒤곁에 심어 볼까? 떠난 사람 생각에 내 마음만 병드누나(焉得萱草 言樹之背 願言思伯 使我心痗)"라 했고, 맹교(孟郊)의 〈유자음(游子吟)〉에 "한 치의 풀과 같은 자식의 마음을 가지고서, 봄날의 햇볕 같은 어머니의 사랑을 보답하기 어려워라(難將寸草心 報得三春暉)"라 했다.

163) 이석위문(以席爲門) : 석문궁항(席門窮巷) 고사. 《사기》 권56 〈진승상 세가(陳丞相世家)〉에 따르면 한나라 진평(陳平)이 소싯적에 가난해서 빈민가에 살았다. 그때 '해진 거적으로 문을 쳤는데도(以弊席爲門)' 문밖에 장자(長者)의 수레바퀴 자국이 많이 나 있었다고 한다.

병중(病中)에 초청을 받았으나 가지 못해 이문(理問) 게이충(揭以忠)에게 사과하다

하필이면 잔치 벌이는 날,
마침 병가를 내었습니다.
술 못 먹는 거야 상관없지만,
시 논하지 못함이 아쉽네요.

病中承招謝揭164)理問165)

怪底開筵日　　　適予移病時

164) 게(揭) : 게이충(揭以忠, 생몰년 미상). 중국 강서성 용흥[龍興, 지금의 중국 장시성 난창(南昌)] 출신 문인. 저명한 학자 게혜사(揭傒斯, 1274~1344)의 동생이라고 하지만 두 사람과 주고받은 시문에서 형제에 대한 언급이 없는 등 별다른 자료를 찾지 못해 확신할 수는 없다. 게이충은 이곡과 정동행성에서 함께 근무하며 교분을 쌓았다. 이곡은 그에 대해 〈게이문을 전송하는 시권의 서문(送揭理問序)〉(권9)에 "우강(盱江) 게이충(揭以忠)은 세상에 저명한 유가(儒家)로서 문장과 기예에 통효(通曉)하지 않은 것이 없는데, 그중에서도 특히 형명학(刑名學) 방면에 능한 면모를 보였다. 정동성(征東省)의 선(先) 승상(丞相)께서 일찍이 그의 재주를 알아보고는 그를 천거해 조정에 아뢰었다. 지원 정축년(1337, 충숙왕 복위 6)에 본성(本省)의 이문(理問)에 제수되었는데, 그때 나도 막관(幕官)에 임명되어 같은 날 부임하게 되었다"라고 했다. 이곡이 그에게 보낸 시가 이 시를 포함해 6수나 된다. 〈근설 뒤에 적다(題勤說後)〉(권7) · 〈게이문을 전송하는 시권의 서문(送揭理問序)〉(권9) · 〈게이문이 작은 술자리를 베풀고서 함께 마시자고 나를 초청했는데 병 때문에 가지 못했다(揭理問小酌邀余同飮以病不赴)〉(권15) · 〈병중에 초청을 받았으나 가지 못해 이문 게이충에게 사과하다(病中承招謝揭理問)〉(권15) · 〈게이충이 화답했기에 또 절구 4수를 짓다(揭以忠見和又作四絶)〉(권15) · 〈게이충을 축수하다 절구 2수(壽揭以忠二絶)〉(권15) 등이다.

165) 이문(理問) : 이문소는 정동행성의 핵심 기관으로, 대원(對元) 관계 범죄를 다스렸던 조직이다. 이후 기철 등 기씨 일족을 비롯한 부원 세력의 근거가 되기도 해, 1356년(공민왕 5)에 폐지되었다. 이문소는 정4품 이문 2명, 종5품 부이문 2명, 지사(知事) 1명, 제공안독(提控案牘) 1명으로 구성되어 있다. 이문들은 정4품이라 낭중, 원외랑, 도사보다 높은 계위(階位)를 가졌다.

儘教防飲酒　　唯恨阻論詩

게이충(揭以忠)이 화답했기에 또 절구 4수를 짓다

제1수

고국의 강산은 그대로지만
예악은 옛날과 달라졌으리.
타국에서 벼슬하는 분이시여
기묘년 지은 시는 엮지 마소서.

제2수

정동성에 어찌 그리 일도 많은지,
내 오고 보니 때마침 이런 시기.
시름겨워 술자리만 잦아지고,
비방을 피하려다 시를 읊고 있네.

제3수

세상일 비구름같이 변덕스러워도,
특히 세시에는 인심이 보이는 법.
나도 만나는 사람 수없이 많지만,
너무나 시름겨워 시 완성하기 어렵네.

제4수
문 닫고 글이나 읽으면서,
산 마주하고 술이나 들 뿐.
손이여 시사 얘기 그만하고,
함께 상춘곡이나 지읍시다.

揭以忠見和 又作四絶

其一

江山雖故國　　禮樂異前時
爲報宦遊客　　休編己卯詩166)

166) 기묘시(己卯詩) : 기묘년은 충혜왕 복위 원년인 1340년을 말한다. 1339년 충숙왕이 죽은 뒤 다시 왕위를 이어받은 충혜왕은 황음무도(荒淫無道)한 짓을 일삼다가 조적(曺頔)의 난을 불러일으켰다. 결국 그해 12월 홍빈(洪彬) 등 측근들과 함께 원나라로 압송되었다. 그런데 이듬해 봄, 원 조정 내부의 권력 이동이 일어나 바얀(伯顔)이 실각하고 톡토(脫脫)가 승상이 되면서 석방되어 극적으로 귀국할 수 있었다. 하지만 충혜왕은 이후에도 근신(近臣)들에게 정사를 맡기고 사냥과 유흥 등 향락에 빠져 국왕이기를 포기한 음행과 기행을 이어 가며 수많은 백성의 원성을 샀다. 결국 1343년 12월 다시 원나라에 압송되었다가 광동성 게양현(揭陽縣)으로 유배를 떠났고, 이듬해 1월 도중에 호남성 악양현(岳陽縣)에서 사망했다. 여기서 기묘시는 당시 정동행성 이문으로 와 있던 게이충이 이때의 다양한 국내 상황을 소재로 읊은 시를 말한다. 외국 지인에게 조국의 이런 상황들을 부끄러워하며 잊어 주길 바라는 마음을 넌지시 시로 표현했다.

其二

東省何多事　　我來當此時
畏愁頻置酒　　避謗尙吟詩

其三

世事如雲雨[167]　　人情見歲時
相逢雖衰衰　　愁絶不成詩

其四

閉戶讀書處　　對山持酒時
客來休說事　　共賦賞春詩

167) 세사여운우(世事如雲雨) : 인정세태가 손바닥 뒤집듯 변화무쌍한 날씨와 같이 반복무상함을 비유한 말이다. 두보(杜甫)의 《두소릉 시집》 권2 〈빈교행(貧交行)〉에 "손 젖히면 구름 일고 손 엎으면 비 오게 하는, 경박한 세상인심 따질 것이 뭐 있으랴?(翻手作雲覆手雨 紛紛輕薄何須數)"라 했다.

차운해 재상(宰相) 김영돈(金永旽)을 축하하다

위태로운 시대 탁월한 공을 세우셨고,
이제 퇴폐한 풍속 어서 바꾸셔야지요.
과장에서의 인재 선발은 더욱 어렵거늘,
마음이 공정하니 법 또한 공정할 것입니다.

次韻賀金宰相168)

已向危時卓立功　　應教弊俗早移風
棘圍169)取士尤難事　爲有公心法亦公

168) 김재상(金宰相) : 김영돈(金永暾, 1285~1348). 그는 충혜왕 복위 1년(1340), 안축(安軸)과 함께 예부시의 지공거가 되어 33명의 진사를 선발했다. 이때 선발 인원에 대해 《고려사》 권73 〈선거지(選擧志)〉 과목(科目) 선장(選場) 조에는 나와 있지 않으나, 《가정집(稼亭集)》 권1과 《조선 금석 총람(朝鮮金石總攬)》 상(647쪽)의 안축묘지(安軸墓誌)에 의해 33명이었음을 확인할 수 있다. 당시 과거 시험의 주관자인 (동)지공거가 되는 것은 당대 최고의 학자임을 사회적으로 인정받는 것이었기에 본인과 가문의 영광으로 인식되었다. 그래서 이곡이 축하시를 지어 보낸 것이다.

169) 극위(棘圍) : 과거 시험장의 별칭. 합격자 발표를 하는 날 낙방한 응시자들의 난동을 방지하기 위해 가시나무 울타리를 쳤다는 고사에서 유래했다고 한다. 《구오대사(舊五代史)》 권127 《주서(周書)》 〈화응열전(和凝列傳)〉 참조.

근재(謹齋) 안축(安軸) 선생을 축하하며

응시자들 올해 시관(試官)을 제대로 만났고,
시험장 엄격해서 엿볼 수도 없겠지요.
붓끝의 교묘한 솜씨 누구에게 빌릴까요?
거울 비친 실력 차이 속일 수 없으리니.
황지(黃紙)는 값이 배나 오를 것이요,
득의한 청포는 줄지어 천천히 걷겠지요.
병이 들어 좋은 모임에 참석치 못하고서,
화려한 거문고 앞에 그저 시 한 수 올립니다.

賀安謹齋170)

舉子今年得主司　棘圍嚴切絶人窺
筆端巧拙誰相假　鑑裏姸媸自不欺
黃紙171)隨恩增價倍　青袍172)得意綴行遲
負薪173)未獲參高會　錦瑟前頭謾獻詩

170) 하안근재(賀安謹齋) : 이 시는 앞 시와 연결되는데, 안축(安軸, 1287~1348)은 김영돈과 함께 1340년 예부시의 동지공거를 맡았다. 이 시는 이곡이 그것을 축하하는 자리에 병 때문에 가지 못하고 죄송스러운 마음을 시로 표현한 것이다. 안축은 이곡의 동년인 안보(安輔, 1302~1357)의 형님이다. 안축은 15세나 아래인 동생 안보에게 학문을 가르쳤고, 이곡도 그와 어울리면서 스승의 예로 안축을 섬겼다. 이후 1348년 이곡은 원 조정에서 귀국하면서 제일 먼저 병중이던 안축을 찾아 문안을 드릴 정도였다. 이후 이곡이 공민왕 즉위 운동이 실패로 끝난 후 관동 지방을 유람할 때 지은 시들을 보면, 안축이 강원도존무사(江原道存撫使)를 지낼 때 지은 《관동와주(關東瓦注)》 등의 영향을 많이 받았음을 알 수 있다.

171) 황지(黃紙) : 누런색 종이. 황마지(黃麻紙)라고도 하며 조서(詔書)에 쓰는 종이를 지칭하는 말이다. 과거 시험에서는 황패(黃牌) · 홍패(紅牌) · 백패(白牌)와 같이 종이의 빛깔로 과거 합격의 등급을 표시했다.

172) 청포(靑袍) : 과거에 급제해 관직을 제수받아 관료가 되어 입는 관복. 조선 시대의 경우, 4~6품의 벼슬아치들이 공복으로 입는 푸른 도포를 의미하기도 한다.

173) 부신(負薪) : 섶을 지고 누웠다는 표현으로, 병에 걸려 땔나무도 하지 못하고 누웠다는 의미로 사용한다. 《예기(禮記)》〈곡례(曲禮)〉 하(下)에 나오는 말로, 병에 걸렸다는 뜻의 완곡한 표현으로 활용된다.

신사년(1341, 충혜왕 복위 2) 새해 첫날의 느낌 4수

제1수
노모 위해 귀가해 네 번째 맞는 봄,
올해 새해는 마음 많이 상했다네.
거울 속 백발이 늘어났을 뿐 아니라,
단것보다 약물을 자주 올려야 하니.

제2수
새해엔 일흔 하고 또 세 살 되셨으니,
기쁘고도 두려운 마음에 신명께 물어본다.
바라는 건 백세 장수에 안락하시길.
금화조(金花詔)와 탕목읍(湯沐邑) 자주 하사받았으면.

제3수
올봄에 임기가 끝나 원나라로 돌아가야 하니,
늙으신 어버이 생각하면 마음이 아파 오네.
백년 동안 기쁘고 즐겁게 봉양할 수만 있다면,
천 리 길 자주 왕래한들 무슨 상관이리오?

제4수

아이들 너도나도 새봄 맞아 기뻐하며
폭죽과 도부(桃符)로 악귀들 쫓아낸다네.
우습구나, 나도 옛날엔 너희들과 같았거늘,
지금은 자꾸 나이 먹는 게 겁이 나니.

辛巳元日有感

其一

爲母還家四見春　　今年元日暗傷神
鏡中不獨添華髮　　甘旨174)供疎藥餌頻

其二

親年七十又三春　　喜懼情深175)却問神

174) 감지(甘旨) : 설탕이나 꿀 등 당분이 있는 음식. 어버이가 좋아하는 맛있는 음식이라는 말이다. 《예기》〈내칙(內則)〉에 "새벽에 어버이에게 아침 문안을 하고 좋아하는 음식을 올리며, 해가 뜨면 물러나 각자 일에 종사하다가, 해가 지면 저녁 문안을 하고 좋아하는 음식을 올린다(昧爽而朝 慈以旨甘 日出而退 各從其事 日入而夕 慈以旨甘)"라고 했다.

175) 희구정심(喜懼情深) : 새해를 맞아 노모의 연세를 떠올리면 기쁘면서도 또 언제 가실지 몰라 두려운 생각이 든다는 의미다. 《논어(論語)》〈이인(里仁)〉에 "부모의 연세에 관심을 두지 않을 수 없나니, 한편으로는 오래 사셔서 기쁘기도 하지만 또 한편으로는 살아 계실 날이 얼

但願期頤[176]安且樂　金花湯沐[177]賜頻頻

其三

秩滿還朝在此春　爲緣親老愴精神
百年儻盡怡愉養　千里何妨往返頻

其四

兒童共喜見新春　竹爆桃符[178]辟鬼神

마 남아 있지 않을까 두렵기 때문이다(父母之年 不可不知也 一則以喜 一則以懼)"라 했다.

176) 기이(期頤) : 100살. 사람의 수명 100세를 기(期)라 하는데, 그 나이가 되면 몸이 자유롭지 못해 앉아서 턱[頤]으로 사람을 부리게 된다는 뜻이다. 《예기》〈곡례(曲禮)〉 상(上) 참조.

177) 금화탕목(金花湯沐) : 금화(金花)는 금화조(金花詔)를 말한다. 화려한 금화전(金花箋)에 쓴 조서(詔書)나 조령(詔令)을 의미한다. 소식(蘇軾)의 《소동파 시집》 권27 〈정건용을 전송하다(送程建用)〉에 "마침 금화의 조서를 볼 것이며, 탕목읍을 하사받고 조청에 참가한다(會看金花詔, 湯沐奉朝請)"라 했다. 또한 탕목(湯沐)은 목욕물을 데우는 데 필요한 땔감이라는 뜻인데, 목욕하기 위해 필요한 비용을 말한다. 주나라 때 천자가 제후에게 탕목읍을 하사해 목욕재계하는 비용을 충당하게 했다고 한다. 여기서는 노모를 봉양할 수 있게 조서와 비용을 지원받았으면 하는 희망 사항을 말하는 것으로 보인다.

178) 죽폭도부(竹爆桃符) : 섣달그믐날 밤과 새해 아침에 대나무에 폭죽을 넣어 터뜨리면[竹爆] 질병을 옮기는 악귀가 그 소리를 듣고 달아난다고 했다. 도부(桃符)는 신년 초 두 개의 복숭아나무 판자에다 신도(神荼)와 울루(鬱壘) 두 귀신의 이름을 써서 문 양쪽 옆에 걸어 나쁜 귀

笑我異時如汝輩　　而今却怕得年頻

신을 물리치던 풍습이다. 《설부(說郛)》 권12 〈울루(鬱壘)〉 참조.

4. 제4차 재원 활동기(4년 10개월)

43세(1341. 3)~47세(1345)

신사년(1341) 여름 대도(大都)에 들어가면서 눌재(訥齋) 장항(張沆)에게 부치다

태평 시절 성곽 남쪽 별장에 고고하게 사는 분
명리 좇느라 귀밑머리 센 나를 크게 비웃겠지요.
어찌 강가 길 따라 돌아갈 생각이 없겠냐마는,
승냥이와 늑대가 길 막고 있는 것 차마 볼 수 없습니다.

辛巳夏 入都寄張訥齋179)
淸時高臥郭南莊　　笑殺趨塵180)兩鬢蒼

179) 장눌재(張訥齋) : 눌재는 장항(張沆, ?~1353)의 호다. 충숙왕 때 과거에 급제한 뒤 사헌규정과 좌사의대부가 되었다. 충숙왕 5년 억류 시 호종 공신이었으며, 심왕 옹립을 저지하는 데 공을 세웠다. 1320년(충숙왕 7) 충선왕이 원나라에 5년간 억류 중 티베트로 귀양을 가게 되었을 때 여비를 가져다준 공적으로 1327년 11월 24일에 나주목사 벼슬로 2등 공신에 오른다. 이어 군부판서, 밀직제학, 첨의참리 평양윤을 거친 후에 영산군(永山君)에 봉해졌다. 충혜왕 때에는 전민추쇄도감의 제조가 되고, 충목왕 때에는 참의, 참리, 정당문학에 오른 뒤에 경사도감의 제조와 서연관에 올랐다. 특히 예학에 깊은 조예가 있어서 공민왕의 명을 받아 종묘의 예악과 기복(器服)을 수정해 칭찬을 받았다. 시호는 문현(文顯)이다.

180) 추진(趨塵) : 비굴한 태도로 명리(名利)를 추구하는 것을 말한다.

豈不懷歸江上路　　　却嫌當道有豺狼[181]

진(晉)나라 반악(潘岳)이 세상의 명리를 좇으며 석숭(石崇) 등과 함께 당시의 권신인 가밀(賈謐)에게 아첨했는데, 가밀이 외출할 때마다 수레가 일으키는 먼지를 바라보며 절을 했다(望塵而拜)고 한다. 《진서(晉書)》 권55 〈반악 열전(潘岳列傳)〉 참조.

181) 당도유시랑(當道有豺狼) : 승냥이와 이리가 길을 막고 있다. 포학하고 간사한 자들이 국정(國政)을 제멋대로 농락하는 것을 말한다. 후한 순제(順帝) 때 장강(張綱)이 지방 풍속을 순찰하라는 명을 받았다. 하지만 그는 타고 갈 수레의 바퀴를 낙양(洛陽) 도정(都亭)의 땅에 묻고서 "승냥이와 늑대가 지금 큰길을 막고 있으니, 여우와 살쾡이 따위야 굳이 따질 것이 있겠는가!(豺狼當路 安問狐狸)"라고 하면서 사양했다.

호광행성(湖廣行省) 참지정사(參知政事)로 가는 백수(伯脩) 소천작(蕭天爵)을 전송하는 자리에서 동화진(東華塵)을 시운(詩韻)으로 받다

도성 거리 동화문(東華門)에
지척에 즐비한 요로진(要路津)이라.
새벽에 금문 열리고 재상들 이르면,
구름처럼 모여드는 수많은 수레들.
사방에 자욱이 안개 노을 둘러싸니,
보이는 건 쌍으로 우뚝 솟은 궁성문.
조정에서의 이름 다툼 원래 그런 법,
흘린 땀방울 얼굴 스쳐도 뉘 감히 성내리오?
남아는 성대에 뭔가 큰일을 해야지
북창 아래 고고하게 누운 자 누구인고?
성군에게 충성하려면 독서를 해야 하는 법
유자라고 모두 신세 망치지는 않으리니.
우리 공께선 대각에서 명성이 자자하시니,
평소의 공론은 공의 경륜으로 돌아가리라.
남쪽의 호남성에서 어찌 오래 계시리,
재갈 울리며 동화진에 돌아오시리라.

送蘇伯脩[182]參政湖省 分韻得東華塵[183]

182) 소백수(蘇伯脩) : 자계(滋溪) 소천작(蘇天爵, 1294~1352)이다. 그는 유학 세가(儒學世家) 출신으로, 국자감에 입학해 오징(吳澄) · 우집(虞集) · 제이겸(齊履謙) · 마조상(馬祖常) 등의 강의를 들었다. 그는 국자생을 대상으로 한 공거공시(貢擧公試)에서 합격해 대도로 계주판관(大都路薊州判官)에 제수됨으로써 관료 생활을 시작했다. 그때 공거공시의 주관자가 마조상이었고, 장원으로 뽑힌 글이 〈갈석부(碣石賦)〉라는 작품이었다. 이 한 편으로 소천작은 대도(大都) 문학계를 떠들썩하게 했다. 원각(袁桷)의 추천으로 한림국사원의 전적관(典籍官)에 제수되어 문한직으로 들어와 응봉한림문자(應奉翰林文字)로 승진하며 《영조실록(英宗實錄)》의 수찬에 참여했다. 이후 8년간 사관직을 맡으며 《국조명신사략(國朝名臣事略)》(15권, 1329)을 집필하고, 《경세대전(經世大典)》 편수에 참여했다. 1331년부터는 강남행대감찰어사(江南行台監察御史)를 시작으로 평생 여덟 차례나 감찰 계통의 업무를 맡아보았으니 그의 청렴하고 올곧은 성품을 짐작할 수 있다. 1334년 시강학사가 되어 《문종실록》을 편수하고, 이후 한림대제(翰林待制), 중서우사도사 경연참찬관(中書右司都事 經筵參贊官)을 겸했다. 소천작은 이 무렵 원대의 대표적 시문총집으로 꼽히는 《원문류(元文類)》(70권) 편선을 완료했는데, 이곡과 교유를 시작한 시기도 이때로 보인다. 이후 소천작은 형부낭중(刑部郎中), 어사대도사(御史台都事), 예부시랑(禮部侍郎), 회동도숙정염방사(淮東道肅政廉訪使), 추밀원판사(樞密院判官), 이부상서(吏部尙書), 섬서행대치서시어사(陝西行台治書侍御史), 이부상서(吏部尙書), 참의중서성사(參議中書省事), 호광행성참지정사(湖廣行省參知政事), 섬서제도행어사대시어사(陝西諸道行御史台侍御史), 집현시강학사 겸 국자좨주(集賢侍講學士兼國子祭酒), 산동도숙정염방사(山東道肅政廉訪使), 집현시강학사(集賢侍講學士), 경기봉사선무(京畿奉使宣撫)를 지냈고, 이후 관직에서 물러나 귀향했다가 1347년 강절행성참지정사(江浙行省參知政事)와 양절도전운사(兩浙都轉運使)를 역임했다. 1352년 홍건적이 강동 지역

東華塵天衢[184]　咫尺要路津[185]
金門曉開相君至　千車萬馬如雲屯
茫茫四顧煙霞集　但見觀闕[186]雙嶙峋[187]

을 침범하자 다시 강절행성참지정사를 맡았다가 군중에서 병사하고 말았다. 그는 마지막 군중에서 《치세귀감(治世龜鑒)》(1권)을 편찬할 정도로 평생 학자이자 행정가로서 명성을 떨쳤다.

183) 동화진(東華塵) : 소천작(蘇天爵)이 1342년 가을, 호광행성참지정사(湖廣行省參知政事)로 부임하게 되자 송별회를 가졌는데, 그 자리에 이곡이 참석해 동화진(東華塵)을 운자로 받아 지은 시다. 당시 이곡은 정동행성 원외랑직을 마친 뒤 1342년 2월 정동행성의 〈하개원표문(賀改元表文)〉을 가지고 대도로 돌아왔다. 하지만 새로 발령이 나지 않아 무관(無官) 신세로 불안한 시간을 보내고 있었다. 그러던 차에 참의중서성사(參議中書省事)로 활약하던 소천작이 지방관으로 나가게 되자 송별연에 참석해 오랜 지인들과 즐거운 시간을 보내는 한편 구직 활동도 겸한 것으로 보인다. 이곡은 시의 시작과 끝부분에 경사(京師)를 뜻하는 '동화진'이란 시어를 배치함으로써 지금 대도를 떠나지만 어서 돌아오라는 뜻을 재치 있게 표현하고 있다.

184) 동화진천구(東華塵天衢) : 천구(天衢)는 도성의 거리이고, 동화(東華)는 송나라 궁성의 동쪽 문으로 입조(入朝)할 때 이용했다. 관원들이 거마를 타고 조정에 출퇴근할 적에 내는 먼지가 서울 거리를 뽀얗게 뒤덮는다는 의미다. 《소동파 시집》 권14 〈박박주(薄薄酒)〉에 "은거해 뜻을 구함엔 의리를 따를 뿐, 동화문의 먼지나 북창의 바람은 아예 계교치 않네(隱居求志義之從 本不計較東華塵土北窓風)"라 했다.

185) 요로진(要路津) : 누구라도 지나가지 않을 수 없는 요긴한 나루터라는 뜻으로, 중요한 지위 또는 정승에 오르는 것을 의미한다. 두보의 〈위 좌승상에게 20운을 지어 받들어 올리다(奉贈韋左丞丈二十二韻)〉에 "스스로 생각하되 남보다 자못 뛰어나니, 정치의 요직에 오를 수 있으리라 믿었소(自謂頗挺出 立登要路津)"라 했다.

爭名於朝自古昔　　揮汗[188]拂面誰敢嗔
男兒有爲在昭代　　北窓高臥[189]知何人
致君堯舜須讀書　　儒冠未必皆誤身
我公臺閣名籍籍　　平生物議[190]歸經綸
南維分省豈得久　　鳴鑣又入東華塵

186) 관궐(觀闕) : 궁성의 문.

187) 인순(嶙峋) : 겹겹이 우뚝 솟은 모양.

188) 휘한(揮汗) : 흘러내리는 땀을 쥐어뿌린다는 뜻. 휘한의 또 다른 뜻으로 사람이 많이 모여 북적거리는 도성 거리의 풍경을 말하기도 하는데, 그렇다면 수많은 관료 사회에서 치열한 경쟁을 하느라 땀을 흘린다 정도로 이해할 수 있다. 그 과정에서 얼굴을 붉히거나 모략하는 일도 있지만 정계에서는 그것 역시 감당할 일이라는 식으로 해석해 볼 수도 있다. 《사기》 권69 〈소진 열전(蘇秦列傳)〉에 "제나라 서울 임치(臨淄)에 가면 사람들이 어찌나 많은지 소매를 치켜들면 장막을 이루고 땀방울을 서로 흩뿌리면 금방 비를 이룬다(擧袂成幕 揮汗成雨)"라 했다.

189) 북창고와(北窓高臥) : 은거해 혼자 즐기는 사람을 말한다. 도잠(陶潛)의 〈아들 엄 등에게 주는 글(與子儼等疏)〉에 "오뉴월 중에 북창 아래에 누워 있으면 서늘한 바람이 이따금씩 스쳐 지나가곤 하는데, 그럴 때면 내가 태곳적 희황(羲皇) 시대의 사람이 아닌가 하는 생각이 들기도 한다(五六月中 北窓下臥 遇凉風暫至 自謂是羲皇上人)"라 했다.

190) 물의(物議) : 어떤 사람의 좋지 않은 행동에 대해 많은 사람이 이러쿵저러쿵 논란하는 상태.

중시(仲始) 사보(思補) 김대경(金臺卿)에게 부치면서 박 판사(朴判事)에게도 올리다

산림에도 조용히 살 곳 없으니,
압록강 서쪽에 태어나지 못한 게 한스럽네.
덧없는 세상 명리 위해 허구한 날 싸우고,
온통 타향의 언어로 떠들어 대는구나.
우연히 들은 고국 소식에 마음이 에이는 듯
친한 분들 잊지 못해 꿈에서도 헤매오.
마침 두 집 모두 사내아이가 있으니
초파리 같은 고약한 습관 키우진 않으리라.

寄仲始思補191) 兼呈朴判事
山林無處着幽棲192)　恨不身生鴨水西

191) 중시사보(仲始思補) : 자는 중시, 호는 월당(月塘)인 김대경(金臺卿)은 1326년 문과 급제 후 보문각 대제학을 지냈다. 문장이 뛰어나 이곡과 교류하기도 했다. 뒤에 이색과 함께 나주 안로현으로 유배되면서부터 후손들이 나주에 대대로 살면서 나주 김씨를 열었다. 관직인 사보(思補)는 1308년(충렬왕 34) 도첨의사사(都僉議使司) 내부에 둔 정6품직이다.

192) 산림무처착유서(山林無處着幽棲) : 권세를 부리는 자들이 산천을

浮世利名蠻戰觸[193]　　他鄕言語楚咻齊[194]
忽聞新事心還折　　長憶親交夢轉迷
幸有兩家兒子在　　休敎習慣似醯鷄[195]

모두 겸병(兼并)하느라 열심인 바람에 조용히 은거할 수도 없다는 뜻으로, 어지러웠던 고려의 국내 정치 상황을 비유해 표현한 부분이다.

193) 만전촉(蠻戰觸) : 달팽이의 오른쪽 뿔에 있는 만씨(蠻氏)와 왼쪽 뿔에 있는 촉씨(觸氏)의 다툼이라는 뜻으로, 사소(些少)한 일로 서로 싸우는 일을 이르는 말이다. 《장자》〈칙양(則陽)〉 참조.

194) 초휴제(楚咻齊) : 고국과 달리 생소한 중국 말만 주위에서 시끄럽게 들린다는 의미다. 어떤 초나라 사람이 제나라 말을 아들에게 가르치려고 제나라 사부를 영입했지만, 주위의 많은 초나라 사람들이 떠들어대는 통에 제나라 말을 제대로 배울 수 없었다는 이야기가 《맹자》〈등문공(滕文公)〉 하(下)에 나온다.

195) 혜계(醯鷄) : 술이나 초에서 생기는 작은 벌레로 술독이나 초병(醋甁) 안에서만 산다고 한다. 흔히 주색(酒色) 등 향락에 빠져 패가망신하는 자들의 비유로 쓴다.

식무외(式無外)의 염주(念珠)로 장난삼아 짓다 3수

제1수

항하의 모래 수만큼 돌리려 한다면,

그런 생각 두루 하기 어려움을 아소서.

그보다는 마음과 손은 까맣게 잊고,

우리에게 술잔 숫자나 세어 주시길.

제2수

끝과 시작은 분명 꼬리와 머리인데,

돌릴수록 어디가 꼬리이고 머리인지.

스님이 티끌 같은 날을 굴린 뒤에야

우리보다 일백 주 아래임을 면하리라.

제3수

시시각각 삼라만상이 실상을 드러내니,

일념으로 초연하면 절로 원만구족(圓滿具足)하리.

만물 쫓아 염주 쥐고 돌려야 한다면,

장사치 종일토록 아주 쥔 것과 뭐가 다르랴?

戲賦式無外196)念珠

其一

數到恒沙197)欲盡頭　須知此念尙難周
不如心手渾忘了　付與吾曹當酒籌

其二

終始端如尾與頭　循環轉覺未能周
待師數盡微塵日　可免輸吾一百籌198)

196) 식무외(式無外) : 시승(詩僧)으로 보이는데 개인 약력에 대해서는 알 길이 없다. 다만 충혜왕 때 의승(醫僧)이자 원나라 승려인 복산(福山)과 교유했고 그와 함께 입원(入元)해 강남 일대까지 유람하며 원나라 문사들과 교유한 것으로 알려져 있다. 이곡은 식무외의 정자에 명(銘)을 지어 주기도 하고[〈식무외의 송석헌명(式無外松石軒銘)〉(권7)], 그의 소개로 복산의 시집에 발문을 지어 주고[〈복산 시권의 발문(跋福山詩卷)〉(권7)], 염주를 가지고 희롱하는 시를 지어 주었으며[〈식무외의 염주로 장난삼아 짓다(戲賦式無外念珠)〉(권16)], 그가 복산과 함께 강남으로 떠날 때 〈강남으로 떠나는 식무외를 전송하며 절구 2수(送式無外遊江南 二絶)〉(권15)를 지어 전송한 것으로 보아 나름 좋은 관계를 맺고 있었던 것으로 확인된다.

197) 항사(恒沙) : 인도 항하(恒河, 갠지스강)의 모래라는 뜻으로, 무한히 많은 그런 무량(無量)의 수를 비유해 이른다.

198) 수오일백주(輸吾一百籌) : 주(籌)는 산가지를 놓아서 셈을 하던 일을 말한다. 여기서는 시승으로 알려진 식무외가 만나는 문인들에게 시를 구하곤 했는데 이에 이곡이 열심히 염주를 돌려 법력을 쌓으면 그제야 문사들과의 차이가 조금 줄어들 것이라고 하며 농담조로 그를 놀

其三

塵塵刹刹露頭頭　　一念超然已自周199)
逐物若須枚數去　　何殊終日執牙籌200)

렸다. 《소동파 시집》 권17 〈중구일에 왕공의 시에 차운해(九日次韻王鞏)〉에 "흰머리는 그대가 나보다 삼천 장이나 위이고, 시율은 내가 그대보다 일백 주나 아래다(鬢霜饒我三千丈 詩律輸君一百籌)"라 했다.

199) 주(周) : 두루 갖추었다는 원만구족(圓滿具足)을 뜻한다. 막히거나 새지 않는 공덕이 세상에 충만해 있는 경지를 의미한다.

200) 아주(牙籌) : 상아(象牙)로 만든 수판을 말한다. 상인이 돈 계산을 하는 데 사용하는 주판(籌板)을 뜻한다. 진(晉)나라 죽림칠현(竹林七賢)의 한 사람인 왕융(王戎)이 한때 재물 모으기를 좋아해 아주를 손에 쥐고 밤낮으로 돈을 계산했다는 고사가 있다. 《세설신어》 〈검색(儉嗇)〉 참조. 여기서는 식무외가 염주 돌리며 염불을 외우는 것을 장사치의 주판에 비유하며 희롱한 것이다.

옛 운(韻)을 써서 벗에게 답하다

남들은 오늘이 있을 줄 생각이나 했으랴?
이자들은 여전히 옛날과 같은걸.
우선 투서기기(投鼠忌器)도 생각해야겠지만,
냉담한 방관은 더욱 위험한 것이리라.

用舊韻答友生

他人豈意有今日　　此輩依然如舊時
投鼠要須先忌器[201)]　傍觀眼冷已多危

201) 투서요수선기기(投鼠要須先忌器) : 투서기기(投鼠忌器). 돌을 던져서 쥐를 잡고 싶어도 곁에 있는 그릇을 깰까 걱정된다는 뜻의 관용구로서, 임금의 곁에 있는 간신을 제거하고 싶어도 임금에게 피해가 갈까 두려워서 손을 쓰지 못할 때의 비유로 흔히 쓴다.

귀향하는 벗을 전송하며

명리가 사람을 들볶아 조금도 쉬지 못했고,
부모님 떠나 만리타향 정처 없이 떠돌았지.
어쩌나 또 고향 가는 친구를 전송하니,
가을 산 둘러싼 성곽엔 술집이 가득이네.

送友人還鄉

名利馳人不少休　辭親萬里作羈遊
那堪又送還鄉客　繞郭秋山滿酒樓

중양절에 여러 친구들이 찾아왔길래 술을 조금 마시다

병중에 벗들이 찾아와,
타향에서 명절을 맞았네.
잠시나마 부들자리를 펴고 앉아
함께 국화주를 들었지.
돌아갈 뜻 어찌 말할 수 있으랴,
그나마 웃는 얼굴을 보였다네.
오랜만에 만나서도 맘껏 마시지 못하거늘,
괴롭게도 절물이 잔질을 재촉하는구나.

九日 諸公見過小酌

病裏故人至　　客中佳節來
暫披蒲葉席　　共擧菊花杯
歸意豈堪說　　笑顔聊與開
相逢不痛飮　　節物202)苦相催

202) 절물(節物) : 철에 따라 나는 산물. 계절에 따라 생산되는 사물이니, 여기서는 중양절의 국화와 국화주를 비롯한 가을의 풍경을 의미한다.

고려로 돌아가는 대언(代言) 신예(辛裔)를 전송하며

2수

제1수

백 년 인생에 마음과 일이 공교롭게 어긋나
이번 전송은 벌써 올해로 두 번째로구나.
헤어지고 술 깬 뒤 다시 꿈꿀 때쯤엔
날랜 역마 고향집 당도했음을 알리라.

제2수

몇 년 동안 아침저녁 문안도 못 드린 채
돌아가고 싶다 말만 하고 정작 그러지 못했지.
슬프구나, 변방 너머 사천 리 길에,
어머니 뵈러 역마 탄 사람 전송만 하니.

送辛代言[203]東歸

其一

百年心事巧相違　　兩度今年此送歸
別後酒醒淸夜夢　　定知飛馹[204]到庭闈[205]

203) 신대언(辛代言) : 신예(辛裔, ?~1355). 신예는 충혜왕 때 문과에 급제한 뒤 원 제과까지 급제[《문헌비고(文獻備考)》]했으며, 1342년 김진(金稹)과 함께 과거를 주관하기도 한 인재였다. 하지만 원 조정 기황후의 사람인 환관 고용보(高龍普)의 처남이 된 뒤 권력을 함부로 휘두르고 횡포가 심해 그를 신왕(辛王)이라고까지 부를 정도였다. 특히 고용보를 도와 충혜왕 압송에 적극 가담함으로써 유학자로서 본분을 저버린 것에 대해 비판이 심했다. 이 시는 신예가 기철과 함께 성절사로 왔다가 귀국할 때 이곡이 전송하면서 아쉬움과 부러움을 토로하며 지은 것이다. 하지만 이곡은 이후 충목왕 때 개혁을 방해하는 신예의 처신에 대해 〈초정 신예에게 부치다(寄辛草亭)〉(권17)를 지어 꾸짖었다. 그는 여기에서 왕숙문(王叔文) 당파에 속해 잠시 국정에 참여했다가 결국 좌천을 거듭하다 죽은 유종원(柳宗元)이 남긴 〈징구(懲咎)〉를 인용했다. 비록 "벼슬길에선 백 년의 우호가 없었어도, 사람의 정리는 십 년 우정 잊으면 안 되겠지(宦路曾無百歲好, 人情莫忘十年交)"라는 말로 마무리했지만 당시 기세등등한 신예를 향해 비판의 글을 보낸 것만으로도 이곡의 기개를 읽을 수 있다. 그로부터 5년 뒤 이곡은 유람 중 신예의 고향인 영산(靈山, 현 경산) 부근을 지나며 또 시를 지어 신예에게 보낸다[〈초정 신예에게 부치다 절구 3수(寄辛草亭 三絶)〉(권20)]. 여전히 지속되는 사람들의 신예에 대한 비난에도 불구하고 늙어 버린 신세, 이제 모든 걸 내려놓고 내년 봄 강가 정자에서 만나 담소나 나누길 바란다고 함으로써 그저 옛 친구로서의 아쉬움을 표현하고 있다. 신예에 대한 이곡의 마음은 그를 통해 출세하려는 것이 아니라 그의 능력과 인연을 안타까워하는 것이었다.

204) 비일(飛馹) : 나는 듯한 역마. 역마를 채찍질해서 빠르게 달리다.

其二

年來定省已多違　　謾說懷歸自不歸
惆悵關河206)四千里　送人乘傳207)覲慈闈208)

205) 정위(庭闈) : 부모가 사시는 집.

206) 관하(關河) : 관문과 강, 즉 북방 국경과 압록강을 의미한다.

207) 승전(乘傳) : 역참에 비치된 네 마리 말이 끄는 수레. 여기서는 그냥 역마를 의미한다.

208) 자위(慈闈) : 남에게 자기 어머니를 높여 부르는 말.

참의(參議) 소천작(蕭天爵)의 자계서당(滋溪書堂)

소씨(蘇氏)는 5대에 걸쳐 대대로 서책을 늘려서 만 권에 이르렀다. 이에 좌주(座主)인 예부상서 성부(誠夫) 송본(宋本) 선생께서 먼저 기문(記文)을 쓰고, 제공(諸公)들이 모두 시를 지었다.

오대의 훌륭한 명성 학문에 연원이 있어,
물이 불어남에 따라 여울도 날로 늘어났지.
글 지을 땐 남에게 독촉을 받듯 했지만,
자식에게 물려줌엔 가르침만큼 어려운 게 어디 있던가?
성대한 업적 당장 천하에 들리게 되었으니,
꽃다운 이름 이제 삼한까지 전해지리라.
우리 좌주께서 일찍이 기문을 지으신 곳,
손때가 아직 생생해 차마 보지 못하겠네.

題蘇伯脩參議滋溪書堂

蘇氏五世 世增書至萬卷 座主宋尙書誠夫[209]首爲之記[210] 諸

209) 송상서성부(宋尙書誠夫) : 송본(宋本, 1281~1334). 자는 성부(誠夫), 시호는 정헌(正獻)이며, 문집으로 《지치집(至治集)》이 있지만 전하지 않는다. 그는 북방 대도(大都) 출신이었지만 부친 송정(宋禎)이 항주(절강)와 강릉(호북) 등지에서 하급 관리(小吏)를 지내 남방의 학문적 분위기 속에서 성장했다. 부친의 녹봉이 적고 항상 가난한 생활을

영위했는데, 그 와중에도 열세 살 터울 동생 송경(宋褧)과 함께 학문의 끈을 놓지 않았다. 송본은 항상 헌책을 사서 공부하고 의문 나는 부분은 선생을 찾아가 물어 깨치고 그것을 다시 동생에게 가르쳤다. 약관도 되기 전에 아이들을 가르치며 부모와 동생을 봉양하기도 했다. 강릉에서는 당대 대학자인 우집(虞集)에게 수업을 받아 문명을 떨치기도 했다. 이때 사단(謝端)과 동문수학해 '사송(謝宋)'으로 불렸다. 결국 형제는 학문적 성취를 얻고 시문으로 명성을 날려 '이송[二宋, 대송(大宋) · 소송(小宋)]'으로 칭송받았다. 송본은 1321년 대도에서 거행된 향시와 정시(廷試)에 모두 장원 급제했고, 한림수찬에 제수되어 《인종실록》의 예수(預修)에 참여하는 등 관료 생활을 시작했다. 이후 감찰어사, 국자감승, 병부원외랑, 중서좌사도사, 예부낭중, 이부시랑, 예부시랑, 예문소감, 규장각학사원 공봉학사, 예부상서를 거쳤다. 1333년 경연관을 겸했고, 계유과의 지공거를 맡아 이곡의 좌주가 되었다. 그들은 한문화(漢文化)에 숙련된 문인 집단이었기에 민족적 한계나 언어적 불통은 큰 문제가 되지 않았다. 서로는 사생(師生)이 되었고 시문을 주고받으며 정의(情誼)를 두터이 했다. 송본은 이듬해 4월 이곡이 홍학조서를 받들고 고려에 사신으로 떠나게 되자 7언 절구 4수를 지어 석별의 정을 나누기도 했다. 이곡이 송본을 생각하며 지은 시로는 〈좨주 송본의 육준도에 쓰다(題宋祭酒六駿圖)〉(권15)가 있다. 7언 율시로 송본이 그린 준마도를 보고 그 느낌을 적었다. 송본의 관직이 국자좨주인 것으로 보아 이 시는 1334년 1월부터 4월 사이에 지은 것으로 보인다. 이곡은 당대(唐代)의 통일 전쟁에서 활약했던 당 태종과 당고조의 용맹함을 칭송하고, 육준마를 돌에 새겨 자신의 소릉(少陵) 앞에 세운 태종의 고사를 적절히 시 속에 녹여 넣었다. 그리고 좌주의 육준도도 태종처럼 오랫동안 세상에 남을 보배가 될 것이라 칭송했다.

210) 이때 지은 송본의 기문이 〈자계서당기(滋溪書堂記)〉인데, 여기 말미에 "지순(至順) 2년(1331) 12월 26일"이라고 창작 시기를 밝히고 있다. 마침 송본이 예부상서를 지낸 시기(1231. 겨울~1233)와 "송상서성부(宋尚書誠夫)"란 시주(詩註)의 내용도 일치하니 분명한 사실로 보인

公皆有詩

五世流芳學有源　　勢隨滋水日增瀾
著書政似求書急　　遺子何如教子難
盛業卽今聞四海　　令名從此到三韓
春官座主曾題處　　手澤猶新不忍看

다. 그런데 송본 이외에도 오사도(吳師道)의 〈자계서당시 서(滋溪書堂詩序)〉와 허유임(許有壬)과 사단(謝端)의 〈자계서당명(滋溪書堂銘)〉이 있는 것으로 보아 대도 모처에서 송본의 예부상서 임명을 축하하고 또 외직으로 나가는 소천작을 송별하는 모임을 함께 연 것으로 보인다. 참고로 오사도의 〈자계서당시 서〉는 《전원문(全元文)》 34책, 허유임의 〈자계서당명〉은 38책, 사단의 〈자계서당명〉은 33책에 수록되어 있다. 이 외에도 자계서당을 찬미하는 시문을 남기고 있는 문인은 충선왕의 만권당에 출입했던 우집(虞集), 우집 다음으로 문명을 꼽았던 사단, 송본의 아우 송경, 허유임, 부약금(傅若金), 고영(顧瑛), 반순(潘純), 호조(胡助) 등이 있다. 그런데 흥미로운 것은 이곡이 이 시회에 직접 참여해 송별시를 지은 것은 아니라는 점이다. 이곡은 시 제목에서 소천작의 관직을 참의(參議)라고 했다. 소천작이 참의를 지낸 것은 이부상서(吏部尙書)에서 참의중서성사(參議中書省事)로 옮겼던 1341년이다. 그러면 이 시는 소천작이 참의중서성사가 된 1341년부터 호광행성참지정사(湖廣行省參知政事)로 나가는 1342년 가을 사이에 지은 것으로 볼 수 있다. 결국 평소 이곡이 자계서당의 명성을 익히 들었는데 마침 좌주 송본이 쓴 시회의 기문을 보고 느낀 바 있어 자신도 시를 지은 것으로 볼 수 있다. 시구의 마지막 부분 "우리 좌주께서 일찍이 기문을 지으신 곳, 손때가 아직 생생해 차마 보지 못하겠네(春官座主曾題處, 手澤猶新不忍看)"의 "증(曾)" "수택(手澤)" "불인간(不忍看)"을 보면 그런 추측에 확신을 더하게 된다. 이곡은 이 시에서 5세의 훌륭한 명성은 학문적 연원에서 나왔으며, 황금보다 경서를 물려준 소씨 가문의 혜안과 삼한까지 들리는 소씨 가문의 업적을 칭송하고 있다.

이문(理問) 홍빈(洪彬)에게 부치다

옛날과 달라진 동방도 정말 싫지만,
서쪽에 와도 내 집 같질 않구나.
인간 세상에 편한 곳이 본래 있으련만,
서생이 내는 꾀가 워낙 엉성하다 보니.

寄洪文野211)理問

211) 홍문야(洪文野) : 홍빈(洪彬, 1288~1353). 자는 문야, 시호는 강경(康敬)이다. 그는 선조 때 입원(入元)해 대도에서 생활했기에 어려서부터 내정에서 숙위한 인물이다. 이후 장관의 천거로 대도로패주동지(大都路覇州同知), 송강부판관(松江府判官), 도수감경력(都水監經歷), 대상예의원경력(大常禮儀院經歷) 등을 지내다 1330년 충숙왕이 폐위되어 원에 억류되자 사력으로 변호한 공을 인정받아 1332년 충숙왕 복위 시 함께 귀국해 정동행성 이문(理問)에 임명되었다. 이후 1339년, 홍빈은 조적의 난에 참여했지만 강요에 의해 참여했다는 이유로 사면을 받았고, 충혜왕이 압송되자 적극 변호에 나서서 그 공으로 1342년 6월 정동행성 낭중(郎中, 종5품)에 임명되기도 했다. 이곡이 정동행성 원외랑으로 재직한 때가 1337년 10월~1341년 1월이니, 이 기간 함께 근무하며 친분을 쌓았다. 이곡이 홍빈에게 준 시는 총 세 편이 있다. 이곡이 원외랑을 마치고 원으로 돌아가 무관으로 지내며 보낸 시에서 "옛날과 달라진 동방도 정말 싫지만, 서쪽에 와도 내 집 같질 않구나"라고 자신의 신세를 한탄한다. 고려가 싫다고 직설적인 표현을 할 정도로 그들은 막역한 사이였다. 사실 홍빈이 자제 교육을 위해 절강의 유학자 호중연(胡仲淵)을 초빙했는데, 이곡의 아들 이색도 함께 끼어 배웠다. 홍빈은 당시 12~13세이던 이색을 각별히 사랑해 공부를 마치고 돌아가는 그를 만류해 여러 날 재우고 먹이는 일이 많았다고 한다[이색(李穡), 《목은문고(牧隱文藁)》 권19 〈당성 부원군 강경공 홍빈 묘지명(唐城府院君洪康敬公墓誌銘)〉]. 하지만 정치적으로 오락가락하는 듯한 홍빈의 처신에 대해 이곡은 못마땅한 마음을 숨기지 않았다. "세속이 귀에 거슬리는 말을 대부분 싫어하지만, 그대 지금 용퇴하는 것이야 뭐가 어려우리?(世俗多嫌逆耳言 君今勇退有何難)"라며 잠시 관직에서 물러나는 것이 좋겠다는 권유를 하기도 했다. 또한 1345년 가을 무렵, 홍빈이 강소성 북부 회안(淮安) 둔전관(屯田官)으로 임명되자 그를 떠나보내며 지은 시에서 연봉이 지방 군수에 버금가는 2000석이니 둔전 일을 맡을 것을 부끄럽게 생각지 말라며 위로하고, 자기에게 술값 부치

剛厭東方異古初　　西來還不似吾廬
人間自有安身處　　自是書生作計疎

는 것을 잊지나 말라며 농담을 던지기도 했다[〈회안의 둔전관으로 부임하는 총관 홍빈을 전송하며(送洪捴管赴淮安屯田)〉(권18)].

춘헌(春軒) 최문도(崔文度)가 새로 전법판서(典法判書)에 임명된 것을 축하하며 부치다

남포에서 한가로이 이십 년 세월 보내면서,
꿈에서도 명리는 근처도 가지 않으셨거늘.
판서(判書)는 육조의 명망인을 뽑는 것이고,
봉익(奉翊)은 이품의 고관 반열입니다.
시사를 어찌 가볍게 손댈 수 있겠습니까?
후생이 다시 어깨를 나란히 하게 됐나이다.
〈춘헌기〉를 어떻게 써서 부쳐야 할는지요?
이제껏 출처는 우연이었을 뿐이거늘.

寄賀崔春軒[212]新拜典法判書

南浦閑居二十年　　夢魂不到利名邊
判書望重諸曹選　　奉翊官高二品聯
時事豈堪輕出手　　後生聊復與齊肩

212) 최춘헌(崔春軒) : 춘헌은 최문도(崔文度, ?~1345)의 호다. 이 시의 마지막에 나오는 〈춘헌기(春軒記)〉는 《가정집》 권2에 실려 있다. 최문도는 어려서부터 원나라에서 숙위하며 몽고의 말과 글에 능통했다. 1320년 충선왕이 티베트에 유배되었을 때 아버지와 함께 다녀왔고, 귀국 후 전법판서가 되었다.

何當寫寄春軒記　　出處從來只偶然

중시(仲始) 사보(思補) 김대경(金臺卿)에게 부치다

예전의 물의가 나를 어찌하지 못하거늘.
오늘의 공명도 대단할 것 없어라.
안개비 내리는 남강에서라면
도롱이도 천금과 바꾸지 않으리라.

寄金仲始思補

異時物議奈吾何　　此日功名未足多
誰似南江煙雨裏　　千金不換一漁蓑

요동(遼東)의 최(崔)와 홍(洪) 두 염방사(廉訪使)에게 부치다 그들은 모두 동향인이다

제왕의 교화는 남북이 없지만
그것을 만나는 건 쉽고 어려운 차이가 있는 법.
성스러운 조정이 만국을 불러 주어,
좋은 선비가 삼한에서 나왔다네.
범방(范滂)의 고삐를 함께 쥐었고,
공우(貢禹)처럼 관을 자주 털었다네.
서생은 유독 왜 이리 졸렬한지,
타향에서 오래도록 서성이고 있으니.

寄遼東崔洪兩廉訪213) 皆鄕人

聲敎無南北　　遭逢有易難
聖朝來萬國　　佳士出三韓

213) 염방(廉訪) : 염방사자(廉訪使者). 중국 송대의 관명. 국경 지역의 군대를 감찰해 황제에게 비밀리에 아뢰는 일을 맡았다. 처음에는 주마승수공사(走馬承受公事)라 했다가 휘종 때 염방사자로 개칭했다. 당시 요동 지역에는 고려인 유민이 집단 거주지를 형성하고 있었는데 이들을 감독 관할하기 위해 고려인 출신 관원을 임명했다. 이 시는 그중 이곡이 평소에 가깝게 지냈던 최씨, 홍씨 두 염방사에게 보낸 시다.

同按范滂轡[214]　　頻彈貢禹冠[215]
書生獨何拙　　旅食久盤桓

214) 범방비(范滂轡) : 남비징청(攬轡澄淸) 고사. 후한 말 환제(桓帝) 때 범방(范滂)은 정직하고 청렴해 존경을 받았다. 당시 기주(冀州) 지방에 기근이 심하고 탐관오리의 착취와 학정까지 겹쳐 굶주린 백성이 민란을 일으켰다. 이에 황제는 범방을 보내 바로잡게 했다. 범방은 마차에 올라 고삐를 잡고 분개하며 간악한 무리를 철저하게 가려내어 천하를 맑게 하겠다는 뜻을 다졌다. 그리하여 부패한 관리 20여 명을 색출하고 탄핵했지만 그들의 뒤를 봐주던 조정 고관들 때문에 도리어 범방이 무고를 당했다. 이에 범방은 자신만의 힘으로는 세상을 바로잡을 수 없음을 한탄하며 낙향했다. 《후한서(後漢書)》 권67 〈범방 열전(范滂列傳)〉 참조.

215) 공우관(貢禹冠) : 탄관(彈冠) 고사. 마음이 맞는 사람과 함께 일하기 위해 서둘러 준비한다는 말이다. 《한서》 권72 〈왕길전(王吉傳)〉에 서한 때 왕길(王吉)이 관직에 임명되자 친구 공우(貢禹)도 덩달아 갓의 먼지를 털고 벼슬길에 나설 준비를 했다는 "왕양재위 공공탄관(王陽在位 貢公彈冠)"이란 말이 있다. 공우는 전한 낭야(琅邪) 사람으로, 자는 소옹(少翁)이다. 경서에 밝고 청렴결백해 명성을 떨쳤던 인물이다. 올곧은 품성으로 황제에게 직언을 마다하지 않은 것으로 유명하다.

임오년(1342, 충혜왕 복위 3) 한식(寒食)

벼슬길 예로부터 시비가 많은 법,
노친 계신 고향 떠나 멀리 왔으니 또 어찌할까?
나그네 길에서 이미 한식을 만났으니,
서울 먼지 흰옷 물들여도 별수 없지.
가랑비 내리자 절기 바뀌었음에 놀라고,
빗자루로 쓴 듯 지는 꽃에 가는 봄 아쉽다.
가난한 생활 중에도 명절엔 취해야 하나니,
귀밑머리에 생각이 많아 심사가 어그러지네.

壬午歲寒食

宦路從來足是非　更堪親老遠庭闈
已從客路逢寒食　也任京塵染素衣
細雨忽來驚節換　落花如掃惜春歸
忍貧要趁良辰醉　鬢髮多情心事違

김경선(金敬先)이 낙제해 고려로 돌아가려 할 적에 〈한식(寒食)〉 창화시의 운으로 시를 지어 만류하다

글에 지난날의 잘못 더욱 잘 드러나지만,
꿈에서도 과장에 앉았다가 깜짝 놀라네.
금의환향 자랑하는 부귀는 어찌 기대하랴만,
관복 하사받는 영광은 일찍이 누려 봤으니.
기쁘게도 그대 다리에 글 쓰고 온 장한 뜻은
낙제하고 돌아가던 때의 나보단 낫구먼.
삼동문사(三冬文史)라도 응용하기에 충분하니,
나와 함께 짧은 등잔 마주하고 실력을 쌓아 보세.

金敬先[216]落第東歸 用寒食唱和詩韻留之

於文益見昨之非　　夜夢猶驚坐棘圍[217]
富貴敢期誇晝錦[218]　恩榮曾得賜朝衣
喜君壯節題橋[219]入　饒我當年落第歸

216) 김경선(金敬先) : 그의 생평에 대해서는 자세히 알려진 것이 없다. 하지만《가정집》을 통해 그가 재상 한종유(韓宗愈)의 문생이자 사위였으며, 이곡과 좋은 인연을 이어 갔음을 확인할 수 있다. 이곡은 1342년, 제과에 응시했다가 낙제하고 돌아가려는 김경선에게 재도전을 권유하는 시를 지어 위로하는가 하면, 1347년에는 그가 대언(代言)이 되자 〈대언이 된 김경선에게 축하시를 부치다(寄賀敬先代言)〉(권18)라는 축하시를 보냈다. 또한 〈부령 김경선에게 부치다(寄金敬先副令)〉(권18)에서는 김경선의 뛰어난 재주를 칭찬하면서 은근히 한종유에게 사위만 감싸지 말고 자기도 있다는 농담을 던지기도 했다. 이런 이유 때문이었는지 김경선은 대를 이어 아들 이색과도 좋은 인연을 이어 갔다. 이색은 그를 위해 〈김경선을 위해 치당의 명을 짓다(致堂銘 爲金敬先作)〉[《목은문고(牧隱文藁)》 권1]를 지었다.

217) 극위(棘圍) : 과거 시험장. 창으로 두름. 당나라 때 과거를 볼 때면 창을 빙 둘러 세우고, 다른 사람들이 함부로 출입하지 못하도록 했다.

218) 주금(晝錦) : 낮에 비단옷을 입는다는 뜻으로, 출세해 고향에 돌아가는 것을 말한다. 금의환향(錦衣還鄕)과 같은 말이다.

219) 제교(題橋) : 촉군(蜀郡) 성도(成都) 사람 사마상여(司馬相如)가 촉군을 떠나 장안(長安)으로 가는 길에 성도의 성(城) 북쪽에 있는 승선교(昇仙橋)에 이르러 그 다리 기둥에 "고거사마를 타지 않고서는 다시 이 다리를 건너지 않겠다(不乘駟馬高車 不復過此橋)"라고 써서, 기필코 공명을 이루겠다는 자신의 포부를 밝혔다는 고사. 그는 뛰어난 문장 실력으로 한(漢) 무제(武帝)에게 인정받고 출세해서 귀향했다.《화양국지(華陽國志)》 참조. 두보의《두소릉 시집》 권3 〈개부 가서한에게 20운을 지어 올리다(投贈哥舒開府翰二十韻)〉에 "기둥에 글을 썼던 당

足用三冬文史[220]在　短檠[221]相對莫予違

초의 장한 그 뜻이여, 지금은 생애가 유독 굴러다니는 쑥대로세(壯節初題柱 生涯獨轉蓬)"라 했다.

220) 삼동문사(三冬文史) : 가난한 사람은 농사를 짓느라고 여가가 없어 다만 삼동 겨울 석 달 동안 학문을 닦는다는 뜻으로, 자신의 학문을 낮출 때 하는 말이다.

221) 단경(短檠) : 높이가 낮은 등잔걸이나 그 위에 켜는 등불. 한유(韓愈)의 〈짧은 등잔대 노래(短燈檠歌)〉에 "여덟 자 긴 등잔대는 공연히 길기만 할 뿐이요, 두 자의 짧은 등잔대가 밝고도 편리하다(長檠八尺空自長 短檠二尺便且光)"라 했다.

차운해 순암(順菴) 스님에게 답하다

내 반생애 객지 생활 연속이라
여태 타향살이에 다른 건 바라지도 않았네.
창밖 파초는 지난 밤비에 흠뻑 젖었고,
소반의 묵숙은 봄날 지천에 깔린 채소라네.
가난해도 스스로 안빈낙도(安貧樂道)했나니,
생계가 곤궁한 건 실력 부족 때문이 아니라오.
선탑(禪榻) 가에는 봄날이 찾아왔거늘,
좌망(坐忘)하니 우리 인생 나그네 같구려.

次韻答順菴[222]

半生光景屬離居[223]　旅食從來不願餘
窓外芭蕉饒夜雨　盤中苜蓿[224]富春蔬
家貧自有簞瓢樂[225]　計拙非因翰墨疎

222) 순암(順菴) : 승려 조의선(趙義旋). 그는 권신 조인규(趙仁規)의 넷째 아들인데, 보통 선 공(旋公)으로 불린다. 원 황제의 총애를 받아 정혜 원통 지견 무애 삼장 법사(定慧圓通知見無碍三藏法師)라는 법호를 받고 천원 연성사(天源延聖寺) 주지로 있으면서 고려의 영원사(瑩原寺) 주지를 겸했다. 이후 15년 동안 수많은 사찰을 중수하고 원과 고려를 오가며 왕실을 자유롭게 출입했던 당대의 고승이다. 1336년 귀국 후 묘련사(妙蓮寺)를 중수했다. 이곡과는 대도에서 인연을 맺어 그에게 물질적 정신적 지주 역할을 해 주었다. 이곡은 순암에게 무려 14편의 시문을 지어 주었으며, 순암의 부친 조인규의 공로와 조상들을 칭찬하는 사당기를 지었고[〈조정숙공 사당기(趙貞肅公祠堂記)〉(권3)], 그의 동생 조위(趙瑋)의 묘지명을 짓기도 했다[〈고려국중대광 첨의찬성사 상호군 평양군 조 공 묘지(高麗國重大匡 僉議贊成事 上護軍 平壤君 趙公墓誌)〉(권12)]. 이곡은 순암이 주재한 대도(大都)의 보은 광교사(報恩光教寺), 고려의 천태 불은사(天台佛恩寺)와 허정당(虛淨堂), 대장경 봉안 등의 불사 기문을 전담했을 정도로 가까운 사이였다. 단순히 정치적 종교적 권력자라는 인위적 관계로 대하기보다는 이국에서 힘들 때마다 많은 도움을 받았고, 소탈하고 검소한 데다가 시인 묵객과 어울릴 줄 아는 풍류를 갖추었기에 마음으로 존경하고 그리워했다.

223) 이거(離居) : 이군삭거(離群索居). 함께 생활해야 할 사람이 멀리 떨어져서 따로 살다. 《예기》〈단궁(檀弓)〉 상(上) 참조.

224) 목숙(苜蓿) : 거여목. 콩과 식물로 채소의 일종인데, 주로 목초로 사용하는 탓에 빈약한 식생활을 비유할 때 흔히 쓴다.

225) 단표락(簞瓢樂) : 안빈낙도(安貧樂道)의 생활을 가리킨다. 《논어》〈옹야(雍也)〉에 "어질다, 안회(顏回)여. 한 그릇 밥과 한 표주박 물

時到煙花禪榻[226]畔　　坐忘[227]身世等蘧廬[228]

을 마시며 누항에 사는 것을 사람들은 근심하며 견뎌 내지 못하는데, 안회는 그 낙을 바꾸지 않으니, 어질도다, 안회여(賢哉 回也 一簞食 一瓢飮 在陋巷 人不堪其憂 回也 不改其樂 賢哉 回也)"라 했다.

226) 선탑(禪榻) : 참선(參禪)할 때 올라앉는 평상이나 의자.

227) 좌망(坐忘) : 조용히 앉아서 잡념을 버리고 무아의 경지에 들어가다. 선가(禪家)에서는 주객(主客)이 분리되지 않은 상태에서 도와 합일한 정신의 경지를 뜻하며, 삼매(三昧)와 비슷한 의미다.

228) 거려(蘧廬) : 여인숙. 역려(逆旅).

칠석

좋은 계절 찾아올 이 없거늘,
인간 세상 세월은 북처럼 날아가네.
견우직녀 아득아득 기쁨 나누기 드물거늘,
아녀자들 분분하게 걸교(乞巧)하기 바쁘구나.
가을빛 객사는 물처럼 맑은데,
밤빛 은하수는 물결 없이 잔잔하네.
일어나서 시구 찾다 괜히 머리만 긁적긁적,
뜰 가득 바람과 이슬은 어쩌란 말인고?

七夕

佳節無人肯見過　　人間歲月逐飛梭
神仙杳杳合歡少　　兒女紛紛乞巧[229]多
客舍秋光淸似水　　天河夜色淨無波
起來覓句空搔首　　奈此一庭風露[230]何

229) 걸교(乞巧) : 7월 칠석날 밤에 부녀자들이 별을 보며 과일과 떡을 차려 놓고 직녀와 견우에게 길쌈과 바느질 솜씨가 좋아지게 해 달라고 빌던 풍속이다. 이날 서당의 학동들은 별을 보며 시를 짓거나 글공부 잘할 것을 빌기도 했다.

230) 풍로(風露) : 표면적으로는 칠석 밤에 부는 바람과 이슬을 뜻하지

만, 한편으로는 풍운월로(風雲月露)를 의미한다고 볼 수도 있다. 풍운월로는 세상을 살아가는 데 필요한 인심에 조금도 유익하지 않은 화조월석(花鳥月石)만 읊는 실속이 없고 겉만 화려한 시문을 의미한다. 그렇다면 이곡 스스로 타국 객지에서 명리를 좇고 있는 자신의 신세를 시에 빗대서 표현했다고도 할 수 있다.

9월 15일 밤 〈중추(中秋)〉의 운으로 시를 짓다

하늘 보니 나도 몰래 감회가 일어나서
살랑살랑 달 아래 거닐며 이전 시에 화운하네.
여전히 만 리를 비추는 보름달 밤이라
중추절 그림자 마주하던 그때와 같네.
오경(五更)이라 달빛 그림자 붙잡지 못하고,
한 동이 술만 친구들과 기약한 것을.
오늘 밤 이러하니 어찌 말이 없으랴만
우리 모두 이 책임 피할 수 없으리라.

九月十五夜 用中秋韻231)

遇物興懷不自知　　婆娑步月和前詩
依然萬里同光夜　　政似中秋對影時
五鼓難留淸景駐　　一尊唯與故人期
今宵如此寧無語　　此責吾曹安可辭

231) 중추운(仲秋韻) : 한 달 전 8월 보름에 지은 〈중추절에 달을 구경하며(中秋翫月)〉(권16)를 말한다.

가을 밤비에 앉아

찬 구름 어두워지자 저녁 까마귀 날아가고,
홀로 서창에 기대어 경치를 감상한다.
늦가을 강산은 더욱 쓸쓸한데,
깊은 밤 비바람이 다시 들이친다.
조금 맛본 명리 때문에 한갓 나그네 되어
꿈조차 무정해서 고향집 데려다주지 않네.
날 밝아 거울 보면 분명 흰머리 늘었지만,
여윈 말 다시 먼지 길로 달려가리라.

秋雨夜坐

寒雲作色送昏鴉　　獨倚書窓感物華
秋晩江山正搖落[232]　　夜深風雨更橫斜
利名少味徒爲客　　魂夢無情不到家
曉鏡定應添鬢髮　　羸驂肯復傍塵沙

232) 요락(搖落) : 흔들려 떨어지다. 늦가을에 나뭇잎이 떨어져 황폐하고 쓸쓸한 느낌이 난다는 의미다.

순암(順菴)의 운을 써서 정승 성재(誠齋) 한악(韓渥)을 곡하다

도성 문에 붉은 만장 펄럭일 테고,
천 리에 걸친 눈물 자국 오래도록 마르지 않으리.
모두 세신(世臣) 되어 고국을 슬퍼하는데,
홀로 남은 교목 위에 석양이 걸렸구나.
우리 임금 원로 존중해 모두 기대했지만,
임은 나라 일으킬 분이되 일 이미 어긋나 버렸네.
연장(蓮莊)의 풍월 다시 갖기로 약속했으니,
공 또한 돌아보며 못 잊을 줄 알겠도다.

用順菴韻哭韓誠齋[233]政丞

都門丹旐[234]想飛飛　千里啼痕久未晞
共爲世臣悲故國　獨留喬木掛斜暉
吾王尙老人猶望　彼相扶顚事已違
風月蓮莊[235]曾有約　知公廻首更依依

233) 한성재(韓誠齋) : 한악(韓渥, 1274~1342). 그는 한어(漢語)와 몽고어에 능통했고, 성품이 신중하고 기량(器量)이 있다고 평가받았다. 1321년 지밀직사사(知密直司事)가 되어 왕이 원나라에 갈 때 호종했다. 당시 고려의 왕위를 노리고 있던 심양왕(瀋陽王) 왕고(王暠)가 여러 가지로 충선왕을 참소했는데 뛰어난 지략으로 위기를 모면하게 함으로써 인정을 받았다. 이때의 공으로 1등 공신이 되어 선력좌리공신(宣力佐理功臣)의 호를 받고 상당 부원군(上黨府院君)에 봉해졌다. 이후 1340년(충혜왕 복위 1) 4월 우정승에 이르렀는데, 순암(順菴) · 이곡과 대도에서 친분을 쌓은 것으로 보인다.

234) 단조(丹旐) : 붉은 기. 붉은 명정(銘旌). 붉은 바탕에 흰 글씨로 죽은 사람의 품계, 관직 등을 적은 깃발.

235) 풍월연장(風月蓮莊) : 풍월은 맑은 바람과 달빛 아래에서 시를 짓고 흥취를 자아내며 즐겁게 놀다, 연장은 연꽃이 피어 있는 연회장을 의미한다. 혹 고유 명사로 보아 대도(大都) 어디에 있는 특정 장소를 지칭할 수도 있다.

순암(順菴) 스님이 보내 준 동지 팥죽에 감사하고 아울러 박경헌(朴敬軒)에게 올리다

동지에 얼음이 언 것은 이상한 일이지만,
새벽 창가에서 먹는 동지 팥죽은 여전합니다.
순식간에 마련한 금곡(金谷)의 맛이 비록 좋다지만,
급하게 올린 호타(滹沱)의 공도 결코 작지 않았지요.
절에서 함께 나눠 준 이 음식 두고,
부잣집의 산해진미 누가 부러워하겠나요?
언제나 남산 아래 콩밭의 김을 매고
달빛 아래 이슬에 옷 적시며 돌아올까요?

謝順菴冬至豆粥 兼呈朴敬軒[236]

陽復堅氷[237]事已非　　曉窓冬粥莫予違
咄嗟金谷[238]味雖好　　倉卒滹沱[239]功不微

236) 박경헌(朴敬軒) : 그에 관한 자세한 내용은 알 수 없다. 이 무렵 대도(大都)에서 생활하며 이곡과 자주 왕래했던 인물로 짐작할 수 있을 뿐이다.

237) 양복견빙(陽復堅氷) : 동지를 기점으로 양의 기운이 회복되는데도 얼음이 단단하게 굳었다는 의미다.

香積240)共分來紺宇241)　侯鯖242)誰羨出朱扉243)

238) 돌차금곡(咄嗟金谷) : 돌차(咄嗟)는 눈 깜짝할 사이, 금곡(金谷)은 진(晉)나라 부호(富豪) 석숭(石崇)의 정원 이름. 《진서(晉書)》 권33 〈석숭 열전(石崇列傳)〉에 따르면 석숭이 "손님을 위해 팥죽을 대접하면서 한 번 호흡하는 사이에 마련하게 했다(爲客作豆粥 咄嗟便辦)"고 한다.

239) 창졸호타(倉卒滹沱) : 호타(滹沱)는 지금의 중국 산시성(山西省)에서 발원해 허베이성(河北省)으로 들어가는 강이다. 광무제(光武帝) 유수(劉秀)가 황제가 되기 전에 요양(鐃陽) 무루정(無蔞亭)에서 풍이(馮異)에게 팥죽을 대접받아 배고픔을 면하고, 또 남궁(南宮)에 이르러서 보리밥을 대접받은 뒤에 호타하(滹沱河)를 건너갔다. 그는 제위에 오르고 나서 풍이에게 "창졸간에 무루정에서 대접받은 팥죽과 호타하의 보리밥에 대한 후의를 오래도록 보답하지 못했다(倉卒無蔞亭豆粥 滹沱河麥飯 厚意久不報)"라고 하면서 값진 물건을 하사했다는 고사가 있다. 그래서 후대에 팥죽과 보리밥에 호타(滹沱)의 이름을 붙이게 되었다고 한다. 《후한서(後漢書)》 권17 〈풍이 열전(馮異列傳)〉 참조.

240) 향적(香積) : 중향(衆香) 나라의 부처 이름. 그 나라의 법의 향기가 시방 무량세계에 두루 퍼진다고 한다. 《유마힐경》 〈향적품〉에서 향을 넣어 두는 바리때를 향적주(香積廚)라 하고, 절에서 식사를 맡은 중을 향적승(香積僧)이라 한다. 그래서 절에서 만들어 먹는 모든 음식인 향적반(香積飯)의 준말로 사용하기도 한다.

241) 감우(紺宇) : 승려가 불상을 모시고 불도를 닦으며 교법을 펼치는 집, 즉 불교 사원을 말한다. 감원(紺園), 감전(紺殿)이라고도 한다.

242) 후청(侯鯖) : 오후청(五侯鯖)의 준말. 고기와 생선을 합쳐서 만든 요리를 청(鯖)이라고 하는데, 서한 성제(成帝) 때 누호(樓護)가 왕씨(王氏) 가문의 다섯 제후들이 준 진귀한 반찬을 한데 합쳐서 요리를 만들고는 오후청이라고 칭했다는 고사가 전한다. 《서경잡기(西京雜記)》 권2 참조.

何當鋤豆南山下　　　草露霑衣帶月歸

243) 주비(朱扉) : 대문을 붉은색으로 치장한 집으로, 부귀한 자들이 사는 고대광실(高臺廣室)을 가리킨다.

수세(守歲)

시간은 잠시도 멈추지 않고 지나니,
멀리 떠나온 나그네 뉘와 함께하리?
등불 하나 켜고 함께 밤을 지키니,
가는 해 오는 해가 나뉘려 하네.
원추리 보니 모친이 더욱 그립고,
내 초반(椒盤)에는 아내가 없구나.
아침부터 좋은 기운 감도니,
붓을 들어 운물(雲物)을 적어 볼까나?

守歲244)

流景245)不曾駐　　遠遊誰與群
一燈聊共守　　兩歲欲平分
萱背246)憶慈母　　椒盤247)違細君248)

244) 수세(守歲) : 음력 섣달그믐날 밤에 집 안 구석구석을 밝히고 가족이 둘러앉아 온밤을 새우는 풍습. 한 해의 마지막 날 밤에 잠을 자면 눈썹이 센다고 한다. 경신수야(庚申守夜), 별세(別歲), 불 밝히기, 해지킴 등으로 부르기도 한다.

245) 유경(流景) : 해가 질 무렵의 경치 또는 흐르는 듯한 세월을 의미한다.

朝來有佳氣　　　試筆看書雲249)

246) 훤배(萱背) : 모친이 기거하는 곳을 의미한다. 《시경》〈위풍(衛風) 백혜(伯兮)〉에 "어떡하면 원추리를 얻어서 북쪽 뒤꼍에 심어 볼까? 떠난 사람 생각에 내 마음만 병드누나(焉得萱草 言樹之背 願言思伯 使我心痗)"라 했다.

247) 초반(椒盤) : 산초(山椒) 열매를 담은 소반. 고대 중국에서는 정월 초하루에 손님을 접대할 때는 소반에다 산초를 담아 내와 술에다 산초를 넣어 마셨다.

248) 세군(細君) : 원래 제후(諸侯)의 부인을 뜻했는데, 동방삭(東方朔)이 자신의 처를 세군이라고 해학적으로 표현한 뒤로 아내를 가리키는 말이 되었다.

249) 서운(書雲) : 운물을 기록한다는 서운물(書雲物)의 준말. 운물은 태양 주변에 어리는 채색 구름이나 운무 등을 말한다. 옛날에는 중요한 절기마다 천문 현상을 관찰해 길흉을 점치고 이를 기록해 두었던 풍속이 있었다. 《춘추좌씨전》 희공(僖公) 5년 정월 신해일 초하루 기사에, "희공이 마침내 망루에 올라 하늘을 바라보며 운물을 기록하게 했으니, 이는 예에 맞는 일이었다(遂登觀臺以望 以書雲物 禮也)"라는 기록이 있다.

계미년(1343, 충혜왕 복위 4) 설날 숭천문(崇天門) 아래에서

설날 아침 대명궁(大明宮) 활짝 열어 놓고,
만국의 사신들이 조회하러 모였구나.
무사들이 궁문을 지켜 내외가 엄숙하고
백관이 품서를 나눠 동서가 숙연하네.
축수 잔에는 넘실넘실 봄빛이 떠 있고,
새벽바람에 황제 의장이 우뚝 솟아 있다.
얼마 전 관복 입고 인재들과 함께했거늘,
대궐 문 우러러보니 오만 생각 떠오른다.

癸未元日崇天門250)下

正朝大闢大明宮251)　萬國衣冠此會同
虎豹守閽嚴內外　鴛鴦分序肅西東

250) 숭천문(崇天門) : 원의 수도인 대도(大都) 궁의 정문 이름. 현재는 남아 있지 않다.

251) 대명궁(大明宮) : 당나라 때 장안(長安)의 용수산(龍首山)에 있던 황궁(皇宮). 여기서는 새해 첫날 각국의 사신들이 모두 모여 천자에게 하례하는 대도(大都) 황궁을 의미한다.

壽觴灩灩浮春色　　仙仗摐摐[252]立曉風
袍笏[253]昔曾陪俊彥　天門翹首[254]思難窮

252) 선장창창(仙仗摐摐) : 선장은 궁중 예식에 쓰던 천자의 의장(儀仗)을, 창창은 잘 다스려져 조용해진 모양 또는 우뚝 솟은 모양을 의미한다.

253) 포홀(袍笏) : 예복으로 입던 웃옷의 일종인 도포와 손에 드는 예물인 홀. 궁정에서의 예복 차림을 말한다. 도포는 옷 길이가 길어 발등까지 내려오고, 소매는 넓고 길며 아래에 단이 달렸다. 홀은 임금이나 신하들이 제사나 의식 때 손에 들던 예물로 옥이나 상아, 대나무로 만들었다.

254) 교수(翹首) : 우러러보다. 고개를 들다. 간절히 원하거나 기다린다는 의미다.

원소절(原宵節) 밤 석진교(析津橋) 위에서

정월 대보름 되었어도 풍속이 달라,
대도(大都)의 봄빛은 더욱 화기애애하네.
황혼이 지나면 집집마다 등이 켜지고,
어둑한 가운데 거리마다 안개 자욱하네.
조용히 고삐 잡고 읊조리며 야윈 말 쫓았다가
우연히 유람차 따르다 무지개다리 건넌다.
금오의 검문 따위는 겁내지 말고,
두루두루 천진의 동이며 서며 쏘다녀나 볼까?

元夜255)析津橋上

節到元宵便不同　　皇都春色更融融
萬家燈火黃昏後　　九陌風煙暗淡中
靜着吟鞭從瘦馬　　偶隨游騎過垂虹
若爲不怕金吾256)問　　繞遍天津西復東

255) 원야(元夜) : 원소(元宵). 음력 정월 대보름. 상원절(上元節), 등절(燈節)이라고도 한다. 수나라 이후로 원석(元夕) 또는 원야라고 불렀다.

256) 금오(金吾) : 의금부 소속으로, 야간 통행금지 등 수도의 치안을 담당했던 관직 이름이다.

서산(西山) **영암사**(靈巖寺) 그 사원의 승려는 모두 고려인이다

절간 언제 세웠는지 어찌 기록하지 않았을까?
부러진 비석엔 태강(太康) 때 글씨만 남았네.
일천 봉우리 속 구불구불 오솔길에다,
일백 자 남짓 새로 판 찬 샘물도 있네.
속세 나그네 어찌 감히 티끌 자취 남기리오?
고향 승려도 수운향(水雲鄕) 사랑하거늘.
정상에 올라 다시 내려다봐야겠구나,
내일은 또 어디로 갈는지 모르겠으니.

題西山靈巖寺 寺僧皆鄕人

棟宇何時不記初　　斷碑唯載太康[257]書
曲通小逕千峯裏　　新鑿寒泉百尺餘
俗客敢留塵土迹　　鄕僧猶愛水雲居[258]

257) 태강(太康) : 서진(西晉) 문제(文帝)의 연호로, 기원후 280~289년에 해당한다. 이 절의 유구한 역사를 말하고 있다.

258) 수운거(水雲居) : 물이 흐르고 구름이 떠도는 곳. 수운향(水雲鄕). 은자의 거처를 말하기도 한다. 서산 깊은 산속에 자리하고 있는 영암사

要登絶頂須重看　　明日不知身所如

를 표현한 말이다.

3월 14일 성남(城南)에서 놀며 2수

제1수

봄날이 가려 하기에 서로 이끌고
수레 붐비는 곳으로 야윈 말 몰았지.
성 남쪽 삼십 리를 한눈에 바라보니
비처럼 지는 꽃에 연기 같은 버들이구나.

제2수

아침에 온 가랑비에 땅은 벌써 질퍽이니,
거리에서 야윈 말로 전송하니 걱정되네.
남창에서 책을 덮고 잠깐 꿈 들었다가,
이웃집 낮닭 울음소리에 깨었다네.

三月十四遊城南

其一

春知將去故相牽　　策過羸蹄織轍邊
一望城南三十里　　落花如雨柳如煙

其二

朝來細雨易成泥　　怯送街頭瘦馬蹄
掩卷南窓尋短夢　　數聲隣舍午時鷄

순암(順菴)이 새로 대장경(大藏經)을 봉안한 일에 대해 금주판관(錦州判官) 극례(克禮) 이인복(李仁復)이 시를 지어 찬미했기에 내가 그 시에 차운해 짓다

도를 실은 그릇을 모두 경이라고 하거늘,
부처의 교설은 참으로 헤아리기 어렵구나.
인과의 법칙은 하나도 틀리지 않는지라
부계(符契)인 듯 두 손 모아 받든다.
바닷속 용궁에 소장된 반주(半珠)가 드러나면
아녀자들 다투어 달려와 가산을 바치도다.
다음 생에서 부처 되는 공덕은 말하지 않더라도,
오늘날 우리 임금 장수는 기약할 수 있으리.
우리 스님은 본래 유가 문사의 후예로서,
부귀도 벗어던지고 훌쩍 떠나신 분이니.
중국 땅 유력(遊歷)하다 황제의 은총을 받고,
어긋버긋 구름 노을 수놓은 비단 장삼 걸쳤다네.
바랑을 모두 털어 대장경 봉안하지 못한다면
만겁토록 후회해도 소용없다 하지 않았던가?
항주의 묵적(墨跡)은 세상의 보배이니,
강신(江神)도 알아서 돛단배 순풍에 보내 주리라.

평생 손을 좋아하고 재물에 뜻이 없는 분이라
이런 큰 보배 이뤘으니 더욱 진귀한 일이구나.
그대는 보지 못했는가?
불문(佛門)에 의탁하고 부역을 피하면서
신도의 시주로 제 이익 꾀하는 자들을.

順菴新置大藏 李克禮州判259)作詩以讚 次其韻

載道之器皆謂經　　釋氏所說誠難思
因因果果百不差　　如取符契260)兩手持
龍宮海藏露半珠261)　士女奔競輸家貲

259) 이극례주판(李克禮州判) : 이인복(李仁復, 1308~1374). 자는 극례(克禮), 호는 초은(樵隱). 그는 1342년 제과(制科)에 급제한 뒤 대녕로(大寧路) 금주판관(錦州判官)을 지냈다. 이조년(李兆年)의 손자이고, 권신(權臣) 이인임(李仁任)의 형이다. 백이정(白頤正)에게 수학해 성리학에 밝았으며, 조일신 난 진압에 공을 세웠다. 정동행성(征東行省) 원외랑(員外郎)을 지냈다. 신돈을 멀리할 것을 간언하다 파직되기도 할 정도로 강직한 성격의 소유자였다.

260) 부계(符契) : 불교나 도교에서 악귀나 잡신을 좇고 재액(災厄)을 물리치기 위해 붉은 글씨로 그려 붙이는 종이. 일종의 부적이라 보면 된다.

261) 용궁해장노반주(龍宮海藏露半珠) : 불교에서는 대장경이 원래 바닷속 용궁 안에 보관되어 있다가 세상에 드러난다고 한다. 그리고 불법(佛法)이 마치 대해(大海)처럼 모든 것을 포괄하고 있다는 의미에서 장경각(藏經閣)을 해장전(海藏殿)이라고 부르기도 한다. 드러난다[露]는

他生作佛且休道　　此日壽君端可期
阿師本是衣冠冑　　脫略富貴輕分離
西遊却被玉皇眷　　錦袍錯落雲霞披
謂不傾囊置一藏　　噬臍262)萬劫安能追
餘杭墨本世所寶　　風帆穩送江神知
平生好客不留物　　成此大寶尤瑰奇
君不見
託迹空門逃賦役　　還將檀施自利之

불경을 간행한다는 의미다. 또한 반주(半珠)는 나머지 반쪽의 구슬이라는 뜻으로, 여기서는 불교의 경전을 가리킨다.

262) 서제(噬臍) : 배꼽을 물어뜯으려 해도 입이 닿지 않는다는 뜻으로, 후회해도 이미 때가 늦었다는 의미다.

서교(西郊)로 가는 길

머리 위의 시간은 자고로 봐준 적 없는데,
봄이 오자 물색들 괴롭게도 서로 불러 대네.
뜻밖에 한식날 산사로 놀러 가게 되어,
함께 강물 굽어보며 석교를 건넜다.
길 북쪽 큰 비석은 옛 은덕 사모하는 것이고,
언덕 위 높은 탑은 이전 왕조의 역사를 알지어다.
아무렴 취해서 서교를 두루 답청해 봐야지.
초원은 처음인 듯 파릇파릇 말도 점점 굳세어지네.
길 북쪽에 유 태보(劉太保)와 백안 승상(伯顔丞相)의 묘가 있다.

西郊途中

頭上光陰故不饒　春來物色苦相招
偶逢寒食遊山寺　共瞰渾河度石橋
道北豐碑懷舊德　岡頭高塔認前朝
要須醉踏263)西郊遍　原草初青馬漸驕
道北有劉太保伯顔264)丞相墓

263) 답(踏) : 답청(踏靑). 봄에 파랗게 난 풀을 밟고 거닌다는 뜻으로, 보통 청명절(淸明節)에 야외에 나가서 산책하며 노니는 것을 말한다.

264) 백안(伯顏) : '바얀(?~1340)'의 음역어. 원나라 말기의 권신(權臣). 카이두(Kaidu)와의 전쟁에서 공을 세워 무종, 인종, 영종, 태정제 아래에서 요직에 있었다. 태정제가 죽은 뒤 반대파를 누르고 무종의 장자인 명종, 아우인 문종을 차례로 즉위하게 했다. 지나친 권세를 누린 나머지 실각해 귀양을 가는 길에 죽었다.

한식날에 홀로 앉아 감회를 적다

지난해 한식날엔 서산(西山)에서 놀았는데,
올해는 홀로 문 닫고 앉았네.
봄바람에 궁중 버들 예나 이제나 똑같건만
나그네 길 어디서나 근심 어린 얼굴 펴질는지.
세상엔 함께 성묘할 덕공(德公)이 없거늘,
무덤 사이에 보이는 건 걸제(乞祭)하는 사람들뿐.
고당(高堂)의 거울엔 흰 머리칼 많아졌으련만,
노래자(老萊子)의 색동옷 못 입은 지 오래됐구나.
고향집 정원의 꽃나무 모두 손수 심었는데,
꾀꼬리만 남아 삐익삐익 츠르르 울고 있겠지.
인생의 부귀 누려 본들 기껏 백 년이거늘,
세월은 한번 가면 돌아올 수 없는 법.
하늘이 우리에게 감정을 준 이유 있으리니,
무슨 일만 있으면 감회 일어 항상 못 견디게 하니.
누가 나를 일으켜 억지로 취하게 해 줄까?
오랜 병에 나가지 못해 허리와 다리가 굳었는걸.

寒食獨坐書懷

去年寒食遊西山　　今年寒食獨掩關
東風御柳自今古　　客路何處開愁顔
世無德公265)同上冢　　但見乞祭266)來墦間
高堂267)明鏡多白髮　　久矣不着萊衣斑268)

265) 덕공(德公) : 후한 말엽의 은사(隱士) 방덕공(龐德公). 자는 자어(子魚), 상장(尙長)이고, 호북성 형주 남군 양양현(襄陽縣) 사람이다. 그는 일찍이 양양 일대에 은거하던 사마휘(司馬徽), 제갈량, 방통, 서서 등의 인재들과 친밀하게 지내며 세상사를 토론했다. 사마휘는 방덕공보다 열 살 아래였는데 방덕공을 늘 방공(龐公)이라고 불렀는데 '방공'이란 호칭이 여기서 나왔다. 방덕공은 제갈량을 와룡(臥龍), 방통을 봉추(鳳雛), 사마휘를 수경(水鏡)이라고 불렀다. 형주자사(荊州刺史) 유표(劉表)의 간곡한 요청도 뿌리친 채 가족과 함께 양양(襄陽)의 녹문산(鹿門山)에 들어가서 약초를 캐며 살다 생을 마감했다. 역시 당시의 고사였던 사마휘가 그의 집을 방문했을 때 마침 그가 성묘하러 산에 올라가고 집에 없자 사마휘가 대신 주인 행세를 했다는 일화가 전한다. 이곡은 이 부분에 착안해서 이 구절을 지었다. 《후한서》 권83 〈일민 열전 방공(逸民列傳 龐公)〉 참조.

266) 걸제(乞祭) : 묘제(墓祭)를 지내고 남은 음식을 구걸해 먹는 것을 말한다. 여기서는 농단(壟斷) 고사에 나오는 천장부(賤丈夫)와 같은 부류의 사람을 의미한다. 천장부는 여기저기 기웃거리며 걸제나 하면서 배를 채우고 집에 돌아와서는 귀인(貴人)들과 노닐었다고 처첩에게 거드름을 부렸다고 한다. 《맹자》 〈이루(離婁)〉 하(下) 참조.

267) 고당(高堂) : 높게 지은 집, 조정 등 여러 뜻이 있지만, 여기서는 고국의 부모님이 계신 집을 의미한다.

268) 내의반(萊衣斑) : 노래자(老萊子)의 색동옷. 춘추 시대 초나라의 은사(隱士)인 노래자가 일흔의 나이에도 부모님을 기쁘게 해 드리기

故園花木皆手種　　留與黃鳥啼綿蠻
人生富貴亦百歲　　歲月一去無由還
天教我輩故鍾情　　遇物興懷常不閑
誰能起我强一醉　　久病不出腰脚頑

위해 색동옷을 입고 재롱을 떨었다는 고사가 있다.《초학기(初學記)》 권17 참조.

금주판관 극례 이인복에게 부치다

객지에서 함께 지낸 지 오래거늘,
헤어진 뒤 홀로 탄식했다네.
밤이면 침상에서 속이야기 터놓았고,
저녁 식사 때면 누차 밥 권했지.
점점 고향집 가까워짐을 느끼는데,
고국으로 떠나기 어려움을 끝내 알리라.
황은(皇恩)을 어떻게 저버릴 수 있으랴,
우리도 탄관(彈冠)할 준비를 해야겠지.

寄克禮州判

客裏久同處　　別來成獨嘆
夜床饒晤語　　晚食屢加餐
漸覺趨庭[269]近　　終知去國難
皇恩那可負　　我輩佇彈冠[270]

269) 추정(趨庭) : 자식이 부모의 가르침을 받음. 과정지훈(過庭之訓).

270) 탄관(彈冠) : 갓에 쌓인 먼지를 털어 내다. 즉, 갓의 먼지를 털고 벼슬길에 나간다는 의미다.

송도(松都)의 친구에게 부치다

여러분들 권세 얻고 득의에 차서,
다투어 재능 바쳐 성군을 만들고자 하네.
한번 물어봄세, 무슨 일로 여러 명 데리고
지팡이 짚고 종일토록 함께 구름 봤는지를.

寄松京親友

諸公袞袞且欣欣[271]　競效才能欲致君
且問因何將數子　杖藜終日共看雲

271) 곤곤차흔흔(袞袞且欣欣) : 곤곤은 끝없이 많거나 권세가 대단한 모양을, 흔흔은 기뻐하는 모양 또는 득의에 찬 모습을 의미한다.

아쉬운 가랑비

잔뜩 낀 구름 여태 가랑비 뿌리건만,
가뭄에 타들어 가는 벼 싹 적시기엔 태부족.
못 용들 두들겨 깨울 재주 없어 부끄러우니,
빈 처마 아래서 탄식하며 머리만 긁적일 수밖에.

微雨有感

密雲作雨尙纖纖　　病旱禾苗未足霑
鞭起群龍愧無術　　沈吟搔首傍虛簷

6월 1일

뜨거운 태양도 오늘 아침엔 두 푼이 꺾였지만,
복중 더위는 가뭄 끼고 더욱 불타는 듯.
맨손으로 얼음물 만들 수 있으면 좋으련만,
걱정 어린 이마만 찡그리며 여름 구름 바라본다.
시간이 새처럼 날아간다고 누가 말했던고?
깊은 밤 왱왱거리는 모기는 참기 어렵구나.
고향 산천 곳곳은 피서하기 적당하거늘,
솔바람 소리 샘물 소리 어디선가 들리는 듯.

六月一日

畏景[272]今朝減二分　炎威挾旱更如焚
恨無素手調氷水　空皺愁眉望火雲
誰道光陰如過鳥[273]　不堪昏夜足飛蚊

272) 외경(畏景) : 여름철에 내리쬐는 뜨거운 햇볕.

273) 광음여과조(光陰如過鳥) : 송나라 유자환(劉子寰)의 〈옥루춘(玉樓春)〉이라는 시에 "부들꽃은 쉽게 지고 갈대꽃은 일찍 지고, 객지의 광음은 마치 새처럼 날아가네(蒲花易晩蘆花早 客裏光陰如過鳥)"라는 표현이 나온다. 황승(黃昇)의 《화암 사선 속집(花菴詞選續集)》 권10 참조.

故山處處宜逃暑　　　松響泉聲彷彿聞

6월 6일 밤비

벌겋게 타들어 가는 사방 천 리 땅
서쪽 교외엔 먹구름 잔뜩 끼었다.
여러 신하 조화로운 통치에 힘써
한바탕 비로 찌는 더위 씻어 냈네.
하늘은 백성 살리려는 뜻 있으니,
우리도 성군을 섬기리라.
서재에서 베개 기대어 누웠나니,
빗소리도 예사로이 여길 수 없다네.

六月六夜雨

赤地274)方千里　　西郊且密雲
群公勤燮理275)　　一雨洗蒸熏

274) 적지(赤地) : 가뭄으로 흉년이 들어 거둘 만한 농작물이 하나도 없게 된 땅.

275) 섭리(燮理) : 음양의 변화 등 정(正)과 반(反)의 양 측면을 조화롭게 해 나라를 다스리는 것을 말한다. 보통 재상이 천하를 조화롭게 통치하는 것을 비유한다. 《서경(書經)》〈주관(周官)〉에 "[태사(太師) 태부(太傅) 태보(太保) 등 삼공(三公)을 세워] 도를 논하고 나라를 경륜하며 음양을 섭리하게 한다(論道經邦 燮理陰陽)"라 했다.

天意存黔首　　吾生戴聖君
書窓欹枕耳　　不作等閑聞

형님의 편지를 받고

못난 동생 무슨 일 이루겠다고,
해마다 이렇게 객지를 떠도는지.
산앵두꽃 핀 곳이 드무나니,
가시나무는 뜰에 그윽합니다.
편지 가져오느라 누렁이가 수고했거늘,
우리 형제 여생은 모두 백발이겠죠.
편지를 놓고 멍하니 바라보니,
강물은 날마다 동쪽으로 흘러갑니다.

得家兄276)書

賤子成何事　　年年作遠遊
棣華277)開處少　　荊樹278)得庭幽

276) 가형(家兄) : 이곡은 3남 중 막내로 위로는 이배(李培)와 이축(李畜) 두 형이 있었다. 이 중 이축은 요절한 것으로 나오고, 이배 역시 후손에 대한 정보가 없다. 그러므로《가정집》에 등장하는 가형은 큰형님 이배이며, 그가 원나라에 있는 이곡을 대신해 가족들을 건사한 것으로 보인다.

277) 체화(棣華) : 체화지정(棣華之情). 체악지정(棣鄂之情)이라고도 한다. 산앵두나무 체, 땅 악. 만발한 산앵두꽃의 모습에서 느끼는 정으

信字煩黃耳279)　　餘生共白頭
置書空悵望　　江海日東流

로, 형제의 두터운 우애를 의미한다. 체(棣)를 산사나무인 아가위라고도 한다. 《시경》 〈소아(小雅) 상체(常棣)〉에 "아가위 꽃송이 활짝 피어 울긋불긋, 지금 어떤 사람들도 형제만 한 이는 없지(常棣之華 鄂不韡韡 凡今之人 莫如兄弟)"라 했다.

278) 형수(荊樹) : 가시나무. 형수부생형제안락(荊樹復生兄弟安樂) 고사. 옛날에 전진(田眞) 형제 세 사람이 아버지의 유산을 균등하게 나눠 독립하고자 했다. 마침 마지막 남은 정원의 가시나무 한 그루까지도 세 토막을 내려 하자 이튿날 나무가 말라 죽게 되었다. 형제들은 나무에도 미치지 못한 자신들의 행위를 크게 뉘우치고 분가하기로 한 결정을 철회하니 가시나무가 다시 살아났다. 오균(吳均)의 《속제해기(續齊諧記)》 참조.

279) 황이(黃耳) : 진(晉)나라 육기(陸機)의 애견(愛犬) 이름. 총명해 사람의 말을 잘 알아들었다고 한다. 육기가 낙양에 있을 때 고향집 오(吳)에 소식을 전하기 위해 황이의 목에 편지를 넣은 대통을 달아 보냈더니 천 리를 달려 전하고 답장까지 받아 왔다고 한다. 임방(任昉)의 《술이기(述異記)》 참조.

거리에서 서산(西山)을 바라보며

성안 따라 걷다 서산을 바라보니,
희미하게 성 끝으로 드러난 푸른 뫼들.
어찌 늘 보면서도 안 보였던 것일까?
그건 마음 가득 명리(名利)뿐이라서지.

街上望西山280)

却從城裏望西山　　隱約城頭露翠鬟281)
爲底相看如不見　　只緣心在利名間

280) 서산(西山) : 중국 대도(大都) 서부에 위치한 산으로, 태항산맥(太行山脈) 최북단에 해당한다. 역사적으로 신경우비(神京右臂)라 불리면서 대도(大都) 성을 호위하는 역할을 했다. 주위에 향산(香山), 정의원(靜宜園), 원명원(圓明園) 등의 유적지가 있다.

281) 취환(翠鬟) : 푸른 머릿결. 원래는 푸른 눈썹이라는 취미(翠眉)와 구름같이 부푼 머릿결인 운환(雲鬟)을 뜻하는데, 여기서는 푸른 봉우리의 모습을 비유해 표현했다.

오랜 비로 물이 불어 성안에서 많은 물고기를 잡다

새벽까지 처마의 빗물 소리 요란하더니,
담장은 죄다 무너지고 뜰은 온통 진흙탕.
사방팔방 먹구름이 잔뜩 끼었고,
탁한 경수(涇水) 맑은 위수(渭水) 구별되지 않는구나.
언제나 하늘의 태양을 볼 수 있을까?
저 달은 아직 호우성 따르는구나.
늙은 농부 가뭄 걱정에 오늘도 눈물짓는데,
저자에선 물고기 실컷 잡았다는 소문만 무성하네.

久雨水漲 城中多捕魚

浪浪簷溜夜連明　　環堵皆頹泥滿庭
四海八荒雲一色　　濁涇淸渭[282]水同形
何時得見當空日　　彼月猶從好雨星[283]

282) 탁경청위(濁涇淸渭) : 물이 흐린 경수와 물이 맑은 위수를 일컫는다. 경수와 위수는 모두 지금의 중국 산시성(陝西省)을 흐르는데, 사리의 옳고 그름과 시비의 분간을 의미하는 경위(涇渭)의 어원이 되었다.

283) 호우성(好雨星) : 《서경》 〈홍범(洪範)〉에 "별에는 바람을 좋아하는 것이 있고, 비를 좋아하는 것이 있다. 해와 달의 운행에도 겨울이 있고 여름이 있다. 달이 별을 따르는 것을 보고서 비와 바람을 알 수 있다

憂旱老農今又泣　　讒傳城市厭魚腥

(星有好風 星有好雨 日月之行 則有冬有夏 月之從星 則以風雨)"라는 말이 있다. 채침(蔡沈)이 여기에 "달이 동북쪽으로 가서 기성(箕星)에 들어가면 바람이 많이 불고, 달이 서남쪽으로 가서 필성(畢星)에 들어가면 비가 많이 온다(月行東北 入于箕則多風 月行西南 入于畢則多雨)"라고 주를 달았다.

진주판관(晉州判官) 안 모(安某)에게 부치다

예전에 동남 제일 고장을 지나가면서도,
벽에 시 한 수 남기지 못해 아쉬웠지.
그대 부임 소식 들으니 갑절 그리워라.
꿈에서나마 강가 누대를 자주 날리라.

寄晉州安判官

曾過東南第一州　　恨無一字壁間留
聞君出倅倍相憶　　夜夢屢飛江上樓

귀국하는 의헌(義軒) 홍탁(洪鐸)을 전송하며

만 리 길 천자를 배알한 뒤로,
나그네살이 어언 삼 년째.
설날마다 다정히 지냈는데,
이번에 다시 총총히 이별하네요.
고향 그리는 마음 얼마나 크던가?
출세할 꿈도 이미 공허해졌습니다.
뒤따라가고 싶지만 그럴 수 없어,
가을바람에 서서 말 머리 돌려세웁니다.

送洪義軒284)歸國

萬里朝天後　　三秋作客中
歲時還款款　　此別更悤悤
鄕國情何極　　軒裳285)夢已空

284) 홍의헌(洪義軒) : 홍탁(洪鐸, ?~1356). 충혜왕 제3비 화비(和妃)의 아버지이자, 조일신(趙日新)의 장인. 성절사로 원에 왔을 때(1343) 이곡과 인연을 맺었다. 1352년(공민왕 1) 조일신이 반란을 일으키자 연루되어 회원현령으로 좌천되었다가 4년 뒤 세상을 떠났다.

285) 헌상(軒裳) : 대부에게 지급되는 수레와 관복. 관직과 봉록(俸祿), 고관(高官) 또는 상대에 대한 경칭으로 사용한다.

追隨且未可　　　䟦馬[286]立西風

286) 발마(䟦馬) : 말을 세워 말 머리를 돌리다.

칠석(七夕)날 조촐한 술자리

평생의 발자취 뜬구름 같건만,
만 리 밖 상봉이니 참으로 인연이로다.
하늘나라 견우직녀의 멋스러운 저녁이요,
인간 세상 아름다운 제왕의 고을이다.
바다 같은 술동이 놓고 정다운 담소 나누니,
깊고 깊은 주렴 밖으로 빗속에 가을을 보낸다.
걸교(乞巧)나 포의(曝衣)는 내 일 아니니,
시구에 의지해 괜한 걱정 풀어 보련다.

七夕小酌

平生足跡等雲浮　萬里相逢信有由
天上風流牛女夕　人間佳麗帝王州
笑談款款尊如海　簾幕深深雨送秋
乞巧曝衣[287]非我事　且憑詩句遣閑愁

287) 포의(曝衣) : 칠석 즈음에는 항상 장마가 지난 때가 많고 날씨도 조금 선선해지기 마련이다. 장마철에 가득 찬 습기로 곰팡이가 끼는 것을 막기 위해 장롱 속 옷과 책장의 책을 꺼내 햇볕에 말리는 포의(曝衣)와 포서(曝書) 풍습이 있었다.

황도(皇都)의 가을날

나그네 마음 오래도록 편치 않은 건
조석으로 모친께서 힘들게 기다리시기 때문이지.
시름겨우면 옷상자에서 옛날 붓 꺼내 들고,
얼큰해지면 머리 위 낡은 갓 털었다.
석목진(析木津) 청명하니 달빛이 밝은데,
거용산(居庸山)이 가까워서 가을 한기 서늘하다.
여기 오래도록 머문 뜻 알아주는 이 없나니,
남창 아래 베개 돋우니 꿈에서 깬 듯하네.

皇都秋日

遊子情懷久未安　　慈親朝暮倚門[288]難
篋中舊筆愁時援　　頭上塵冠醉後彈

288) 의문(倚門) : 어머니가 대문에 기대서서 자식이 돌아오길 기다리다. 또는 그런 어머니의 마음. 전국 시대 제나라 왕손가(王孫賈)가 나이 열다섯 살에 민왕(閔王)을 섬겼는데, 그 모친이 "네가 아침에 나가서 저녁에 돌아올 때면 내가 '집 문에 기대어 너를 기다렸고(倚門而望)', 네가 저녁에 나가서 돌아오지 않을 때면 내가 '마을 문에 기대어 너를 기다렸다(倚閭而望)'"라고 말했다. 《전국책(戰國策)》〈제책(齊策)〉 6 참조.

析木津[289]淸多月色　居庸山[290]近足秋寒
無人認得淹留意　高枕南窓一夢殘

289) 석목진(析木津) : 기성(箕星)과 두성(斗星) 사이에 천한(天漢)이 있고, 기성이 목(木)에 속하기에 석목의 나루라고 한 것이다. 지역으로는 요동을 말한다.

290) 거용산(居庸山) : 대도(大都) 북쪽 60리에 있는 산. 거용관(居庸關) 만리장성이 있다.

차운해 판각(判閣) 방신우(方臣祐)를 곡하다

명성을 남겼으면 죽어도 산 것과 같지.
도성 문 나가는 상여 신세 누군들 피할까?
사람들은 거울을 잃어 눈물 더욱 뿌리고,
나그네 석 잔 술 올리니 모두 정신이 나가네.
가목(佳木)이 먼저 부러져 끝내 열매도 못 맺거늘,
부화(浮花)는 홀연 피었으나 원래 뿌리가 없는 법.
내가 비록 후배지만 경개(傾蓋)한 인연이 있었으니,
당시에 인도해 준 말씀 항상 기억하고 있다네.

次韻哭方判閣[291]

爲有高名死若存　百年誰免送都門
人亡一鑑增揮涕　客奠三杯摠斷魂
佳木先摧終不實　浮花[292]忽發本無根
我雖後輩曾傾蓋[293]　常記當時善誘言

291) 방판각(方判閣) : 방신우(方臣祐, ?~1343). 충렬왕 때 입원(入元)해 환관이 되었다. 몽고명은 망구타이(忙古台)다. 성종(成宗)의 모후인 유성 황후(裕聖皇后)와 무종의 모후인 흥성 태후(興聖太后) 등 일곱 명의 황제와 두 명의 태후를 모신 고려인 환관 중 대표적인 인물이다. 특히 그는 황실의 총애를 받아 관직이 장작원사(將作院使), 휘정원사(徽政院使), 평장정사(平章政事)까지 이르렀다. 충선왕에 대한 무고를 막고 홍중희(洪重喜)를 귀양 보냈으며, 고려의 입성(立省) 논의도 막아 고려에 큰 도움을 주었다. 그래서 《고려사》 권122 〈열전〉 35에 입전(立傳)되어 있다.

292) 부화(浮花) : 돈을 낭비한다는 뜻이지만 여기서는 권력의 측근에서 발호하는 악소배(惡少輩)들을 비판하는 말이다.

293) 경개(傾蓋) : 경개여고(傾蓋如故). 잠시 만나도 옛 친구처럼 친하다는 뜻. 공자가 길을 가다가 정자(程子)를 만나 수레의 일산을 기울이고 이야기하며 친해졌다고 한다. 《공자가어(孔子家語)》 〈치사(致思)〉 참조.

병중(病中) 술회 6수 중 2수

제1수

삼 년 타향살이 중 또 무엇 했을까?
반은 공심(公心)이요 반은 사심(私心)이었지.
바라건대 고향집 어머님 무탈하시길,
게다가 우리나라 태평 시대 만나길.
사는 게 너무 못나 가난에 병까지 얻었으며,
배움은 이룬 바 없이 나이 들수록 바보가 되네.
걱정스런 이 마음 뉘와 함께 얘기할까?
남창 아래 병을 무릅쓰고 애써 시 지을밖에.

제6수

마음 편히 먹는 게 약이라는 말 거짓 아니니,
병은 더 치료하지 않아도 점점 회복 중이네.
술잔 잡아도 내일의 일은 알 수 없거늘,
심지 돋우고서 고인의 글이나 읽어야지.
청산은 약속이나 한 듯 항상 줄지어 섰는데,
백발은 쓸고 닦으며 치울 방도가 없구나.
몇 년 사이 친구들도 반절은 세상 떠났으니,
뜬구름 같은 부귀야 정녕 어떠하리오?

病中述懷

其一

三年作客又何爲　　半是公心半是私
願及北堂無恙日　　更逢東國太平時
理生甚拙貧如病　　學道無成老漸癡
耿耿此懷誰與說　　南窓力疾强題詩

其六

安心是藥語非虛　　病不加醫漸復初
把酒未知明日事　　挑燈且讀古人書
青山有約常排比　　白髮無方可掃除
故舊年來半凋喪　　浮雲富貴定何如

첫 추위

하늘 꼴이 참담하게 아침노을 변해 가더니,
비로소 따스한 겨울 누르고 눈꽃이 피었구나.
북에서 불어온 바람은 용마루 끝에 울어 대고
남쪽 멀리 처진 해는 처마에 걸려 있네.
사람들 모두 불가로 모이는 건 어디나 같은 법,
아이들 춥다고 난리니 고향집이 그립구나.
백 년 인생 대부분 을씨년스러우니,
언 붓 호호 불어 종이창에 쓰려니 삐뚤빼뚤하네.

初寒

天容慘惔變朝霞　　始壓冬溫294)有雪華
風自北來鳴屋角　　日將南至295)掛簷牙

294) 동온(冬溫) : 겨울철에 이상 온난 기후로 생긴 열병. 여기서는 유난히 따뜻했던 겨울 날씨가 끝나고 추위가 몰려온다는 의미다. 《소동파 시집》 권14 〈눈 내리는 밤 홀로 백선암에서 묵으며(雪夜獨宿柏仙菴)〉에 "눈이 겨울의 온기를 조금 덮어 주었으니 그런대로 탈은 없겠지만, 가을 가뭄을 해소해 주지는 못했으니 밭갈이를 어떻게 할꼬!(稍壓冬溫聊得健 未濡秋旱若爲耕)"라 했다.

295) 일장남지(日將南至) : 동지(冬至)에 가까운 때를 말한다. 《춘추좌

人皆附熱思同俗　　兒正呼寒憶在家
生活百年多冷淡　　紙窓呵筆字横斜

씨전》 희공(僖公) 5년 기사에 "태양이 남에 이르렀다(日南至)"라는 말이 나오는데, 두예(杜預)의 주(註)에 "동짓날에는 태양이 남쪽 끝에 있게 된다(冬至之日 日南極)"라고 했다.

흥에 겨워 5수 중 2수

제3수

얇은 얼음 밟듯 두려운 인간 세상이지만,
마음을 알아주는 좋은 벗 있어 다행일세.
금년에 또 함께 꽃구경할 이 줄어들겠지만,
이웃 절엔 아직 쌀 보내 주는 스님 있다네.
눈보라 치는 도성 거리엔 긴 자루 우산이요,
책 들어찬 사방 벽엔 짧은 등잔대로다.
뜻 이루고 돌아가려면 응당 늦을 것이지만,
남산 보며 술잔 드는 일 그만둘 수 없다네.

제5수

따스한 겨울 싫다 마오 내 방은 얼음장 같은걸
집이 서남에 있어 벗을 얻는다면 기쁜 법.
촌부가 늘 가졌던 생각은 학 한 마리 살까나,
오래도록 좋은 구절 안 떠오를 땐 스님이나 찾아갈까?
가족들은 봄 술 담가 놓고 까치 소리 점칠 텐데,
나그네는 등불 켜 놓고 새벽닭 울음 듣는구나.
문제 일으키지 않고 귀향할 수 있다면,
농사 외에 내가 또 무엇을 잘할까나?

遣興

其三

重足[296]人間履薄氷　　知心賴是有良朋
今年又減看花伴　　隣寺猶存送米僧
風雪九街長柄笠　　圖書四壁短檠燈
待成志願歸應晩　　把酒南山謝未能

其五

莫嫌冬暖室如氷　　居在西南喜得朋[297]
雅有野懷思買鶴　　久無秀句擬尋僧
家人祝鵲酷春釀　　客子聽鷄燼夜燈
但得還鄕休惹事　　我除農圃更何能

296) 중족(重足) : 측목중족(側目重足). 바로 보지 못하고 눈을 돌리고 두 발을 모으고 서 있다는 뜻으로, 매우 두려워하는 모양을 이르는 표현이다.

297) 서남희득붕(西南喜得朋) : 《주역》〈곤괘(坤卦) 괘사(卦辭)〉에 "서남으로 가면 벗을 얻고, 동북으로 가면 벗을 잃는다(西南得朋 東北喪朋)"라는 말이 나온다. 여기서는 이곡의 거처가 춥고 힘들지만 주역의 내용에 빗대어 좋은 일이 있을 것이라고 스스로 위로하는 대목이다.

갑신년(1344, 충혜왕 복위 5) 새해 첫날

대도(大都)에서 세 해를 보내고
봄 맞으니 절로 슬퍼지네.
쇠한 어머님 두고 멀리 떠나왔고,
덜 자란 아이는 데려오지 못했지.
조물주 뜻은 생장에 귀결되지만
사람의 정은 세시를 중히 여기네.
도소주(屠蘇酒) 혼자 마실 수는 있지만,
시를 짓다 보니 온갖 생각 드는구나.

甲申元日

都下經三歲　　逢春却自悲
親衰猶遠別　　兒弱未相隨
物意歸生長　　人情重歲時
屠蘇298)可獨飮　　萬慮入新詩

298) 도소(屠蘇) : 도소주. 액운[蘇]을 물리치는[屠] 술[酒]. 설날이면 아침에 차례를 지내고 세찬(歲饌)과 함께 도소주와 같은 세시주(歲時酒)를 마시며 무병장수를 기원했다. 《본초강목(本草綱目)》에 따르면 화타(華佗)의 비방(秘方)이라고 하는데, 혹자는 당나라 손사막(孫思邈)이 만들었다고도 한다. 수나라 때 증보한 《형초세시기(荊楚歲時記)》에 도

소주가 등장하며 고려 시대에 특히 즐겨 마셨다고 한다.

입춘날 감회

길 떠난 자식 어버이 생각은 당연한 일이고,
소인이 고향을 그리워함은 솔직한 심정이라.
춘우(春牛)는 이미 푸른 봄 싣고 왔지만,
차녀(姹女)도 돋는 흰머리는 막기 어렵다네.
한배(寒醅) 아직 꺼내지 않아 입술이 말랐거늘,
새로 돋은 봄나물 보니 눈이 번쩍 뜨인다네.
벼슬길에서 전원의 즐거움 함께할 수 없거늘,
이제사 벼슬길 나선 것이 참으로 부끄럽구나.

立春書懷

遊子思親無別意　　小人懷土[299]是眞情
土牛[300]已載靑春至　姹女[301]難禁白髮生

299) 소인회토(小人懷土) : 회토는 고향을 생각한다는 뜻이다. 《논어》 〈이인(里人)〉에 "군자가 가슴속에 덕으로써 다스릴 생각을 품고 있으면 소인은 가슴속에 길이길이 지금까지 살아온 정든 땅에 머물 생각을 품게 되고, 군자가 가슴속에 형벌로써 다스릴 생각을 품고 있으면 소인은 가슴속에 보다 은혜로운 곳을 찾아 떠날 생각을 품게 된다(君子懷德, 小人懷土. 君子懷刑, 小人懷惠)"라 했다.

300) 토우(土牛) : 입춘(立春) 전날 흙으로 소 형상을 만들어 대문 밖에

未撥寒醅302)脣尙燥　忽看新菜眼還明
宦途不倂田家樂　愧殺當年學代耕303)

다 세워 두었는데, 이는 겨울 추위를 마지막으로 보내고 농경을 권장하며 풍년을 기리는 뜻을 가지고 있다. 관에서도 토우에다 멍에를 씌우고 채찍으로 때리며 관청 뜰에서 밭 가는 시늉을 해 풍년을 기원했는데, 이를 타춘(打春)이라고 한다. 진흙 대신 짚이나 갈대 혹은 종이로 만들기도 했는데, 이를 총칭해 춘우(春牛)라고 했다. 《예기》〈월령(月令)〉 참조.

301) 차녀(姹女) : 불로장생할 목적으로 도가(道家)에서 연단(煉丹)할 때 쓰는 수은(水銀)의 별칭이다. 신선이 되는 단약을 고는 데 사용한다.

302) 한배(寒醅) : 봄에 마시기 위해 겨울에 미리 담가 둔 술을 말한다.

303) 대경(代耕) : 대신해 경작하다, 즉 관리가 되어 받게 되는 녹봉을 말한다. 《예기》〈왕제(王制)〉에 "제후의 하사를 상농부에 비교해 보더라도, 그 녹봉을 가지고 농사짓는 일을 충분히 대신할 수 있다(諸侯之下士 視上農夫 祿足以代其耕也)"라 했다.

홀로 앉아

오늘은 찾아오는 손님도 없는데,
타향이라 아는 사람도 많지 않네.
처마에는 밤새 깃들인 새소리 들리고,
창에는 떠다니는 먼지 그림자 비치네.
세상사 느낀 바 있어 역사책 들춰 보는데,
한 살 더 먹으니 어머니 더욱 그리워진다.
스스로 잘라 결정할 수 있다 뉘 말했나?
나감과 물러남은 내 맘대로 할 수 없나니.

獨坐

今日無來客　　他鄕少故人
簷聲留宿鳥　　窓影弄遊塵[304)]
感事看前史　　添年憶老親

304) 유진(遊塵) : 공중에 흩어져 있어 육안으로 겨우 알아볼 수 있는 아주 작은 티끌. 창으로부터 빛이 들어오면서 눈에 보이는 먼지를 의미한다. 황정견(黃庭堅)의 《산곡집 외집(山谷集 外集)》 권13 〈자다 일어나(睡起)〉에 "주렴 친 장막 안은 음침해서 사람이 보이지 않고, 해 비낀 창에는 떠다니는 먼지 그림자가 장난을 친다(簾幕陰陰不見人 日斜窓影弄遊塵)"라 했다.

誰言能自斷　　　出處不由身

작은 뜰에 오이를 심고서 2수

제1수

세 든 집엔 몇 길 깊이 우물도 없는데,
공터에 오이 심으려니 은근히 실망이다.
돌아갈 날 손꼽으며 가을 넝쿨 바라보지만,
솔 심어 그늘 기다리는 것과는 비할 수 없겠지.

제2수

올해도 농사에 깊은 뜻 두었지만,
초심이 잘못되었는지 늘그막에는 시서나 보고 있겠지.
행화촌 너머엔 쟁기질하기 좋은 봄비 내리고,
암비둘기 급한 외침에 하늘이 바로 흐려지네.

小園種瓜有感 二首

其一

賃屋曾無數丈深　　種瓜隙地暗傷心
歸期屈指看秋蔓305)　　不比栽松欲待陰306)

305) 간추만(看秋蔓) : 임기가 다 차서 교대할 시기가 되었다는 뜻의 급

其二

農圃當年着意深　　詩書晩歲誤初心
杏花村307)外一犂雨308)　鳩婦急呼309)天正陰

과(及瓜) 고사. 제후(齊侯)가 규구(葵丘) 수비를 위해 대부(大夫)를 1년 기한으로 파견했다. 그런데 그때가 마침 오이가 익을 때였으므로 이듬해 오이가 익을 때에 후임자를 보내어 교체해 주겠다고 약속했기에 오이 넝쿨을 쳐다만 보고 있었다는 이야기다. 《춘추좌씨전(春秋左氏傳)》 장공 8년(莊公8年) 참조.

306) 재송욕대음(栽松欲待陰) : 소나무 정자를 바란다는 재상망정(栽松望亭) 고사의 유래. 당나라 이단(李端)의 〈이웃 노인이 소나무 심는 것을 보고(觀隣老栽松)〉라는 시구에 "비록 노인의 집 앞 지나지만, 노인의 마음은 알 수가 없어. 무슨 일로 석양 아래에서, 소나무 심어 그늘을 기다리려 하는지(雖過老人宅 不解老人心 何事殘陽裏 栽松欲待陰)"라는 말이 나온다.

307) 행화촌(杏花村) : 살구꽃이 많이 피는 마을이란 뜻이다. 두목(杜牧)의 〈청명(淸明)〉 시 때문에 유명해져 흔히 술집을 가리키게 되었다. "한번 물어보세 술집이 어디 있는지, 목동이 멀리 가리킨 곳 살구꽃 핀 마을(借問酒家何處在 牧童遙指杏花村)."

308) 일리우(一犂雨) : 봄날 밭 가는 데 적당할 정도로 한바탕 오는 비.

309) 구부급호(鳩婦急呼) : 구부는 암비둘기의 별칭이다. 하늘이 흐려지면서 비가 내릴 조짐이 보이면 수컷 비둘기가 암컷을 둥지 밖으로 내쫓고, 하늘이 맑아지면 다시 불러들인다고 한다. 그래서 "하늘이 비를 내리려 하면 비둘기가 암컷을 내쫓는다(天將雨 鳩逐婦)"라는 말이 생겼다. 그런데 암컷이 쫓겨날 때에는 분노와 원망이 뒤섞여서 목청껏 크게 운다고 한다.

가랑비 내리는 새벽에 일어나서

아침에도 일어나지 못한 채
나의 시골집처럼 문 닫고 있었네.
청명 지나 내리는 가랑비에,
꽃들은 눈부시게 폈다 흩어지네.
병이 드니 절기 되어도 귀찮고,
가난하니 벗들과 멀어짐을 알겠네.
그저 햇빛 나오기 기다렸다
처마 앞에 누워서 책이나 말려야지.

細雨曉起

朝來未能起　　閉戶似吾廬
細雨淸明後　　群花爛熳餘
病嫌佳節迫　　貧覺故人疎
只待陽暉出　　簷前臥曝書

상국(相國) 한종유(韓宗愈)를 전송하며 2수 중 1수

제2수

우리나라 민폐를 의원도 고치기 어려운 건

근자에 관직이 뒤집혔기 때문입니다.

원외랑 이 모의 직언을 꺼리지 마시길,

그대 시중에게 중흥을 부탁하는 겁니다.

가죽이 있어 그래도 터럭이 붙어 있으니,

입술이 없어져 치아가 시릴 걱정은 없겠지요.

정사를 처음 펼 때가 더욱 쉽지 않은 법이니,

힘써 귀 기울이고, 잘 살피시기를.

送韓相國[310]

其二

東方民瘼著醫難　　爲是當年倒屨[311]冠
直語莫嫌員外李[312]　重興正賴侍中韓
只緣皮在毛猶附　　不待脣亡齒已寒[313]

310) 한상국(韓相國) : 한종유(韓宗愈, 1287~1354). 고려 후기의 대표적인 충신 재상. 이곡보다 11년 연상으로, 충목왕(忠穆王)을 잘 부탁한다는 충혜왕(忠惠王)의 유조(遺詔)를 받았다. 심왕 왕고의 충숙왕 왕위 찬탈을 이조년과 함께 저지했고(1320), 김륜과 함께 조적의 난을 처리했으며(1339), 충혜왕을 변호했다(1342). 1344년 충목왕이 8세로 즉위하자 좌승상(左丞相)으로 보필해 귀국했는데, 이 시는 이 무렵 대도(大都)에서 이곡이 전송시로 지어 준 것이다. 한종유는 이후 충정왕이 즉위한 뒤 권신 횡포로 인해 낙향했다.

311) 도구(倒屨) : 신발을 거꾸로 신는다는 뜻으로, 매우 급하게 나가는 모양을 형용한다. 관직이 제대로 된 사람에게 내려지지 않는 당시의 심각한 인사 문제를 지적한 것으로 보인다.

312) 원외이(員外李) : 원외랑 이 모는 이곡 자신이다. 원외는 정동행성 원외랑의 준말로, 이곡이 1337년 10월부터 1341년 1월까지 맡았던 직책이었다. 이 시는 1344년 3월 말~4월 초에 전송연에서 지은 것으로 보인다. 그 자리에서 이곡은 충목왕에게 정승에 임명되어 함께 귀국하는 한종유에게 좋은 정치를 당부하는 한편, 구체적인 자신의 견해를 〈본국의 재상에게 부친 글(寓本國宰相書)〉(권8)로 올리기도 했다. 한식 무렵 이곡은 몇 년간의 무관 생활을 끝내고 중서성(中瑞司) 전부(典簿)에 임명되었다.

313) 피재모유부, 순망치이한(皮在毛猶附 脣亡齒已寒) : 가죽 덕분에 터럭이 붙어 있을 수 있고, 입술이 없어져 이가 시리다는 말은 같은 의미다. 가죽과 입술은 모두 한종유와 같은 재상을, 터럭과 이는 고려의

發政之初尤未易　　耳爭傾聽眼爭看

종사를 의미한다. 《춘추좌씨전》〈희공 14년(僖公14年)〉에 "가죽이 없다면 터럭이 어디에 붙을 수 있겠는가?(皮之不存 毛將安傅)"라 했다.

빗속에 홀로 앉아

새해 들어 황제의 정성 하늘에 닿았는지,
오늘 아침 단비 혹독한 더위 씻어 주네.
습기가 자리에 퍼지면서 조금 눅눅해지고
하늘 기세 폭풍우와 함께 조금 사나워진다.
도롱이 걸치고 조각배나 띄워 볼까나,
방당을 뒤덮은 연꽃이 떠오른다.
병든 나그네는 무료할 것이라 하지 마오.
성긴 발 베갯머리엔 시원함 넘쳐 난다네.

雨中獨坐

聖主新年格上蒼　　今朝甘澍[314]洗愆陽[315]
氣侵几席微生潤　　勢帶風雷稍作狂
擬着蓑衣橫小艇　　想看荷蓋[316]偃方塘[317]

314) 감주(甘澍) : 때맞춰 오는 단비. 시우(時雨).

315) 건양(愆陽) : 건양(愆暘)이라고도 한다. 양기(陽氣)가 지나치게 성하다. 원래는 겨울이 온화해 절령(節令)이 어긋난 것을 말하는데, 뒤에 가뭄이나 지독한 더위를 가리키는 말로 사용되었다.

316) 하개(荷蓋) : 연꽃으로 만든 덮개. 여기서는 연꽃과 연잎 모두를

莫言病客無聊賴　　剩得疎簾一枕凉

의미한다.

317) 방당(方塘) : 사각형 모양의 연못. 당(塘)은 지(池)에 비해 인공으로 만든 연못이란 의미를 가지고 있다. 주희(朱熹)의 고향 복건성 우계(牛溪)에 있던 연못 이름이다.

죽순을 먹으며 지은 시 3수 중 2수

제1수

고향에선 대나무가 땔감만큼 흔해,
봄 죽순은 밥상에서 대접받지 못한다네.
이 청옥속 보고 눈 번쩍 떠지는 건
타향살이 장아찌에 싫증 난 지 오래여서지.

제3수

나무 심어 재목감 아니면 모두 땔나무 신세,
채소 심어도 죽순이라면 가장 대접받겠지.
어린싹이 군침 흘리는 사람만 피한다면,
모두 된서리 견디고 먼지 하나 묻지 않으리라.

食筍

其一

故山篁竹賤如薪　　春筍堆盤不甚珍
忽此眼明青玉束[318)]　　鹽齏[319)]久厭客京塵

318) 청옥속(靑玉束) : 죽순의 별명. 보통 창옥속(蒼玉束)이라고 한다.

其三

種木不材皆可薪　　種采蒼玉最堪珍
免教蒙稚逢饞客　　摠是凌霜不受塵

319) 염제(鹽齏) : 소금에 절여 양념한 음식. 파오차이와 같은 중국식 제염 식품을 가리키는 것으로 보인다.

항주(杭州)를 여행하며 승상(丞相) 별가불화(別哥不花)를 만나러 가는 중부(仲孚) 정포(鄭誧)를 전송하다 5수 중 3수

제1수

승상께서 남으로 가시니 정화(政化)가 새로워지고,
천성에서 우러나와 백성을 자식 사랑하듯 하시리.
서습(暑濕)이 화기(和氣) 상하게 할까 걱정이네만,
그래도 집집마다 축수해 주는 사람 있으리라.

제3수

서호(西湖)는 예나 이제나 새롭게 단장했겠지.
그대 한번 보면 참다운 면목을 알 걸세.
그 옛날 시선(詩仙)께서 이르렀던 곳으로,
떠들썩한 풍악 소리 나그네 애타게 하리.

제4수

소주(蘇州) 항주(杭州) 경치는 지금도 새롭게 그려지지만,
전해 듣기만 하니 참모습 보지 못해 아쉽다네.

그대 돌아오기 전에 나도 떠나갈까 봐
계림(鷄林)의 장사치들은 모두 시인 아니던가?

送鄭仲孚[320]遊杭州謁丞相

其一

丞相[321]南轅政化新　愛民如子出天眞

320) 정중부(鄭仲孚) : 중부는 정포(鄭誧, 1309~1345)의 자다. 정포는 18세에 과거에 급제한 뒤 예문관수찬(藝文館修撰)으로 입원(入元)했다가 충숙왕의 눈에 들어 승진했다. 하지만 충혜왕 때 좌간의대부(左諫議大夫)의 신분으로 내정을 개혁하려는 상소를 올렸다가 참소를 받아 형 정오(鄭頫)와 각각 영해(寧海), 울주(蔚州)로 유배를 갔다. 이후 대도(大都)로 와서 앞길을 도모하던 중 승상 별가불화(別哥不花)의 눈에 들어 천거받기 직전 36세로 병사(病死)하고 말았다. 그는 뛰어난 문재(文才)를 가졌으며, 최해(崔瀣)의 문인이자, 최문도(崔文度)의 사위였다. 이곡은 정포에게 총 7제 27수의 시를 지어 주었는데, 《가정집》에 등장하는 인물 중 가장 많은 양이다. 이곡은 정포가 울주에서 지은 시에 차운하고[〈황산가 중부 정포가 울주에 지었는데 그 시에 차운하다(黃山歌 鄭仲孚蔚州所作 次其韻)〉(권14), 〈지난해 중부 정포가 울주에서 지은 동래 10수를 보여 주었는데 그 시에 차운하다(鄭仲孚示予去年蔚州所作東萊十首 次其韻)〉(권17)], 긴 장마에 길이 진창이 되어 나다닐 수 없게 되면 혼자 술을 마시며 그리움을 토로하기도 하고[〈비 때문에 길이 막힌 소회를 써서 정포에게 부치다(阻雨書懷 寄鄭仲孚)〉(권17), 〈정포가 화답했기에 다시 6수를 짓다(仲孚見和 復作六首)〉(권17)], 활짝 갠 날이면 대도 외곽 서호로 뱃놀이를 나섰다[〈정포가 날이 개어 기쁘다고 다시 화답하며 서호에 놀러 가자고 약속하기에 또 4수를 짓다(仲孚再和喜晴 仍約遊西湖 復作四首)〉(권17)]. 그리고 이 시의 내용처럼 정포가 항주에 다녀온 뒤 병을 얻어 앓다가 이듬해(1345) 8월 객지에서 사망하자, 정포의 형 정오에게 시를 보내 아까운 재주를 꽃피우기도 전에 져 버린 안타까움을 표현하며 위로하기도 했다[〈사의 중부 정포를 곡하며 그의 형 판사 정오에게 드리다(哭仲孚司議 贈其兄鄭判事)〉(권18)].

只嫌暑濕[322]傷和氣　　賴有家家祝壽人

其三

西湖今古艶粧新　　一見應知面目眞
舊日詩仙[323]曾到處　　紛紛歌吹惱遊人

其四

蘇杭景入畫圖新　　每恨傳聞揔失眞
及子未還吾亦去　　鷄林賈客盡詩人

321) 승상(丞相) : 별가불화(別哥不花). 그가 정포를 한 번 보고는 무척 아끼면서 황제에게 추천하려고 했는데, 정포가 그만 병사하는 바람에 뜻을 이루지 못했다. 《고려사(高麗史)》 권106 〈정포(鄭誧)〉 참조.

322) 서습(暑濕) : 여름철 서열(暑熱)과 습(濕)이 겹친 현상. 몸이 무겁고 피로해 땀이 나고 두통을 동반할 수 있다.

323) 시선(詩仙) : 신선의 기풍이 있는 천재적인 시인. 두보(杜甫, 712~770)를 시성(詩聖)이라 부르는 데 반해 이백(李白, 701~762)을 시선이라 한다. 하지장(賀知章)이 이백의 문장을 한 번 보고는 감탄한 나머지 '인간 세계에 귀양을 온 신선(謫仙)'이라고 극찬한 데에서 유래한 별칭이다.

제비

처마 앞 마주하고 얘기 나누며,
객지에서 친구처럼 의지했네.
염량세태에 쫓기는 우리 신세,
세상천지 날 도울 이 드무나니.
둥지 만들고서 버리고 떠나도,
새끼가 자라 각자 날아가는구나.
너를 보니 슬픈 탄식 치솟는 건,
올해도 고향 돌아가지 못해서지.

燕

簷前相對語　　客裏故相依
身世炎凉[324]迫　　乾坤羽翼[325]微
巢成還棄去　　雛長却分飛
見爾增悲慨　　今年又未歸

324) 염량(炎凉) : 염량세태(炎凉世態). 상대의 처지에 따라 대하는 태도가 따뜻하기도 하고 냉담하기도 하다.

325) 우익(羽翼) : 우익이성(羽翼已成). 새의 날개와 깃이 이미 자랐다는 말로 여건이나 능력이 충분히 성숙했다는 의미다. 여기서 어느 편을 돕거나 지지하는 세력 또는 사람을 우익이라 부르게 되었다.

두 분의 김 지평(金持平)에게 축하하며 부치다

술잔 앞 취해서 세월을 보냈으니,
붓끝에선 온갖 풍상 일어나리라.
종묘사직 이미 반석 위에 안정시켰지만,
강상(綱常)은 불치병처럼 다스리기 어려운 법.

寄賀兩金持平

醉度尊前歲月　　起來筆下風霜[326]
盤石已安社稷　　膏盲[327]難理綱常

326) 풍상(風霜) : 세상의 어려움과 고생을 많이 겪었다는 의미.

327) 고황(膏盲) : 원래는 심장과 횡격막 사이를 가리키는 말인데, 이 부위가 상하면 회복하기 어렵다는 의미에서 불치병을 뜻하게 되었다.

중양절

중양절 국화주 마시는 날,
고향집 백발 모친 그리워라.
객지에서 그저 허공만 바라보지만,
시시한 벼슬에도 머뭇거리고만 있네.
거칠어진 세 오솔길 가을비 내리건만,
사방을 뒤덮은 서울의 먼지로다.
등고(登高)는 아직 여유가 없나니,
보이는 것마다 마음 상할까 봐서라네.

九日

九日黃花酒　　高堂白髮親
遠遊空悵望　　薄宦且因循
秋雨荒三逕[328]　　京塵漲四隣
登高[329]猶未暇　　極目恐傷神

328) 황삼경(荒三逕) : 도잠(陶潛)은 오래 비워 두어 넝쿨로 우거진 고향집 오솔길을 그리워했다. 그는 〈귀거래사(歸去來辭)〉에서 "세 오솔길이 거칠어졌으나, 솔과 국화는 아직 남아 있네(三逕就荒 松菊猶存)"라 했다.

329) 등고(登高) : 9월 9일 중양절에 높은 곳에 올라서 하루를 즐기던

세시 풍속.

겨울 초입 2수 중 1수

제1수

남창에 햇빛 비치니 방 안이 텅 비었고,
네 해의 시간 지나 다시 맞은 초겨울.
오래 살다 보니 옆방 사람도 바뀌고,
타향에서 늙어 가니 소식도 뜸해지네.
좋은 술만 산다면야 몇 끼 걸러도 그만이고,
돈을 빌려서라도 기서(奇書)는 사고 싶은 법.
부와 가난이 마음 지치게 하는 건 매한가지니,
평생 나는 여유 있다 생각해 왔다네.

冬初

其一

日射南窓一室虛　　四年光景又冬初
久留旁舍居人換　　漸老他鄕信字疎
併食不妨沽美酒　　借錢猶欲買奇書
富貧等是爲心累　　自揣平生已有餘

눈 내리는 밤 조촐한 술자리

세밑 가까워서야 서설(瑞雪) 내리니,
동온(冬溫) 조심해 화기 잃지 말아야지.
일찍 일어난 사람 뽀드득 눈 밟는 소리에,
새들이 남긴 수없는 전자(篆字) 발자국이라.
지난 일 남은 것은 책상 위 책들뿐,
돌아갈 기약에 낚시도 망쳤구나.
화로를 둘러싼 이 모두 객들인데,
술 사 올 돈 모자라니 이를 어떡한담?

雪夜小酌

臘近纔呈瑞　　冬溫330)不失和
履聲人起早　　篆迹鳥留多
舊業餘書榻　　歸期誤釣蓑
擁爐俱是客　　奈乏酒錢何

330) 동온(冬溫) : 겨울철에 이상 온난 기후로 생긴 열병.

치통

이제 와서 병이 나면 날더러 어떡하라고
돌멩이도 씹었다며 자랑할 것 도시 못 돼.
손초(孫楚)는 그래도 이를 갈 수 있었고
사곤(謝鯤) 역시 휘파람을 불 수 있었지.
여전히 나불대는 부드러운 혀에겐 이미 졌으니,
굳센 창자인들 늙으면 갈리지 않겠는가?
양생하는 묘한 비방이 한 가지 있나니
동파(東坡)에게 배운 대로 질척하고 물렁하게.

齒痛

到今成病奈如何　　挫硬攻堅未足多
漱石先生331)猶自厲　防梭狂客332)亦能歌

331) 수석선생(漱石先生) : 위진 남북조 시대 서진의 손초(孫楚). 자는 자형(子荊). 이 시에서 여(厲)는 여(礪)와 같은 뜻으로 쓰였다. 자신의 실수를 센스 있게 둘러댄 손초의 재능을 보여 주는 일화가 있다. 그는 젊어서부터 은둔할 생각을 가지고 있었는데, 한번은 무자(武子) 왕제(王濟)에게 "돌을 베개로 삼고 흐르는 물에 양치질하련다(枕石漱流)"라고 해야 할 것을 "수석침류(漱石枕流)"라고 잘못 말했다. 왕제가 그 말을 듣고 그럴 수는 없다고 지적하자, 손초는 "물을 베는 것은 '속진에

已輸柔舌[333]時還掉　　豈以剛腸[334]老不磨
唯有養生方獨妙　　　軟炊爛煮[335]學東坡

찌든 귀를 씻어 내기 위함이요(洗其耳)', 돌로 양치질하는 것은 '연화(煙火)에 물든 치아의 때를 갈아서 없애려 함이다(礪其齒)'"라고 대꾸했다. 《세설신어(世說新語)》〈배조(排調)〉 참조.

332) 방사광객(防梭狂客) : 동진 때 인물인 사곤(謝鯤)의 고사. 그는 자가 유여(幼輿)로, 노래와 금(琴)에 재능이 있었다. 이웃집 고씨네 여인을 넘보며 집적대다가 그녀가 던진 북[梭]에 맞아 이가 두 대나 부러졌다(投梭切齒). 사람들이 "함부로 껄떡대다가 험한 꼴을 당했다(任達不已 幼輿折齒)"라고 놀렸다. 사곤이 이 말을 듣고는 거만스럽게 휘파람을 길게 불면서 "그래도 내 휘파람으로 노래 부는 데는 아무런 문제가 없지(仍然不妨碍我長嘯高歌)"라며 너스레를 떨었다고 한다. 《진서(晉書)》 권49 〈사곤 열전(謝鯤列傳)〉 참조.

333) 수유설(輸柔舌) : 강한 치아가 부드러운 혀보다 못하다는 말. 노자(老子)가 상종(商樅)의 병문안을 가서, 치아가 모두 없어진 것은 강하기 때문이요, 반면에 혀가 아직도 건재한 것은 부드럽기 때문이라고 말했다 한다. 《설원(說苑)》〈경신(敬愼)〉 참조.

334) 강장(剛腸) : 굳센 창자. 굳세고 굽히지 않는 마음을 비유해 이르는 말이기도 하다.

335) 연취난저(軟炊爛煮) : 밥은 부드럽게 익히고, 고기는 푹 삶아 물렁하게 해서 먹는다는 의미다. 소식은 요리나 양생에도 일가견이 있었는데, 그의 필적 중 "밥은 질척하게, 고기는 물렁하게. 국물은 따뜻하게, 담요는 두껍게(軟蒸飯 爛煮肉 溫羹湯 厚氈褥)"라고 쓴 글이 《산호망(珊瑚網)》 권4 〈소옥국 양로편 묵적(蘇玉局養老篇墨蹟)〉에 실려 있다.

혹독한 추위

삭풍이 허공을 뒤흔드는 세모에
낡은 집 솨솨 바람 불자 담요 덮고 글을 읽는다.
뼈에 스미는 추위를 무슨 수로 녹일까?
만사에 관심 있어도 그저 혼자서 애태울 뿐.
밤 깊도록 무쇠 이불 힘들더니 아침엔 눈 잔뜩 쌓였고,
나무하는 산이 저자와 가깝건만 밥 짓는 연기 끊겼구나.
시인이 추위 참는 것은 예나 지금이나 마찬가지니,
산골 물가 매화나 보러 가야겠네.

苦寒

朔吹搖空歲暮天　　颼颼老屋讀書氈
一寒到骨那能解　　萬事關心只自煎336)
衾鐵夜深明積雪　　樵山市近絶炊煙
詩人耐冷今猶古　　擬訪梅花澗水邊

336) 자전(自煎) : 고화자전(膏火自煎). 기름 등불이 자신을 태운다는 뜻으로, 재주 있는 사람이 그 재주로 인해 화(禍)를 입는 것을 비유하는 말이다. 여기서는 혼자서 애태우며 속상해한다는 의미로 볼 수 있다.

입춘

고향에는 돌아갈 기약도 없이
나는 서울에서 죽치고 있구나.
금마(金馬)의 꿈에서 깨어나지 못한 채
또 토우(土牛)가 밭 가는 입춘날 되었네.
역법은 삼통(三統)을 추산해 알고,
인정은 오신(五辛)에서 볼 수 있네.
내 세월과 다툰 적 없건마는
무슨 일로 귀밑머리 새로 세었는지.

立春

江海歸無日　　京華滯此身
未驚金馬夢337)　　又打土牛春
曆法推三統338)　　人情見五辛339)

337) 금마몽(金馬夢) : 조정에 들어가 출세하려는 미련을 아직도 버리지 못하고 있다는 말이다. 금마는 한나라 궁궐 문인 금마문(金馬門)의 준말로, 동방삭(東方朔) · 주보언(主父偃) · 엄안(嚴安) 등 문인들이 황제의 조서(詔書)를 기다리던 곳이다. 뒤에 조정(朝廷)에 나아가 벼슬을 한다는 뜻으로 쓰게 되었다.

338) 삼통(三統) : 하(夏) · 상(商) · 주(周) 삼대(三代)의 정삭(正朔)을

不曾爭歲月　　　何事鬢毛新

말한다. 하(夏)나라는 인월(寅月)로 세수(歲首)를 삼아 인통(人統)이 되고, 은(殷)나라는 축월(丑月)로 세수를 삼아 지통(地統)이 되고, 주(周)나라는 자월(子月)로 세수를 삼아 천통(天統)이 되는데, 고려 때나 지금 쓰는 음력은 하력(夏曆)에 근거한 것이다.

339) 오신(五辛) : 파 · 마늘 · 생강 등 자극성이 있는 다섯 가지 채소로, 이른바 오신채(五辛菜)다. 이를 오신반(五辛盤)이라는 소반에 담아서 새해를 축하하며 오장(五臟)의 기운을 돋우기 위해 먹던 풍습이 있었다. 불가(佛家)에서는 마늘 · 달래 · 무릇 · 김장파 · 실파를 가리키고, 도가(道家)에서는 부추 · 자총이 · 마늘 · 평지 · 무릇을 이른다. 모두 음욕(淫慾)과 분노를 불러일으키는 음식이라고 해서 금식(禁食)한다.

을유년(1345, 충목왕 1) 설날

타국에서 벼슬하며 늙어 감에,
오래 머물다 또 봄을 맞았네.
객지라 인사할 일 드물지만,
서울 땅엔 세월만 새롭구나.
온갖 나라 황극(皇極)에 귀의하고,
모든 벼슬아치 천자를 옹위한다.
초주(椒酒) 못 올린 지 오래인지라,
북당의 어머님 갑절 뵙고 싶구나.

乙酉元日

游宦將成老　　淹留又見春
客中人事少　　都下歲華新
萬國歸皇極[340]　　千官拱紫辰[341]
椒觴[342]久未奉　　倍憶北堂親

340) 황극(皇極) : 제왕이 나라를 다스리는 표준이 될 만한 지극히 올바른 법.

341) 자진(紫辰) : 자색은 조정에서 통치자가 숭상하는 색채이며, 진은 해 달 별의 통칭이다. 여기서는 최고 권력자인 황제를 비유하는 말이다.

342) 초상(椒觴) : 초주(椒酒). 산초(山椒) 분디를 섞어 만든 술. 도소주(屠蘇酒). 새해 아침에 다례(茶禮)를 지내고 나서 웃어른에게 축수(祝壽)하며 올려 하례하는 술 이름이다.

인일(人日)에 두시(杜詩)를 읽으며 그 운으로 시를 짓다

원일(元日)부터 인일(人日)까지는
아이들에게 설 명절로 계산되는 법.
한 해가 가며 살날이 또 줄었으니,
백 년인들 어찌 느리다 하겠는가?
인생지사 알고 보면 남가(南柯)의 꿈이요,
영웅도 결국에는 상채(上蔡)의 비극이라.
꽃과 버들 언제나 피는지 물으며,
말에 맡겨 가다 보니 보슬비 속 걷고 있네.

人日[343]讀杜詩[344] 仍用其韻

元日至人日　　兒童數歲時
一年行又減　　百歲豈云遲
事業南柯夢[345]　　英雄上蔡悲[346]

343) 인일(人日) : 음력 1월 7일. 사람을 소중하게 여기는 날이어서 이날에는 외출을 삼가고 근신하며 일하지 않고 논다. 정초에는 남의 집에 가서 유숙하지 않지만, 특히 인일에는 밖에서 잠을 자지 않았다고 한다. 동방삭(東方朔)의 점서(占書)에 따르면, 1월 1일부터 6일까지 각각 차례로 닭 · 개 · 양 · 돼지 · 소 · 말을 점치고 나서 7일에 사람을 점치고 8일에 곡식을 점친다. 이를 통해 기후가 청명하고 온화하면 번식과 안태(安泰)를 미리 알 수 있고, 기후가 음한(陰寒)하고 참렬(慘烈)하면 질병과 쇠모(衰耗)를 미리 알 수 있다고 했다. 《사물기원(事物紀原)》〈천생지식 인일(天生地植 人日)〉 참조.

344) 두시(杜詩) : 두보(杜甫)의 《두소릉 시집(杜少陵詩集)》 권21 〈인일(人日)〉 시 중 5언 율시 제1수를 가리킨다. 인일은 음력 1월 7일의 별칭이다.

345) 남가몽(南柯夢) : 남가일몽(南柯一夢). 인생의 부귀영화가 모두 덧없는 한바탕 꿈과 같다는 말이다. 당나라 순우분(淳于棼)이 술에 취해 괴목(槐木) 아래에서 잠깐 누워 잠이 들었다. 괴안국(槐安國)의 부마(駙馬)가 되어 남가(南柯)의 태수로 30년 동안 온갖 부귀영화를 누렸는데, 꿈에서 깨고 보니 괴목의 남쪽 가지 밑에 있는 개미구멍이었다. 이공좌(李公佐)의 〈남가태수전(南柯太守傳)〉 참조.

346) 상채비(上蔡悲) : 동문황견(東門黃犬). 자신의 능력과 기득권만 믿고 영원히 권력을 가질 수 있다는 자만과 오만은 자신뿐만 아니라 가문까지 망칠 수 있다는 의미다. 진(秦)나라 승상 이사(李斯)는 진나라 건국의 일등 공신이었다. 하지만 진시황 사후 실권을 장악한 조고에 의해 무고를 당했고 형장으로 끌려가면서 아들을 붙잡고, "내가 너와 함께 다시 누런 개를 이끌고 상채의 동문을 나가서 약삭빠른 토끼를 쫓으

何當問花柳　　　　信馬[347]雨絲絲

려고 한들 더 이상 어떻게 할 수가 없구나(吾欲與若復牽黃犬 俱出上蔡東門 逐狡兎 豈可得乎)"라고 탄식했다. 이후 삼족이 멸문지화를 당했다. 《사기》 권87 〈이사 열전(李斯列傳)〉 참조.

347) 신마(信馬) : 말이 뜻대로 달리게 두는 것을 이른다.

귀향하는 국정(菊庭) 참정(參政) 기철(奇轍)을 전송하며

대도(大都)에서 세 번의 봄을 보내는 동안
눈앞 세상일 몇 번이나 바뀌었던가요?
동갑인데 내 얼굴 먼저 늙다니 원
타향에서 전송만 하니 그럴 수밖에.

送菊庭奇參政348)還鄕

348) 기참정(奇參政) : 기황후의 오빠 기철(奇轍, ?~1356). 몽고명 기백안불화(奇伯顏不花). 원 간섭기 권력을 장악한 기황후 친족의 대표. 기황후는 1333년을 전후해 고려인 환관 고용보(高龍普)의 추천으로 원나라 궁중에 들어가 순제(順帝)의 총애를 받다가 1339년, 황태자 아유시리다라(愛猷識理答臘)를 출산하고, 이듬해 제2황후로 책봉되면서 원 제국의 권력을 손안에 쥔 인물이다. 덕분에 기철을 중심으로 한 그녀의 친족은 고려에서 왕을 능가하는 권력을 누리다가, 1356년 공민왕에 의해 기철 · 권겸(權謙) · 노책(盧頙) 등이 주살되면서 비로소 기씨 가문의 시대는 막을 내렸다. 그러니 이곡이 생존한 시기 기철을 위시한 기씨 일족은 절대 권력을 행사하고 있었다. 《가정집》에는 이곡이 기철에게 보낸 시가 여섯 편이 있는데 내용을 보면 단순한 칭송을 넘어 그들이 일정 부분 긴밀한 관계를 유지하고 있음을 확인할 수 있다. 이곡은 1340년 3월, 정동행성 원외랑으로 근무하고 있을 때 천수절(天壽節) 행사에 성절사로 가는 기철을 전송하는 송별시의 서문을 쓰기도 했고[〈입조하는 사복시승 신예를 전동하는 시권의 서문(送辛寺丞入朝序)〉(권9)], 원에서 관료로 지내던 중 1344년 12월, 황태자의 외숙으로 황궁 신년 하례식에 참가하러 대도에 온 기철을 축하하는 연회에서 〈재상 기철이 새로 정승에 임명되어 신정을 축하하러 황궁에 들어가는 것을 축하하다 절구 2수(賀奇宰相新拜政丞 入賀新正 二絶)〉(권16)를 지었으며, 이듬해 입춘 무렵 귀국할 때 본 시 〈귀향하는 국정 참정 기철을 전송하며(送菊庭奇參政還鄕)〉(권18)를 지어 주었다. 특히 시구 중 "동갑인데 내 얼굴 먼저 늙다니 원, 타향에서 전송만 하니 그럴 수밖에(怪予同甲顏先老 無奈他鄕慣送人)"를 통해 미상으로 되어 있는 기철의 출생이 이곡과 같은 1298년이며, 두 사람 사이가 일정한 친밀감을 유지하고 있음을 보여 준다. 이 외에도 이곡은 기철이 만든 정자 초정(草亭)의 아름다운 풍광을 묘사하며 〈차운해 참정 기철의 초정에 짓다(次韻題奇參政草亭)〉(권18)를 지었으며, 1347년에는 자기편으로 국정에 참여하라는 기철의 부탁을 모친에 대한 정성(定省)을 이유로 간곡

輦下[349]春風三度別　眼前世事幾番新
怪予同甲顏先老　無奈他鄉慣送人

히 거절하며 〈참정 기철에게 부치다(寄奇參政)〉(권18)를 지어 보냈고, 1348년에는 〈국정 기철에게 부치다(寄奇菊庭)〉(권19)를 지어 조정에서의 연회를 추억하며 기철을 칭송하기도 했다.

349) 연하(輦下) : 임금이 타는 수레인 연(輦)의 아래라는 뜻으로, 여기서는 황제가 있는 대도(大都)를 의미한다.

정동행성 유학제거사의 제거(提擧)로 부임하는 홍언박(洪彦博)을 전송하며 2수

제1수

우연히 대도(大都)에 이르러 뜻밖에 오래 머무르며
등불 돋우고서 밤마다 돌아가 쉴 얘기 했지.
청산은 꼭 돈 주고 살 것은 아니지만,
두려운 건 세파에 흰머리 늘어 가는 것뿐이네.

제2수

진즉부터 고고하기 남들보다 특출하다 했거늘,
근래엔 함께 흥망성쇠를 얘기했다네.
전원으로 누가 먼저 떠날지 모르겠지만
그대 관직 얻어 가지만 나 이제 쉬고 싶구려.

送洪陽坡[350]提擧赴征東儒學[351]

其一

350) 홍양파(洪陽坡) : 양파는 홍언박(洪彦博, 1309~1363)의 호다. 기철(奇轍) 숙청의 일등 공신이었으며, 흥왕사 난 때 피살당했다. 홍언박은 공민왕의 모후인 명덕 태후(明德太后)의 조카(공민왕의 외사촌)라는 배경을 가진 데다가 문과에 급제할 정도로 실력도 갖춘 인물이었다. 이곡이 지어 준 글들은 그의 진중하고 소탈한 성품을 잘 보여 준다. 그들이 언제 처음 만났는지는 알 수 없지만 이곡의 〈의심을 풀다(釋疑)〉(권1)에 "주인 남자는 삼한의 명가 출신으로 양파 선생이라 한다. 나와 친하게 지내며 현재 대도에서 함께 거주하고 있다(主夫, 三韓名家, 號陽坡先生者. 與余善, 今之同在都下也)"는 표현으로 보아 대도에서의 인연이라 하겠다. 이후 홍언박이 정동행성 유학제거사에 임명되어 떠나자 이 시를 지어 아쉬움을 시로 표현했고, 이후 지속적으로 시를 주고받으며 우정을 이어 갔다. 이곡은 이국의 외로운 환로(宦路)에서 지기를 그리워하며[〈유학제거 홍언박이 작약을 감상한 시에 차운해 화답하다(次韻和洪陽坡提擧賞芍藥)〉(권18)], 문벌 가문의 후손이면서도 신분보다는 사람의 능력과 품성을 중시하는 모습을 높이 평가했고[〈양파 홍언박에게 부치다(寄洪陽坡)〉(권18)], 입원(入元)해 출셋길을 찾는 유행을 대수롭지 않게 여기는 호방함을 칭찬했다[〈앞 시의 운을 써서 양파 홍언박에게 부치다(寄洪陽坡 用前韻)〉(권19)]. 이들의 우정은 이곡이 죽은 뒤 1533년 홍언박이 지공거가 되어 이제현과 함께 과거를 주관해 아들 이색을 선발하는 인연으로까지 이어진다.

351) 정동유학(征東儒學) : 정동행성의 속관(屬官)인 유학제거사. 원이 각 행성에 둔 것으로, 유학제거사는 학교(學校)의 제사(祭祀)·교양(敎養)·전량(錢糧) 등의 일을 담당하는 관서다. 구성은 제거(종5품) 한 명, 부제거(종7품) 한 명, 이목(吏目) 한 명, 사사(司史) 두 명, 유학교수(9품) 한 명으로 되어 있다. 홍언박은 그중 책임자인 제거로 부임한 것이다.

偶到京華却久留　　挑燈夜夜說歸休
青山不必將錢買　　只恐紅塵白了頭

其二

曾謂孤高出輩流　　年來且與說沈浮
不知林下誰先去　　君政求官我欲休

청명 날 내리는 눈 2수

제1수

올해 이미 동파(東坡)의 시 읽었는데,
춘분에 들어서면 눈 보기 드물다고 했지.
한식날 동풍에 궁궐 버들 휘날리더니,
지금 이 순간 꽃들도 순식간에 피어 버렸네.

제2수

꽃 없는 봄 나무에 눈꽃이 피었구나.
청명의 날씨엔 어울리지 않는 것.
귀족들의 취한 귀에 어찌 들리리오,
얼어 죽은 유랑민들이 얼마나 많은지?

淸明雪

其一

雪入春分省見稀352)　今年已賦雪堂詩

352) 설입춘분성견희(雪入春分省見稀) : 소식은 황주(黃州)로 유배된 뒤에 그곳에 설당이라는 초가집을 짓고 살았는데, 그 내력을 〈설당기

東風御柳經寒食353)　頃刻花開此一時

其二

春樹無花雪有花　清明天氣未應和
侯家醉耳寧聞此　凍死流民骨又多

(雪堂記)〉에 기록해 두었다. 이 구절은 소식이 지은 〈계축년 춘분 뒤 눈이 내리다(癸丑春分後雪)〉(《소동파 시집》 권9)의 "춘분에 들어서면 눈도 보기 드문데, 반쯤 핀 도리가 눈의 위엄을 견디지 못하누나(雪入春分省見稀 半開桃李不勝威)"에서 차용한 것이다.

353) 동풍어류경한식(東風御柳經寒食) : 동풍은 봄바람, 어류는 궁궐의 버드나무를 말한다. 이 구절은 당나라 시인 한굉(韓翃)이 지은 〈한식(寒食)〉의 "한식 봄바람에 궁궐 버드나무 하늘거린다(寒食東風御柳斜)"[《당시 300수(唐詩三百首)》]에서 따온 것이다.

청명 뒤에 성 남쪽으로 나가서 서산(西山)의 눈을 바라보다 2수

제1수
오늘 아침 우연히 제삼교에 올라가니
봄이 지는 서산엔 아직 눈 녹지 않았네.
이상하게도 봄바람이 힘쓰지 않았는지,
가까운 산의 보리 봄싹 그대로구나.

제2수
풍성한 주지육림(酒池肉林)이라도
봄눈의 남은 위세에는 어쩌지 못하나 봐.
하늘은 본래 사람에게 차별을 두지 않는데
요즘 사람끼리 서로 잡아먹는 건 무슨 마음인가?

淸明後出城南望西山雪
其一
今朝偶上第三橋　　春晩西山雪未消
怪底東風吹不力　　近山𪎊麥有春苗

其二

肉林高處酒池深[354]　　春雪餘威不敢侵
天本於人無厚薄　　民今相食是何心

354) 육림고처주지심(肉林高處酒池深) : 고기를 매단 나무가 높고 울창한 숲을 이루고, 술을 담은 연못이 깊다는 의미. 걸왕(桀王)이 애첩 말희(妺喜)를 기쁘게 하기 위해 큰 연못을 파서 술을 채우고 나무에 고기를 매달고, 나체의 남녀를 풀어놓고 잔치를 벌였다는 주지육림 고사에서 따온 구절이다.

차운해 형님께 답하다 6수 중 4수

제1수

어머님 하직하고 다시 대도(大都) 나그네 되어,
고향집에서 봉양에 애쓰는 형님을 생각합니다.
괜시리 《시경》 들고 〈척호(陟岵)〉 장 읽으며,
구름 낀 산에 올라 동쪽 하늘 끝 바라봅니다.

제2수

어려서 송도에서 고생스레 살 때엔
길쌈 삼는 어머님 노고에 항상 부끄러웠습니다.
아직도 그때의 청빈함이 여전하니,
명성과 관직은 비례하는 건 아닌가 봅니다.

제4수

만 리 밖 고향 소식 끊긴 지 오래였는데,
꿈속에서 늙고 병든 어머님 만났습니다.
옛사람들 양지(良志)했다는 말 잘못 이해했으니,
겨울 죽순과 얼음 잉어에 참으로 부끄럽습니다.

제6수

헤어진 뒤 여러 해 지나서야 편지 부쳤으니,
아우의 귀밑머리 하얗게 센 것을 어찌 아실는지?
관을 벗어 두고 곧장 고향집으로 돌아가
거룻배 타고 이끼 낀 바위에서 낚시나 하고 싶습니다.

次韻答家兄

其一

辭親又復客燕都　苦憶庭闈侍奉勞
謾把詩篇吟陟屺355)　雲山東望際天高

其二

少年辛苦寓松都　常愧慈親織屨356)勞

355) 척기(陟屺) : 민둥산에 오른다는 뜻으로, 멀리 나가 있는 자식이 부모를 애틋하게 그리워하는 마음을 비유한다. 《시경》 〈위풍 척호(魏風 陟岵)〉에 "저 민둥산에 올라가서 어머님 계신 곳을 바라본다(陟彼屺兮 瞻望母兮)"라 했다.

356) 직구(織屨) : 탁발직구(擢髮織屨). 머리를 자르고 신을 엮어 내다. 자식의 교육을 위해 남편도 없이 홀로 아들 뒷바라지를 했던 이곡 모친의 상황을 설명하고 있다. 한나라 적방진(翟方進)이 경사(京師)에 가서 공부를 할 때 어린 그를 위해 모친이 함께 장안(長安)에 따라가서 '짚신을 삼아(織屨)' 방진에게 주었던 고사가 있다. 《한서(漢書)》 권84 〈적방진전(翟方進傳)〉 참조.

此日淸貧猶似舊　　官高不必與名高

其四

家山萬里久無書　　夢想高堂老病餘
誤信古人多養志[357]　頗慙冬筍與氷魚[358]

其六

一別經年謾寄書　　那知弟鬢白無餘
掛冠[359]直欲還家去　野艇苔磯對釣魚

357) 양지(養志) : 맹자는 자식이 부모를 모시는 방법으로 양체(養體)와 양지(養志) 두 가지를 들었다. 양체는 맛있는 음식과 돈으로 부모의 입과 몸을 잘 봉양하는 것이고, 양지는 부모의 뜻을 잘 간파해 그 뜻에 맞는 행동으로 부모를 기쁘게 하는 일을 말한다. 여기서는 객지에 있으면서 양지밖에 할 수 없는 자신의 처지를 합리화했던 것에 대한 반성의 의미가 들어 있다.

358) 동순여빙어(冬筍與氷魚) : 설순빙리(雪筍冰鯉) 고사. 삼국 시대 오나라 맹종(孟宗)이 눈 속에서 죽순을 구한 일과 남북조 시대 진(晉)나라의 왕상(王祥)이 얼음을 녹여 잉어를 얻은 일에서 나온 성어로, 하늘도 감동시킬 만한 지극한 효성을 의미한다.

359) 괘관(掛冠) : 벼슬아치가 벼슬을 내놓고 물러나던 일. 벼슬을 그만둔 관리가 관을 벗어 성문에 걸어 놓고 떠났다는 고사에서 유래했다. 《후한서(後漢書)》 권83 〈봉맹전(逢萌傳)〉 참조.

형님의 시운을 써서 아들 눌회(訥懷)에게 부치다 2수

제1수

남아라면 제왕의 도읍에서 벼슬해야 하지만,
제 몸 바치려 한다면 어디든 고생스럽지 않겠는가?
너 알다시피 공자께서 천하를 작게 여겼던 것도
다만 태산처럼 높은 곳에 오르셨기 때문이니라.

제2수

내 삼십 년 전 공부를 게을리했던 탓에,
백발이 되어서도 허명(虛名)인 것을 탄식하노라.
너는 지금 분음을 아껴 배워야만,
나무 위 물고기와 같은 부귀도 구할 수 있으리.

用家兄詩韻寄示兒子訥懷[360] 二絶

其一

男兒須宦帝王都　　若欲致身均是勞
汝識宣尼小天下[361]　只緣身在泰山高

其二

三十年前懶讀書　　虛名却嘆白頭餘[362]

360) 눌회(訥懷) : 이곡의 아들 이색(李穡, 1328~1396). 원나라 관료였던 부친 덕으로 원 국자감에서 유학하고 제과에 고려인 역대 최고 순위로 급제한 뒤 귀국해서 성균관대사성, 정당문학, 판삼사사 등을 역임했다. 성균관을 중영하고 혁신해 성리학의 보급과 발전에 공헌했으며, 당대 학계와 정계를 이끌었던 거목이다. 온건 개혁파로서 이성계 세력에 끝까지 협조하지 않고 지방을 전전하다 병사했다. 이 시는 아들인 이색에게 학문 정진을 당부하는 시로, 멀리 있는 아들에 대한 사랑과 권면의 마음을 느끼게 해 준다. 이곡은 아들이 어리고 병약해서 대도에 데려오지 못한 것을 많이 아쉬워했다.

361) 선니소천하(宣尼小天下) : 선니(宣尼)는 공자의 별칭으로, 한(漢) 평제(平帝) 원시(元始) 원년, 공자에게 포성선니공(褒成宣尼公)을 추시(追諡)했다. 《맹자》〈진심(盡心)〉 상(上)에 "공자가 동산에 올라가서는 노나라를 작게 여겼고, 태산에 올라가서는 천하를 작게 여겼다(孔子登東山而小魯 登太山而小天下)"라 했다.

362) 허명각탄백두여(虛名却嘆白頭餘) : 47세라는 백발의 나이가 되어서도 명실상부한 선비가 되지 못한 것을 부끄럽게 생각한다는 겸손의 말이다. 한편 10대의 공부가 부실해서 두 차례 응시 끝에 35세에야 제과에 급제했으니 당시 17세인 아들에게 너는 정진해서 나보다 더 잘되어야 한다는 당부의 뜻이 들어 있다. 하지만 이곡은 원통(元統) 원년 계유년(1333)의 회시(會試)에 급제한 다음 전시(殿試)에서 제2갑(第二

汝今當惜分陰363)學　富貴可求緣木魚364)

甲)으로 뽑혀 한림국사원 검열관(翰林國史院檢閱官)을 제수받음으로써 당시로는 고려인 최초의 내직 임명을 받았다.

363) 분음(分陰) : 얼마 안 되는 매우 짧은 시간을 말한다. 진(晉)나라의 도간(陶侃)이 항상 사람들에게 "대우(大禹)는 성인인데도 촌음을 아꼈으니, 보통 사람들의 경우에는 응당 분음을 아껴야 할 것이다(大禹聖者 乃惜寸陰 至於衆人 當惜分陰)"라고 한 말이 있다. 《진서(晉書)》 권66 〈도간 열전(陶侃列傳)〉 참조.

364) 연목어(緣木魚) : 연목구어(緣木求魚) 고사. 나무 위에 올라가 물고기를 찾는다는 뜻으로, 불가능한 목표를 의미한다. 《맹자》 〈양 혜왕(梁惠王)〉 상(上) 참조. 이곡의 집안은 대대로 지방 아전인 호장(戶長)을 지냈던 가문이다. 그런 가문에서 가질 수 없는 부와 명예를 꿈꾸기 위해서는 남다른 노력과 능력을 갖춰야만 신분적 한계를 뛰어넘을 수 있음을 당부하고 있다.

행촌(杏村) 이암(李嵒)에게 부치다

까마귀 머리를 하얗게 만들 수 있어도
속된 사람 바라보는 눈 바꿀 수 있으랴?
멀리서도 부러워라 밝은 창 아래에서
향 사르며 불경을 베끼는 그대 생활이.

寄李杏村365)

烏頭容可白366)　　俗眼豈終靑367)
遙羨明窓下　　焚香寫佛經

365) 이행촌(李杏村) : 행촌은 이암(李嵒, 1297~1364)의 호다. 자는 고운(古雲) · 익지(翼之), 호는 행촌(杏村). 초명은 이군해(李君侅). 충목왕 때 정방제조(政房提調)로 재직 중 고용보(高龍普)를 비판하다 유배당했다. 예서(隸書)와 초서(草書)에 뛰어나 동국의 조자앙(趙子昂)으로 불렸다. 불교에 심취했는데, 담암(淡庵) 백문보(白文寶)에게 《나옹 어록(懶翁語錄)》 서문을 짓게 했다.

366) 오두용가백(烏頭容可白) : 오두백(烏頭白)은 검은 까마귀의 머리가 하얗게 바뀌듯 있을 수 없는 일을 비유한다. 전국 시대 연나라 태자 단(丹)이 진(秦)나라에 인질로 잡혀 있다가 귀국시켜 줄 것을 호소하자, 진왕(秦王)이 "까마귀 머리가 하얗게 변하고, 말에 뿔이 돋아나면 돌아가게 해 주겠다(烏頭白 馬生角 乃許耳)"라고 했다. 이에 태자가 하늘을 우러르며 탄식하자 금세 그런 변화가 일어났다는 전설이 전한다. 《사기》 권86 〈자객 열전 논찬(刺客列傳 論贊)〉 참조.

367) 속안기종청(俗眼豈終靑) : 속안청(俗眼靑)은 백안시(白眼視) 고사를 뜻한다. 속된 사람을 보고도 청안시하기는 어렵다는 의미다. 삼국 시대 위(魏)나라 완적(阮籍)이 속된 사람을 만나면 백안(白眼), 즉 흰 눈자위를 드러내어 경멸하는 뜻을 보이고, 의기투합하는 사람을 만나면 청안(靑眼), 즉 검은 눈동자로 대해 반가운 뜻을 드러냈다고 한다. 《세설신어》〈간오(簡傲)〉 참조.

제과(制科)에 급제하고 귀향하는 동년 안보(安輔)를 전송하며

삼한 땅 근재(謹齋) 선생 아우가
또 과장의 봄을 차지했구나.
계수나무 빼어난 가지 이어졌고,
청운의 꿈 새로 시작하는구나.
평생의 우리 사귐 친밀하건만,
만 리 길 이별 이리 자주 있다니.
정말 그대를 뒤따르고 싶은 건,
나도 고향집 어머님 기다리시니.

送同年安員之登第還鄕

三韓謹齋弟　　又占棘闈春[368]
丹桂連枝秀　　青雲發軔新
百年交契密　　萬里別離頻

368) 우점극위춘(又占棘闈春) : 극위는 과거 시험을 보는 과장(科場)을, 봄은 급제를 의미한다. 그리고 또[又]는 그의 형 근재 안축이 1324년 제과에 급제한 뒤를 이어 동생 안보가 1344년 제과에 급제했음을 강조해서 하는 말이다.

甚欲隨君去　　　　高堂共有親

극례(克禮) 이인복(李仁復)이 대언(代言)을 제수받았다는 말을 듣고 시를 보내 축하하다

벼슬살이 어찌 만 리 길을 가야만 할까나?
삼한 땅 내상(內相)이면 충분히 영광일 것이니.
인생에서 뜻만 맞으면 남북이 상관없거늘,
대도(大都)에 머물러 있는 모자란 이가 홀로 탄식하네.

聞克禮州判除代言[369] 詩以賀之
游宦何須萬里行　　三韓內相[370]足爲榮

369) 극례주판제대언(克禮州判除代言) : 제과 급제 후 금주판관으로 있으면서 인연을 쌓았던 이인복이 고려에서 밀직사(密直司)의 대언(代言, 정3품)이 되었다는 소식을 듣고 이곡이 이 시를 지어 축하했다.

370) 내상(內相) : 왕의 비서실장을 가리키는 승지(承旨)를 높여 부르는 용어. 밀직사에서 왕명의 출납을 담당했다. 이인복은 1345년 우부대언에 임명되었다. 시제의 대언과 우부대언은 밀직사에서 왕명을 대신 전하는 관직으로 모두 정3품 고위직이다. 굳이 서열을 말하자면 좌대언(左代言), 우대언(右代言), 좌부대언(左副代言), 우부대언(右副代言) 순이다. 관직명도 우부승선(右副承宣)에서 1276년 우부승지(右副承旨)로, 다시 1310년 우부대언으로 바뀌었다. 한편 대언은 왕명을 출납하는 모든 정3품 관직에 대한 통칭으로 사용된 것으로 보면 된다. 조선 시대에 이르면 대언사(代言司)로 소속이 바뀌고, 명칭도 우부승지

人生適意無南北　　自嘆狂夫滯玉京

로 바뀌어 조선 왕조가 끝날 때까지 승정원의 6승지 중 하나로 존속했다.

도중(途中)에 읊다 상도(上都)에서 지었다 2수

제1수

산허리에 관도(官道)가 나 있고
그 아래는 긴 강물이 흐른다.
동으로 흐르는 강물 밤낮으로 바쁜데,
길 위의 나그네도 그치지 않네.
인생 각자 나름 살아가지만,
물의 속성 어째서 그러한가?
이로써 알겠도다 하늘과 땅 사이에
이렇지 않은 게 하나도 없음을.
말 위에서 보낸 시간 부질없이 머리만 세었으니,
강가에서의 한탄은 스스로를 탄식할 뿐이라.

제2수

상도 가는 길은 구백 리이거늘,
풍토는 달라도 그럭저럭 즐길 수 있네.
조과령(鵰窠嶺) 이남은 산이 점점 아름답지만,
용문협(龍門峽) 이북은 물이 모두 험악하네.
이로곡(李老谷) 깊이 들어가니 천지가 비좁고,
창간령(槍竿嶺) 험준해 구름이 열어진다.

내《시경》의 전통을 이을 수 없으나,
흥이 돋으니 졸필이나마 그냥 둘 길이 없네.

途中吟 上都371)作

其一

山腰有官道372)　　其下長河水
河水東流日夜忙　　路上行人亦未已
人生各有營　　水性何所以
乃知天地間　　無物不如此
馬上光陰空白頭　　臨河之嘆自嘆耳

其二

我行灤京路九百　　風土雖殊差可樂
鵰窠以南山漸佳　　龍門之北水皆惡

371) 상도(上都) : 원나라의 여름 수도로, 1년에 한 번씩 천자가 순행하는 것이 관례였다. 쿠빌라이 칸(세조)이 1258년 건설한 궁전이 있다. 몽골 제국의 정치적, 문화적 중심지 중 하나로, 대도(大都)와 함께 양도(兩都)로 불리며 중요한 역할을 했다. 난경(灤京)이라고도 하는데, 난하(滦河)와 가까운 위치에 있어 붙은 이름이다. 현재의 중국 네이멍구 자치구와 연결된 지역에 위치한다. 이 시는 황제가 여름을 나기 위해 상도로 출행했을 때 이를 수행하는 도중에 쓴 것이다.

372) 관도(官道) : 고대 중국에서 공공 기관이나 정부가 관리하던 도로. 외부와의 교통을 원활하게 하기 위해 건설했는데, 상업적 교류는 물론 군사적 이동에도 중요한 역할을 했다.

李老谷深天地窄　　檜竿嶺峻雲霄薄
皇朝風雅不敢繼　　遇興拙筆無由閣

사의(司議) 중부(仲孚) 정포(鄭誧)의 죽음을 애도하며 그의 형인 판사(判事) 정오(鄭頫)에게 올리다

아아! 문단의 귀한 인재 쓰러졌구나.
그 시절 시와 술로 깊은 인연 맺었거늘.
어쩌다 젊은 나이에 병에 걸렸던가,
지나친 걱정으로 마음 상했기 때문이지.
꿈에서 곽박(郭璞)에게 붓 돌려주기 전이건만,
또 왕돈(王忳)에게 허리춤의 금을 가리켰네.
그대와 나 하늘 아래 다시 보지 못하리니,
영원(鴒原)의 지는 햇살 슬픔이 깊고도 깊구나.

哭仲孚[373] 司議 贈其兄鄭判事[374]

嗟嗟玉樹倒詞林　　詩酒當年託契深
豈倚少年仍得疾　　却因多慮故傷心

373) 중부(仲孚) : 정포(鄭誧, 1309~1345)의 자다.

374) 정판사(鄭判事) : 정포의 형 정오(鄭頫, ?~1359). 자는 사겸(思謙), 호는 설헌(雪軒). 그는 고려 충혜왕 시기에 활동하며 여러 관직을 역임했다. 공민왕 숙위 호종 공신으로 1351년 동지밀직사사, 1352년 지밀직사사로 승진했다. 정동행성 유학제거를 지내기도 했다.

未還郭璞夢中筆[375]　　謾指王忳腰下金[376]
同是天涯不重見　　鴒原[377]落照恨沈沈

375) 미환곽박몽중필(未還郭璞夢中筆) : 곽박(郭璞, 276~324)은 동진 시대 저명한 문인이자 복서가(卜筮家)로 알려져 있다. 특히 풍수지리와 점술 분야에서 후대에 큰 영향을 미쳤다. 그런데 여기서는 강랑재진(江郎才盡) 고사를 인용해 정포가 출중한 능력을 갖추었음을 강조했다. 강랑은 강엄(江淹, 444~505)으로, 그는 남조 시대 저명한 문인이자 유불도에 모두 통달한 인물이었다. 그는 송(宋)·제(齊)·양(梁) 3조(朝)에 걸쳐서 문명(文名)을 떨쳤는데, 만년에 이르러 꿈속에서 곽박이라고 자칭하는 이에게 오색필(五色筆)을 돌려주고 난 뒤로는 문재(文才)가 감퇴했다는 고사가 전한다. 《남사(南史)》 권59 〈강엄 열전(江淹列傳)〉 참조.

376) 만지왕돈요하금(謾指王忳腰下金) : 정포의 죽음을 의미한다. 왕돈(王忳, 266~324)은 동진의 개국 공신 중 하나로 활약했다. 그는 객사에서 병으로 신음하는 서생(書生)을 보고 불쌍히 여겨 간호해 주었다. 그러자 서생이 "허리춤에 있는 황금 10근을 줄 터이니 내가 죽은 뒤에 묻어 주면 좋겠다(腰下有金十斤 願以相贈 死後乞藏骸骨)"라고 부탁한 뒤에 성명을 물어볼 사이도 없이 절명했다. 이에 왕돈은 황금 1근으로 장례 비용을 마련하고 나머지 황금은 관 속에 넣어서 함께 묻어 주었다는 고사가 전한다. 《후한서》 권81 〈왕돈(王忳)〉 참조.

377) 영원(鴒原) : 척령재원(鶺鴒在原) 고사. 우애 있는 형제를 의미한다. 동생의 죽음을 맞은 정오의 슬픔을 위로하는 구절이다. 척령은 할미새로 형제간의 의가 좋다고 한다. 《시경》 〈소아 상체(小雅 常棣)〉에 "저 할미새 들판에서 호들갑 떨듯, 급할 때는 형제들이 서로 돕는 법이라오. 항상 좋은 벗이 있다고 해도, 그저 길게 탄식만을 늘어놓을 뿐이라오(鶺鴒在原 兄弟急難 每有良朋 況也永歎)"라 했다.

중추절 밤에 앉아

해마다 이 밤에 몇 편의 시를 짓거늘,
서늘한 바람과 이슬이 얇은 옷에 스며드네.
이미 예정된 고달픈 삶 나그네 신세 오래니,
중추절만 되면 돌아가고픈 생각 갑절이네.
뜬구름 달빛 가리니 무슨 마음인가?
좋은 술 단지 가득하면 시비도 사라지네.
생각건대 고향 산엔 가을이 한창 익어 가고,
어머님 모시고 아이들 웃고 떠들고 있겠지.

中秋夜坐

年年此夜幾篇詩　　風露凄迷透薄衣
已分勞生長作客　　每逢佳節倍思歸
浮雲礙月底心性　　美酒盈樽無是非
想得故山秋正熟　　兒孫笑語侍庭闈

평생 따라다니며 배운 이들을 하나하나 셀 수가 있는데, 그중에서 졸재(拙齋) 최해(崔瀣) 선생과 춘헌(春軒) 최문도(崔文度) 선생이 잇따라 세상을 떠났고, 중부(仲孚) 사의(司議) 정포(鄭誧)도 저승 명부에 이름을 올리게 되었다. 이에 삼애시(三哀詩)를 지어서 치암(恥菴) 박충좌(朴忠佐)와 급고당(汲古堂)에게 부쳐 올리다

세속적 이익은 예로부터 쉬이 다하는 법,
시종일관 군자의 사귐은 누가 또 있으랴?
한 시대의 모범 생각난다 춘헌(春軒) 선생,
천 수의 문장 그리워라 졸재(拙齋) 선생.
외롭고 쓸쓸한 집안은 예와 같지 않은데,
멀고 아득한 천지에 또 가을바람 부는구나.
그중에서도 정씨가 가장 나이 어리나니,
이 슬픔을 당신도 나도 함께 알고 있으리.

平生之游 歷歷可數 拙齋378)春軒379)相繼下世 仲孚

378) 졸재(拙齋) : 최해(崔瀣, 1287～1340)의 호. 최해는 뛰어난 재주

로 제과에 급제해 요양로 개주판관(遼陽路蓋州判官)에 임명된 인물이다. 비록 5개월로 원 관료 생활을 청산하고 귀국했지만 동년으로 장원 급제한 송본(宋本)이 그의 실력을 칭송할 정도로 시에 장점이 있었다. 하지만 그는 굽히거나 타협할 줄 모르고, 남의 장단점을 비평하길 즐기는 성품 때문에 인간관계가 원만하지 않았고, 이는 그가 사회에서 쓰이지 못하는 결정적 이유가 되었다. 자식도 없고 집도 가난해 장례를 치를 형편이 못 되자 평소 가까이 지내던 이제현, 민사평 등 친구들이 부의(賻儀)를 내어 겨우 장례를 치를 정도였다. 그때 이곡은 동생 최지[崔滍, 이후 최강(崔江)으로 개명]의 부탁으로 최해의 묘지명을 지었다[〈대원고장사랑 요양로개주판관 고려국정순대부 검교성균대사성 예문관제학 동지춘추관사 최 군 묘지(大元故將仕郎 遼陽路蓋州判官 高麗國正順大夫 檢校成均大司成 藝文館提學 同知春秋館事崔君墓誌)〉(권11)]. 이곡과는 제과 급제 선후배 간으로 서로를 인정하고 격려하는 사이였다. 이곡을 전송하던 전별연에서 최해는 전송시의 서문과 시를 지어 후배의 앞날을 축원했다.

379) 춘헌(春軒) : 최문도(崔文度, ?~1345)의 호. 최문도는 부친 최성지(崔誠之) 덕분에 원에서 숙위하면서 몽골어에 능통했고, 염락(濂洛) 성리학을 일찌감치 수용해 일가를 이루었다. 숙위 때문에 과거에 응시하지 못했지만 재야의 성리학 고수로 인정받았다. 따뜻하고 사람 사귀기를 좋아하는 성품 탓에 넓은 인간 네트워크를 가진 인물로 이곡과는 원에서부터 교유한 것으로 짐작된다. 이곡은 최문도가 전법판서(典法判書)가 된 것을 축하하는 시[〈새로 전법판서가 된 춘헌 최문도에게 부치다(寄賀崔春軒新拜典法判書)〉(권16)]와 그의 호를 따서 지은 춘헌의 기문을 짓기도 했다[〈춘헌기(春軒記)〉(권2)]. 그와의 인연은 1340년 겨울, 그의 아들 최사검(崔思儉)이 과거에 급제하자 이를 축하하는 연회에서 축하시의 서문을 지어 친분을 과시했다[〈전객시승 최사검이 급제한 것을 축하하는 시권의 서문(賀崔寺丞登第詩序)〉(권9)]. 여기서 이곡은 최문도를 "손님 좋아하기로 동방에서 제일가는 사람(崔公好客爲東方第一)"이라 평가하기도 했다.

司議亦爲鬼錄 作三哀詩 寄呈恥菴汲古堂[380]

勢利從來道易窮　　淡交[381]誰復有初終
一時模楷懷春叟　　千首文章憶拙翁
寂寂門庭非舊日　　茫茫天地又秋風
箇中鄭子最年少　　此恨知公與我同

380) 치암급고당(恥菴汲古堂) : 치암(恥菴)은 박충좌(朴忠佐, 1287~1349)의 호다. 급고당(汲古堂)은 미상이다. 박충좌는 이제현과 함께 백이정에게 성리학을 사사했다. 불의에 타협하지 않는 강직과 청렴한 성품으로 유명했는데, 충목왕 즉위 후 전민도감(田民都監)의 장관으로 임명되어 개혁의 선두에 서기도 했다. 뒤에 충목왕의 사부가 되기도 했던 인물이다. 이곡은 이 시를 포함해서 총 세 편의 시를 박충좌에게 보냈는데, 그가 간의대부[諫議大夫, 사의(司議)]에 임명된 것을 축하하고[〈치암 박충좌 선생이 사의에 제수된 것을 축하하며(賀朴恥菴除司議)〉(권15)], 경상안렴사(慶尙按廉使)로 나간 박충좌가 안부의 서신을 보내오자 안도와 감사의 마음을 담은 시를 지어 답하기도 했다[〈경상도 안렴사 박충좌 선생의 편지를 받고 감사의 시를 짓다(得慶尙朴按廉書作詩爲謝)〉(권15)].

381) 담교(淡交) : 담수지교(淡水之交). 물과 같은 담박한 사귐이라는 뜻으로, 교양이 있는 군자의 교제를 의미한다. 《장자》〈산목(山木)〉에 "군자의 사귐은 담담하기가 물과 같고, 소인의 사귐은 달기가 단술과 같다(君子之交淡若水 小人之交甘若醴)"라 했다.

회안(淮安)의 둔전관(屯田官)으로 부임하는 흥국로 총관(興國路摠管) 홍빈(洪彬)을 전송하며

후리(候吏)가 강가에 화선(畫船)을 대기시키고,
친구들이 문밖에 송별연 마련했네.
이제 둔전관 녹봉 이천 석과 같으리니,
벼 삼백 단 거두는 건 얼마나 부끄러울까?
땅이 강회(江淮)에 접해 경치가 넉넉하거늘,
멀리 조정을 바라보며 어진 인재 기다리리라.
서울의 친한 벗들 많이 그리워할 것이니,
때때로 술값 부치는 일 잊지 마시기를.

送洪摠管382)赴淮安屯田

382) 홍총관(洪摠管) : 홍빈(洪彬, 1288~1353). 자 문야(文野), 시호 강경(康敬). 홍빈은 선조 때 입원(入元)해 대도에서 생활한 인연 때문에 어려서부터 내정에서 숙위한 인물이다. 이후 장관의 천거로 대도로 패주동지(大都路覇州同知), 송강부 판관(松江府判官), 도수감 경력(都水監經歷), 대상례의원 경력(大常禮儀院經歷) 등을 지내다 1330년 충숙왕이 폐위되어 원에 억류되자 사력으로 변호한 공을 인정받아 1332년 충숙왕 복위 시 함께 귀국해 정동행성 이문(理問)에 임명되었다. 이후 1339년, 조적(曺頔)의 난에 참여했지만 강요에 의해 참여했다는 이유로 사면을 받았고, 충혜왕이 압송되자 적극 변호에 나서서 그 공으로 정동행성 낭중(종5품)에 임명되기도 했다. 참고로 고려인으로 정동행성 낭중을 거친 인물로는 충렬왕대 정해(鄭瑎)·김태현(金台鉉)·염제신(廉悌臣), 충혜왕대 윤환(尹桓)·홍빈(洪彬), 충정왕대 김영후(金永煦), 공민왕대 이수산(李壽山)·이색이 있을 뿐이다. 이곡이 정동행성 원외랑으로 재직한 때가 1337년 10월~1341년 1월이니, 이 기간 함께 근무하며 친분을 쌓은 것으로 보인다. 이곡이 홍빈에게 준 시는 총 세 편이 있다. 이곡이 원외랑을 마치고 원으로 돌아가 무관으로 지내며 보낸 시에서 "옛날과 달라진 동방도 정말 싫지만, 서쪽에 와도 내 집 같질 않으니 원"이라고 자신의 신세를 한탄한다. 고려가 싫다고 직설적으로 표현할 정도로 그들은 막역한 사이였다. 사실 홍빈이 자제 교육을 위해 절강의 유학자 호중연(胡仲淵)을 초빙했는데, 이곡의 아들 이색도 함께 끼여 배웠다. 홍빈은 당시 12~13세이던 이색을 각별히 사랑해 공부를 마치고 돌아가는 그를 만류해 여러 날 재우고 먹이는 일이 많았다고 한다[이색, 《목은문고(牧隱文藁)》 권19 〈당성 부원군 홍강경공 묘지명(唐城府院君洪康敬公墓誌銘)〉]. 하지만 정치적으로 오락가락하는 듯한 홍빈의 처신에 대해 이곡은 못마땅한 마음을 숨기지 않았다. "세속이 귀에 거슬리는 말을 대부분 싫어하지만, 그대 지금 용퇴하는 것이야 뭐가 어려우리(世俗多嫌逆耳言, 君今勇退有何難)"라며 잠시 관직에서 물러나는 것이 좋겠다고 권유하기도 했다. 홍빈은 충목왕

候吏[383]河頭艤畫船[384] 故人門外敞離筵
應同剖竹二千石[385] 肯愧取禾三百廛[386]
地接江淮[387]饒景槪 望傾廊廟佇才賢
親交輦下多相憶 莫忘時時寄酒錢

때 입원해 흥국로 총관(興國路摠管)이 되었다. 이 시는 1345년 가을 무렵, 강소성 북부 회안의 둔전관(屯田官)으로 임명되자 그를 떠나보내며 지은 것으로, 두 사람의 막역한 관계를 알려 준다.

383) 후리(候吏) : 배를 대기하는 사람이나 관리자. 흔히 빈객을 전송하고 맞이하는 아전을 말한다.

384) 화선(畫船) : 화려하게 장식한 배.

385) 부죽이천석(剖竹二千石) : 신분이 군수(郡守)와 동급의 고위 관원으로 승격된 만큼 기분이 좋아서라도 둔전의 일을 맡은 것을 창피스럽게 생각하지는 않을 것이라는 뜻의 해학적인 표현이다. 한나라 때 지방장관을 내보낼 적에는 죽부(竹符)를 나눠 주어 신표(信標)를 삼게 했는데, 당시 군수의 봉록이 2000석이었다.

386) 긍괴취화삼백전(肯愧取禾三百廛) : 앞 구에 이어서 둔전관의 업무가 둔전 관리인 만큼 거기에 맞는 시구를 인용해 홍빈에게 농담을 던지고 있다. 《시경》 〈위풍 벌단(魏風 伐檀)〉에 "심지 않고 수확하지 않으면, 어떻게 벼 삼백 다발을 거두리오?(不稼不穡 胡取禾三百廛兮)"라 했다.

387) 강회(江淮) : 중국 장강(長江)과 회수(淮水) 사이에 위치한 평원을 가리키는데, 재화가 풍부하기로 유명하다. 지금의 중국 안후이성과 장쑤성에 해당한다.

5. 고려에서의 반삭(頒朔) 활동기(1년 10개월)

48세(1346. 1)~49세(1347. 11)

차운해 눌재(訥齋) 장항(張沆)이 거처하고 있는 야운장(野雲莊)에서 짓다

야운장은 세 칸짜리 오두막으로,
황량(黃粱)의 꿈속에서나 정사하는 곳이겠지.
큰 포부 어찌 금방 꺾을 수 있으리오?
고고한 명성 죽어서도 감춰지지 않으리.
솔 심어 세월 오래되니 그늘 이제 겹치고,
기름진 논에 벼 심으니 이삭 더욱 잘 자란다.
초야라고 나라님 잊으면 우리 무리 아니리니,
지팡이 짚고 뒷동산 자주 오른다네.

次韻題野雲莊 張訥齋所居

三間白屋野雲莊　　一夢黃粱388)政事堂
壯志豈能隨手縮　　高名終不與身藏
栽松歲久陰初合　　種稻田腴穟更長

388) 일몽황량(一夢黃粱) : 한단지몽(邯鄲之夢). 인생의 덧없음과 허무함을 상징하는 고사. 노생(盧生)이라는 젊은 선비가 과거 시험을 보러 가던 중 여관에 머물게 되었다. 여관 주인이 메조밥을 지을 무렵 노생이 잠이 들어 부귀영화를 누리는 꿈을 꾸었다. 잠에서 깨고 보니 여전히 여관이었고, 메조밥[黃粱]은 아직 익지 않았다.

畎畝忘君非我輩　　杖藜頻上後山岡

차운해 남의춘(南宜春)에게 답하다 2수

제1수
성대한 잔치 초대받고도 못 가서 한스러운데,
자꾸 마음에 걸리는 걸 하늘은 알아주리.
성산(星山)의 풍속 근래에 나빠졌거늘,
공수(龔遂)와 황패(黃霸)의 정치가 있어 금세 사라지리라.

제2수
내 생전에 과거 주관할 생각이나 했으랴?
뜻밖의 안배에는 하늘의 뜻이 있으리라.
최근의 세상일들 더욱 싫어졌으니,
마주 보고 거나하게 취하고 싶을 뿐.

次韻答南宜春
其一
恨不相邀到錦筵　　此心耿耿有蒼天
星山風俗年來惡　　政似龔黃[389]却拂然

其二

吾生豈意辨文筵[390]　暗裏安排有老天
世事邇來尤可厭　只思相對醉陶然

389) 공황(龔黃) : 한나라 때 지방 장관으로 선정을 베풀어 치민(治民)에 능했던 선량한 지방관 발해태수(渤海太守) 공수(龔遂)와 영천태수(潁川太守) 황패(黃霸)를 일컫는다.

390) 문연(文筵) : 학문이나 문학에 관련된 모임이나 연회를 뜻하나, 여기서는 과거 시험을 의미한다. 이곡은 49세 되던 1347년(충목왕 3) 10월, 허백(許伯)과 함께 동지공거(同知貢擧) 자격으로 과거(예부시)를 주관했다. 하지만 세가(世家)의 '불학자제(不學子弟)'를 선발했다는 이유로 탄핵받고 겨울, 다섯 번째 입원(入元)하게 된다.

병술년(1346, 충목왕 2) 중추절 한양부(漢陽府)에서

만 리 길 돌아온 건 어머님 위해서지.
올해 들어 부쩍 늘어난 하얀 귀밑머리.
또 타향에서 추석 보름달 보다니,
염부제(閻浮提) 백세인은 그저 허풍이었나?
적적하게도 이 좋은 때 얘기 나눌 이 없고,
쓸쓸하게도 낡은 여관에서 은근 마음 상하네.
벽 위에 남긴 시들 쉽게 닳아 없어져 가니
부러 일어나 등불 켜고 소매로 먼지 털어 본다.

丙戌中秋 題漢陽府

萬里歸來爲老親　　今年剩得鬢絲新
他鄕又見中秋月　　浮世徒誇百歲人391)

391) 부세도과백세인(浮世徒誇百歲人) : 불교의 전설에 따르면, 수미산(須彌山) 남쪽의 염부제(閻浮提)라는 곳에서는 사람의 수명이 100세라는 기록이 있다. 참고로 수미산 동쪽의 불우건(弗于建)에서는 수명이 300세, 서쪽의 구타니(瞿陀尼)에서는 200세, 북쪽의 울단월(鬱丹越)에서는 1000세라고 한다. 여기서 염부제는 염부주(閻浮洲) 혹은 섬부주(贍部洲)라고도 하는데, 인간 세상의 총칭으로 쓰인다. 《진택장어(震澤長語)》 권하 〈선석(仙釋)〉 참조.

寂寞良辰誰與語　　荒凉古館暗傷神
留題壁上易磨滅　　强起呼燈袖拂塵

여흥(驪興) 객사(客舍)에서 차운하다

이 풍경 붓끝에 옮겨 놓는다면
글은 소식(蘇軾) 황정견(黃庭堅), 글씨는 안진경(顏眞卿) 정도는 되어야지.
정치는 백성에게 부역의 괴로움을 주고 있으니,
어찌 길 가는 나그네 강산 감상할 여유가 있으랴?
객사에서 보이는 푸른 봉우리 흰 물결은
적안(赤岸) 은하(銀河)와는 백중지세로구나.
객사 누각에서 하루 묵은 건 부족하니,
다른 날 조각배 타고 여유롭게 노닐어야지.

驪興客舍次韻

如將此景入毫端　　文要蘇黃字要顏[392)]
政爲居民愁賦役　　寧容過客賞江山

392) 문요소황자요안(文要蘇黃字要顏) : 소(蘇)는 소식(蘇軾, 1037～1101)으로 북송 시대 시인이자 정치가이고, 황(黃)은 황정견(黃庭堅, 1045～1105)으로, 소식의 제자이자 강서파 리더였다. 안(顏)은 안진경(顏眞卿, 709～785)으로 당나라의 문장가이자 명필가다. 이들은 각 시대를 넘어 한문화권에서 최고 수준의 문인, 예술가로 꼽히는 인물들이다.

白波青嶂闔閭裏　　赤岸銀河[393]伯仲間
一宿樓中猶未足　　扁舟他日辨長閑

393) 적안은하(赤岸銀河) : 적안은 전설 속 지명이다. 은하는 하늘의 은하수로, 여기서는 둘 다 아름다운 풍경을 비유한다. 매승(枚乘)의 〈칠발(七發)〉에 "적안을 뛰어넘어 부상을 청소한다(凌赤岸篲扶桑)"라 했고, 두보의 《두소릉 시집》 권9 〈왕재가 그린 산수도에 장난삼아 지어 부르다(戲題王宰畫山水圖歌)〉에 "적안의 물은 은하와 통하고, 그림 속 구름 기운 용을 따른다(赤岸水與銀河通, 中有雲氣隨飛龍)"라 했다.

안렴(按廉) 성여안(成汝安)에게 부치다

대도(大都)의 오랜 벼슬살이 어머님 생각 괴롭더니,
집 돌아와 도리 지키는 기쁨 표현키 어렵다오.
형편이 여의치 못해 좋은 음식 못 올리지만,
단란하게 담소 나누는 자손들이 있구려.
이미 이웃 노인들과 복랍(伏臘)은 함께하고 계시지만,
손님같이 찾아와 안부 묻는 못난 아들 항상 죄송스럽네.
내년 봄 임무 마치고 장차 돌아온다면,
낚시터 청소하고 함께 술잔이나 기울이세.

寄成按廉汝安394)
久宦皇都苦憶親　　　據來定省395)喜難言

394) 성안렴여안(成按廉汝安) : 성여안(成汝安)은 미상이다. 안렴은 안렴사(按廉使)의 준말이다. 안렴사는 지방 장관으로 지금의 도지사에 해당한다.

395) 정성(定省) : 혼정신성(昏定晨省). 저녁에는 부모님의 침소에서 잠자리를 보아드리고 아침에는 밤새 안녕을 살피며 문안을 드린다는 뜻으로, 부모에 대한 자식의 도리를 의미한다. 《예기》〈곡례(曲禮)〉 상(上)에 "(자식이 된 자는 어버이에 대해서) 겨울에는 따뜻하게 해 드리고 여름에는 시원하게 해 드려야 하며, 저녁에는 잠자리를 보살펴 드리

山村冷落無甘旨[396]　笑語團欒有子孫
已與隣翁同伏臘[397]　常嫌過客問寒暄
明春巡罷將還旆[398]　擬掃漁磯[399]共一尊

고 아침에는 문안 인사를 올려야 한다(冬溫而夏凊 昏定而晨省)"라 했다.

396) 감지(甘旨) : 설탕, 꿀 따위의 당분이 있는 것에서 느끼는 맛. 또는 맛이 좋은 음식. 《예기》〈내칙(內則)〉에 "새벽에 어버이에게 아침 문안을 하고 좋아하시는 음식을 올리며, 해가 뜨면 물러나 각자 일에 종사하다가, 해가 지면 저녁 문안을 하고 좋아하시는 음식을 올린다(昧爽而朝 慈以旨甘 日出而退 各從其事 日入而夕 慈以旨甘)"라 했다.

397) 복랍(伏臘) : 삼복(三伏)과 납일(臘日). 또는 여름 삼복에 지내는 제사인 복사(伏祀)와 겨울 납일에 지내는 제사인 납향(臘享). 자신이 타지에 있어 함께하지 못하지만 홀로 계신 모친께서 이웃들과 시간을 보내고 계신다는 의미다.

398) 환패(還旆) : 집으로 돌아오는 군대의 깃발을 뜻하는데, 여기서는 귀국해서 고향으로 돌아오는 것을 의미한다. 당시 이곡은 원 조정으로부터 중서사(中瑞司) 전부(典簿)에 임명되어 있다가 정삭(正朔) 반포의 임무를 띠고 고려에 와 있는 중이었다. 이때 이곡은 48세로 접어든 나이도 있고, 무너져 가는 원 조정의 상황을 고려해 계속 고려로 돌아올 기회를 엿보고 있었던 것으로 보인다.

399) 어기(漁磯) : 낚시터. 조대(釣臺).

차운해 요양행성(遼陽行省) 조마(照磨)로 부임하는 안보를 전송하다

그대 지금 갑자기 멀리 떠나지만,
나도 타향살이에는 익숙해졌구려.
벼슬길엔 이별이 많은 법이요,
인정은 칭찬과 비난이 당연하지.
관리가 청렴하면 봉록이 박할 수밖에.
늙은 부모님껜 안부 편지 전하소서.
어찌 감히 수레를 머물려고 하오?
민가에서 지체함이 무척 부끄럽구려.

次韻送安照磨400)赴遼陽

君今忽遠適　我亦慣僑居
宦路多離別　人情足毀譽
官淸須薄俸401)　親老要安書

400) 조마(照磨) : 관직명. 문서나 기록을 관리하는 역할을 맡은 관리. 1345년 가을, 동년 안보가 제과 급제 후 요양행중서성 조마(遼陽行中書省照磨) 겸 승발가각고(承發架閣庫)에 임명되어 떠나자 그를 전송하는 자리에서 지은 시로 보인다.

敢望留軒蓋402)　　深慙滯里閭403)

401) 관청수박봉(官淸須薄俸) : 관리가 청렴하면 뇌물 등을 받지 않게 되기에 수입이 월급 외에는 있을 수가 없다. 그래서 박봉이라고 표현한 것이다.

402) 헌개(軒蓋) : 수레의 차양. 고관의 행차를 뜻하는데, 여기서는 발령지까지 타고 가는 관용 수레를 의미한다.

403) 이려(里閭) : 마을. 민가(民家). 여기서는 당시 특별한 관직이 없던 이곡의 집에 안보가 들러 작별 인사를 하자 민간인 신분인 자기 때문에 부임길이 지체되면 안 된다는 의미로 해석할 수 있다.

병술년(1346, 충목왕 2) 제야(除夜)에

타국의 벼슬살이 몇 번이나 봄을 맞으며,
새해마다 항상 고향 어머님을 생각했지.
애처롭네, 오늘 밤 등불에 비친 내 그림자,
당시 황궁에 있던 바로 그 몸이네.
초가나 궁궐 소중한 점에서 응당 같겠지만,
어찌 비단옷이 색동옷보다 새롭겠는가?
내일 아침이면 내 나이 지천명(知天命)이니,
정처 없이 사방 떠도는 사람 아니 되어야지.

丙戌除夜

游宦皇都幾見春　　歲時常憶北堂親
可憐此夕燈前影　　正是當年闕下身
草閣應同黃閣貴　　錦衣爭似綵衣[404]新
明朝五十行知命[405]　　莫作東西南北人

404) 금의쟁사채의(錦衣爭似綵衣) : 금의는 비단옷으로 조정에서 현달한 고관의 복장을, 채의는 일흔의 나이에도 부모님을 위해 색동옷을 입고 재롱을 떨었다는 노래자(老萊子) 고사에 나오는 색동옷을 의미한다.

405) 지명(知命) : 나이 50세. 《논어》〈위정(爲政)〉에 "나는 나이 오십에 천명을 알았다(五十而知天命)"라 했다.

정해년(1347, 충목왕 3) 새해 첫날

생각해 보니 지난해 오늘은 황성(皇城)에서,
조복에 홀 쥐고 반열 따라 황제께 절했지.
어머님 뵈러 온 고향은 유달리 적막하거늘,
북당에 축수 올리니 또 무엇을 근심하랴?

丁亥正旦

去年此日在皇州　袍笏隨班拜冕旒
覲省[406]桑鄕殊寂寞　北堂椒酒[407]又何憂

406) 근성(覲省) : 근친(覲親). 원래는 지방 출신 관리가 3년에 한 번 정도 휴가를 받아 부모님을 찾아뵙는 것, 또는 노환이나 병환 등의 이유로 부모를 찾아 문안하고 보살피는 일을 가리키는 말이다.

407) 북당초주(北堂椒酒) : 북당은 어머니가 계신 곳을, 초주는 새해 아침에 다례(茶禮)를 지내고 나서 웃어른에게 축수(祝壽)하며 올려 하례하는 술 이름이다.

나이 오십 2수

제1수

나이 오십에 천명을 알았다는
성인의 말씀 올해는 느낌이 남달라.
구차하게 한 자 한 치 다투느라
죽어라 밤낮으로 노력했지.
오직 내 한 몸 위한 계획이었으니,
언제 나라에 보답한 적 있었던가?
이제부턴 요절이라 하지 않을 테니,
온갖 일들 술통에 실어 보낸다.

제2수

오십이 되도록 명성이 없으니,
올해도 성인의 말씀 부끄럽네.
문장은 참으로 서툴거늘,
이익과 욕망에 마음 어지럽네.
자리를 훔쳐 자주 녹봉을 받았고,
온 집안이 우연히 은혜를 입었을 뿐.
후생은 정말 두려워해야 할 존재이니,
기꺼이 함께 술잔을 들어 줄는지?

五十

其一

五十而知命　　今年感聖言
區區爭尺寸　　役役度晨昏
祇是爲身計　　何曾報國恩
從玆不稱天　　萬事付山尊[408]

其二

五十而無聞　　今年愧聖言
文章眞手拙　　利欲竟心昏
竊位頻霑祿　　渾家謾被恩
後生誠可畏　　肯伴擧匏尊[409]

408) 산존(山尊) : 산과 구름무늬가 새겨진 술통. 산뇌(山罍)라고도 하는데, 제례(祭禮) 때 현주(玄酒)나 앙제(盎齊)를 담는 데 쓰던 단지다.

409) 포존(匏尊) : 술을 담아 두는 뒤웅박. 표주박 술잔이나 술통을 뜻한다. 한국에서는 포주박을 써서 주로 막걸리를 마셨기에 막걸리 한 사발로 해석할 수도 있다.

새해 2수

제1수

새해 눈보라에 찾아오는 발길 끊겨
산속 사립문 사흘 동안 열리지 않았네.
선달 술에 거품 일어 방 가득 봄기운이요,
색동옷 입고 당에 올라 큰 술잔 올린다.

제2수

이번 길에 진정 귀거래사 읊고 싶거늘,
이 좋은 곳에 띳집 지어도 좋으련만.
나무뿌리 반쯤 잘라 그대로 베개 삼고
굽이 흐르는 시냇물에 술잔 띄우겠노라.

新年

其一

新年風雪斷人來　　三日山扉掩不開
臘酒浮蛆410)春滿室　綵衣堂上獻深杯

410) 납주부저(臘酒浮蛆) : 납주는 설에 마시기 위해 섣달에 빚어 놓은

其二

此行眞欲賦歸來　　便好茅堂勝處開
半斷樹根仍作枕　　曲防溪水爲流杯

술이고, 저는 구더기다. 술이 익어서 걸러 낼 때 술의 표면에 흰개미나 구더기 모양으로 부풀어 오른 쌀알이 떠 있는 것을 의미한다.

대언(代言) 정 모(鄭某)에게 부치다

평생 일엽편주에 몸 싣길 생각했거늘,
우습구나, 돌아와 보니 이미 백발인걸.
여태 황제의 조정에 설 꿈을 꾸다니,
지금 적화주(荻花洲)에 있는 줄도 모르고서.

寄鄭代言

百年心事一扁舟　　自笑歸來已白頭
猶有皇朝玉堂夢　　不知身在荻花洲[411]

411) 적화주(荻花洲) : 수많은 수로와 습기가 있는 곳으로 갈대꽃이 피어 있는 늪지란 뜻인데, 여기서는 아름다운 자연을 의미한다.

백화보(白和父)에게 부치다

저무는 해 강산에서 옛 놀이 되살렸더니,
앞으로는 오로지 낚싯배만 띄우고 싶어라.
선생은 나에 비해 젊고 건강하니,
백발 되도록 노력해 세상 바로잡으소서.

寄白和父

歲晚江山復舊遊　　從今直欲理漁舟
先生比我年顏少　　努力匡時到白頭

6. 제5차 재원(在元) 활동기(5개월)

49세(1347. 12)~50세(1348. 4)

안강(安康) 이 모(李某) 선생에게 부치다 4수 중 2수

제1수

자수(紫綬) 두를 자격 있는지 스스로 우습거늘,

남들은 비웃어도 또 인재를 뽑고자 합니다.

선생께서 그날 오직 저를 알아주셨으니,

생각날 때마다 바닷가로 찾아가고 싶습니다.

제4수

관직이 높아졌어도 여전히 가난하거늘,

바쁜 와중에도 늙음이 벌써 찾아왔네요.

어느 때나 산을 마주하고 앉아서

하나하나 마음속 얘기 나눠 볼는지.

寄安康李先生

其一

自笑豈宜紆紫綬412)　人譏又欲選青錢413)

412) 우자수(紆紫綬) : 자수는 고관이 차는 보라색 인끈으로, 고위직을 의미한다. 우(紆)는 두른다는 뜻이다.

先生當日獨知我　　每憶相尋到海邊

其四

官大貧如舊　　身忙老已侵
何時對山坐　　款款細論心

413) 선청전(選青錢) : 청전학사(靑錢學士)를 선발하다. 청동전 같은 학사. 과거를 보기만 하면 급제하는 사람이라는 뜻이다. 당나라 장작[張鷟, 자는 문성(文成)]이 과거를 보기만 하면 급제하므로 원반천(員半千)이 그의 글을 칭찬하기를 "청동전(靑銅錢)은 만 번 가려 보아도 틀림없이 돈인 것과 같이, 재주 있는 선비는 과거를 만 번 보아도 급제하니 만선만중(萬選萬中), 즉 만 번을 골라도 만 번 모두 적중하는 것이다"라고 했다. 《신당서(新唐書)》 권161 〈장천 열전(張薦列傳)〉 참조. 여기서는 이곡이 1347년(충목왕 3) 10월 무렵 동지공거(同知貢擧)가 되어 허백(許伯)과 함께 김인관(金仁琯) 등 33인을 선발한 일을 가리킨다. 예부시(禮部試)의 시험관이 되는 것은 당대 최고의 학덕을 갖추었음을 사회적으로 인정받는 일로 개인은 물론 가문의 영광으로 여겼는데, 이곡이 이 선생에게 겸사한 것이다.

흥의역(興義驛)에서 묵으며

추운 날씨 황폐한 역사(驛舍)엔 인적이 드문데,
말고삐에 기대어 꾸벅꾸벅 졸다가 말에서 내렸다.
한밤중에 술 깬 뒤 그대로 꿈도 깨고서,
벼슬살이와 고향 생각 모두 무심해지는구나.

宿興義驛414)

天寒破驛少人煙　　下馬昏昏睡馬韉
夜半酒醒仍夢覺　　宦情離思共悠然

414) 흥의역(興義驛) : 고려 시대와 조선 시대의 중요한 교통 요지로, 현재의 황해남도 평천군에 위치하고 있다. 이 역은 고려 시대 금교도에 속한 24개 속역 중 하나로, 우봉(牛峯) 근처에 자리 잡고 있다. 이 시는 이곡이 1347년(충목왕 3) 10월 예부시 주관 뒤 탄핵을 받고 그해 겨울, 서둘러 원나라로 들어갈 때 지은 것으로 보인다.

눌재(訥齋) 장항(張沆)에게 부치다

세상일 겪으면서 눈빛이 차가워졌고,
변하는 세월 속에 얼굴도 검어졌네.
탐진치(貪瞋癡) 계율 어기는 바람에
여태 귀거래사 읊지 못하고 있다네.

寄訥齋
世事看來眼冷　　年光變處顔緇
爲破貪嗔癡[415]戒　　未成歸去來辭

415) 탐진치(貪嗔癡) : 불가에서 깨달음에 장애가 되는 근본적인 세 가지 번뇌, 곧 탐욕과 성냄과 어리석음. 계정혜(戒定慧)의 삼학(三學)을 통해서 이를 극복할 수 있다고 한다.

판서(判書) 박 모(朴某)에게 부치다

타국 벼슬살이로 제국의 도읍에 이르렀지만,
박봉이나 업무가 적어 술 사서 마실 수 있네.
지금쯤이면 고향 산에 가을이 익지 않아
배고파 울고 있을 처자가 또 걱정일세.

寄朴判書

宦游又到帝王都[416]　薄俸官閑酒可沽
正是故山秋不熟　啼飢時復念妻孥

416) 환유우도제왕도(宦游又到帝王都) : 1948년 겨울 대도(大都)에 도착한 이곡은 중서성(中書省) 감창(監倉, 종5품)에 임명되었다.

장원(壯元) 김인관(金仁寬)에게 부치다

황제 도읍에서 벼슬할 뜻 막히지 않아,
하늘 가득 눈보라 뚫고 대도(大都)에 이르렀지.
삼동(三冬)의 학문에 힘쓰기를 청하노니,
뒷날 공명 이루면 여유가 없으리라.

寄金壯元417)

游宦皇都意未闌　　滿天風雪到燕山
請君且勉三冬學418)　　他日功名不放閑

417) 김장원(金壯元) : 충목왕 3년(1347) 10월, 이곡이 동지공거(同知貢擧)를 맡았던 과거에서 장원으로 선발된 김인관(金仁寬)이 대도(大都)으로 와서 앞날을 도모하자 그를 격려하며 면학(勉學)을 당부하고 있다.

418) 삼동학(三冬學) : 겨울철 석 달간의 농한기를 이용해 학문에 매진하는 것을 말한다. 동방삭(東方朔)이 한 무제에게 올린 글에 "나이 13세에 글을 배워 겨울 석 달간 익힌 문사의 지식이 응용하기에 충분합니다(年十三學書 三冬文史足用)"라고 했다. 《한서》 권65 〈동방삭전(東方朔傳)〉 참조.

급암(及菴) 민사평(閔思平)에게 부치다

고국 떠나던 더딘 발걸음 이번도 그러한데,
선생은 어째서 송별시 한 수를 아끼시오?
노부(老簿)의 보잘것없는 일이라 싫기도 하겠지.
하찮은 벼슬 하며 동으로 서로 걸핏하면 이별이니.

寄閔及菴[419]

去國遲遲[420]又此時　先生何惜送行詩
應嫌老簿[421]渾閑事　薄宦東西慣別離

419) 민급암(閔及菴) : 급암은 민사평(閔思平 : 1295~1359)의 호다. 민사평은 충정왕을 따라 원나라에 입조한 호종 공신이다. 온화하고 화목한 성품으로 다양한 교유 관계를 유지했다. 김륜(金倫)의 사위로, 이제현 · 정자후(鄭子厚) 등과 함께 문명(文名)이 높았다.

420) 거국지지(去國遲遲) : 지지(遲遲)는 물리적 시간보다는 정신적 준비가 되지 않은 채 떠나왔음을 의미한다. 옛날에 공자가 계씨, 숙씨, 맹씨와의 갈등으로 인해 갈등을 빚다가 이상 실현을 위해 조국 노나라를 떠날 때 발걸음이 떨어지지 않았던 고사에서 빌려 왔다. 《맹자》 〈만장(萬章)〉 하(下)에 "공자가 노나라를 떠날 때 '더디고 더디도다, 나의 이 걸음이여' 하셨다. 이는 부모의 나라를 떠날 때의 도리가 그러했기 때문이다(孔子之去魯曰 遲遲吾行也 去父母國之道也)"라 했다.

421) 노부(老簿) : 부서(簿書)나 처리하며 늙는다는 뜻으로, 자신의 벼

슬살이에 대한 이곡의 겸사다.

좨주(祭酒) 김 모에게 부치다

세상에서 그 누가 국생(麴生)만큼 진실할까?
그를 보내 나의 가난함 위로해 주었지.
취중에 몽롱해서 감사할 틈도 없었거늘,
객창에서 부질없이 술 항아리 속 봄날 꿈꾸네.

寄金祭酒

世間誰似麴生422)眞　曾遣渠來慰我貧
醉裏悤悤未暇謝　旅窓空夢甕頭春

422) 국생(麴生) : 술의 다른 이름. 술은 누룩으로 만들기 때문에 누룩 국 자를 써서 국 선생(麴先生) 혹은 국 수재(麴秀才)라고도 한다. 이 술을 의인화한 가전(假傳) 작품으로 고려 시대 문인 이규보(李奎報)의 〈국선생전(麴先生傳)〉과 임춘(林椿)의 〈국순전(麴醇傳)〉이 있다.

총랑(摠郎) 이 모(李某)에게 부치다

열다섯 해 전 궁궐에서의 유흥은
당시 시회(詩會) 중 가장 멋스러웠지.
취광(醉狂)이 점점 줄어도 어찌할 수 없거늘,
하물며 흰머리 나기 쉬운 타향에 있으니.

寄李摠郎

十五年前淸禁游423)　一時文會最風流
醉狂424)漸減知無奈　況在他鄕易白頭

423) 청금유(淸禁游) : 궁금(宮禁), 궁궐. 청(淸)은 '맑은, 깨끗한' 정도의 수식어다. 엄숙하고 청정한 궁중을 말한다. 그리고 이 시를 지은 시기는 1348년(충목왕 4)이다. 시 내용 중 15년 전 궁궐에서의 유흥이라고 하면 이곡이 고려에서 예문검열(藝文檢閱)로 임명되어 중앙 관료로 근무할 때(1331. 1~1333. 1) 궁궐 내에서 있었던 여러 모임을 의미하며, 이 총랑은 그때 인연을 맺은 인물로 보인다.

424) 취광(醉狂) : 술이 잔뜩 취해 바른 정신을 차리지 못하고 마구 덤비는 것 또는 그런 사람.

전리총랑(典理摠郎) 안보(安輔)가 본국의 관직을 잃었다는 소식을 듣고 부치다

동쪽에서 들려오는 말 모두 진짜겠냐마는,
오늘 아침엔 나도 모르게 실소를 머금었네.
후진 중 그 집 둘째만 한 이가 절대 없을 텐데
도대체 관직 뺏어서 누구에게 주었을까?

寄安捴郎 聞員之落本國之職425)

東來言語豈皆眞　　不覺今朝一笑新
後進決無如仲氏　　何人奪職與何人

425) 낙본국지직(落本國之職) : 안보는 제과 급제 후 요양행중서성 조마(照磨)로 근무하다가 노모 봉양을 이유로 고려로 돌아와 전리총랑(典理摠郎)을 지내고 있었는데 거기서 파직된 것을 말한다.

밀직(密直) 이공수(李公遂)에게 부치다

국자감(國子監)의 문물이 요순 때보다 융성하니,
자식 둔 자 어찌 고려에서만 가르치려 하겠소?
듣자 하니 선생께서 대도(大都)에 조회를 오신다니,
제 자식이 말고삐나 잡게 해 주실 순 없을까요?

寄李密直426)

冑庠427)文物盛唐虞　有子爭敎守海隅
聞說先生朝北闕428)　可令豚犬429)執鞭無

426) 이밀직(李密直) : 이공수(李公遂, 1308~1366). 기황후의 외사촌 오빠로서 극진한 대접을 받았지만 꼿꼿한 자세로 기씨 일가의 탐욕과 일정한 거리를 두며 공민왕 폐위를 저지하는 등 충신으로서 본분을 다한 인물이다. 그의 이런 자세는 기황후의 최측근 환관인 박불화(朴不花)로부터 "이공수는 자기 왕만 위하니 어찌 자신의 친척을 생각하겠습니까?"란 비난과 함께 순제로부터 "나는 본디 그 노인장이 현명하다는 것을 잘 알고 있다. 너의 외가에는 오직 이 한 사람뿐이다"란 칭찬을 받기도 했다. 《고려사》 권112 〈열전〉 권제25 〈이공수(李公遂)〉 참조.

427) 주상(冑庠) : 주감(冑監). 성균관을 달리 이르는 말. 여기서는 원나라 국립 대학인 국자감을 의미한다.

428) 조북궐(朝北闕) : 1348년 4월 17일 대도에서 순제의 생일 축하연이 열리자 이를 위해 고려 조정은 영천 부원군(寧川府院君) 이능간(李凌

幹)과 판밀직(判密直) 이공수(李公遂)를 파견했다(《고려사》권37 〈세가〉 권제37 충목왕 4년 3월 6일). 마침 이색은 당시 원나라 관료였던 아버지 덕분에 음서(蔭敍)로 원나라 국자감 생원으로 입학을 하게 되었고, 이곡은 아들의 대도행을 이공수에게 부탁한 것이다. 비록 연배는 이곡이 열 살 위였지만, 이공수도 과거 출신으로 능력을 갖춘 인재였고, 또 이곡을 높이 평가해 지극히 사적인 부탁을 주고받을 정도로 막역한 사이였음을 짐작할 수 있다. 이색은 이때의 일을 〈지난 무자년(1348)에 정승 이능간과 밀직 이공수를 모시고 천수성절을 진하하기 위해 갔었다…(歲戊子 陪李政丞凌幹 李密直公秀 進賀天壽聖節…)〉(《목은 시고》 권2)라는 시에 기록했다.

429) 돈견(豚犬) : 개와 돼지. 남에게 자기의 아들을 낮추어 부르는 말이다.

초은(樵隱) 이인복(李仁復)에게 부치다

대도에 다시 와서 또 봄을 맞으니,
티끌세상 그대론데 귀밑머리만 세었다네.
손바닥 뒤집듯 변하는 세대 언제나 끝날는지.
세속적 이익은 지금 또 사람을 그르치네.

寄李樵隱

重到皇城又見春　紅塵依舊鬢絲新
翻雲覆雨430)何時歇　勢利如今更誤人

430) 번운복우(翻雲覆雨) : 손바닥을 위로 향하면 구름이 일고, 아래로 향하면 비가 내리다. 손바닥 뒤집듯 변하기 쉬운 세태나 인정을 비유하는 말이다. 두보의 《두소릉 시집》 권2 〈빈교행(貧交行)〉에 "손 젖히면 구름 일고 손 엎으면 비 오게 하는, 경박한 세상인심 따질 것이 뭐 있으랴?(翻手作雲覆手雨 紛紛輕薄何須數)"라 했다.

죽헌(竹軒) 김륜(金倫)을 애도하며

그대의 생사에 국가의 안위가 걸렸더니,
오늘 나라의 슬픔을 어찌 견딜 수 있으랴!
훗날 그 공덕 역사에 길이 기록될 터이나,
질의에 답해 줄 시귀(蓍龜)를 찾을 곳 없구나.
여유로움 속 처방은 열심히 세상을 구했고,
취중의 시구는 종종 사람을 놀라게 했다네.
공이 몇 년이라도 더 못 사신 게 한스럽네.
삼한이 마침 태평성대의 기회 맞았거늘.

哭竹軒[431]

一身存沒寄安危　　此日那堪爲國悲
紀德異時窮竹帛　　質疑無處覓蓍龜[432]
勤勤濟物閑中藥　　往往驚人醉裏詩
恨不壽公留數歲　　三韓會有太平期

431) 죽헌(竹軒) : 김륜(金倫, 1277~1348)의 호. 김륜은 충렬왕 입원 시 호종을 시작으로 심왕(瀋王) 왕고(王暠)를 왕으로 세우려는 연판장 서명을 거부했으며, 조적의 난 이후 충혜왕이 소환을 당하자 호종해서 논리적으로 변론해 의혹 해소에 큰 공을 세웠던 충신이다. 백수 재상(白鬚宰相)이라 불리기도 했다. 그런 그가 1348년 2월 2일, 개혁의 전 단계로서 왕통의 확립을 위해 충혜왕의 시호를 청하기 위해 입원(入元) 준비 중 풍질로 사망하고 말았다. 이곡은 대도에서 그의 죽음을 듣고 〈죽헌 김륜을 곡하다(哭竹軒)〉(권19)와 〈차운해 죽헌 김륜을 곡하다(次韻哭竹軒)〉(권19) 두 편을 지어 그를 추모했다. 원로대신으로서 그의 죽음이 질풍노도와 같은 정계에서 국가 안위와 직결되는 슬픈 일임을 잘 묘사했다. 특히 김륜은 이곡의 좌주인 이제현(李齊賢), 정자후(鄭子厚) 등과 한 마을에 살면서 '철동 3암(鐵洞三菴)'으로 불리며 우의를 자랑했는데, 그의 사위 민사평 역시 이곡과는 긴밀한 친우 관계를 유지했다. 김륜은 지정 8년 무자(戊子, 충목왕 4, 1348) 2월 2일에 사망했다.

432) 시귀(蓍龜) : 점을 칠 때 쓰는 시초(蓍草)와 거북 껍질. 국가의 정사에서 믿고 자문을 구할 수 있는 원로를 비유할 때 쓰는 표현이다.

감창(監倉) 유감 2수

제1수

십 년의 저축에도 방법이 있으니,
양계(兩界)와 서로 관련이 있다네.
들고 나는 데에는 당연히 아껴야 하되,
거두고 저장하는 것은 본래 어려운 법.
지혜는 출납 장부 밖에서 나오고,
경영은 금과 은 사이에 달려 있네.
이익을 따지는 것은 내 할 일 아니니,
그리운 고향에서 몸소 농사나 지었으면.

제2수

비축미는 날마다 쌓여 가고,
청렴한 관원들 쏟아지는 시절이라네.
서모(鼠耗)를 다퉈 걷는 아전이 없고,
황제도 백성의 굶주림 걱정한다네.
황하가 넘쳐서 공전(公田)이 물에 잠기고,
뜨거운 태양 탓에 농사일 더디구나.
홍양(弘羊)은 이미 죽은 지 오래거늘,
깊은 하늘의 뜻 알기 어렵다네.

監倉[433]有感

其一

十年儲有道　　兩界會相關
出納當須吝　　收藏本自艱
智生朱墨[434]外　　計在白黃[435]間
言利非吾事　　躬耕憶故山

其二

紅腐[436]相因日　　淸廉竝進時

433) 감창(監倉) : 이곡은 1948년 10월 시행된 예부시와 관련해서 발생한 문제의 책임을 지고 공직에서 물러난 뒤 연말 대도로 들어갔다. 그리고 곧바로 중서성(中書省) 감창(監倉, 종5품)에 임명되었다. 어쩔 수 없이 떠밀려 떠났기에 1949년 6월 초, 고려에서 관직[중대광(重大匡) 도첨의찬성사(都僉議贊成事) 우문관(右文館) 대제학(大提學) 감춘추관사(監春秋館事) 상호군(上護軍)]을 제수하자 비록 실직(實職)이 아닌 명예직이었지만 바로 귀국길에 올랐다. 이 시는 감창으로 있는 동안 업무와 관련해 답답한 심정을 읊은 것이다.

434) 주묵(朱墨) : 원래 붉은 글씨와 검정 글씨로 문장의 첨삭 또는 퇴고를 말하는데, 여기서는 창고 출납 장부를 의미한다.

435) 백황(白黃) : 흰색과 누런색, 즉 은과 백을 말하는데, 여기서는 실물 경제를 의미한다.

436) 홍부(紅腐) : 쌀이 썩어 붉게 변색된 것을 말한다. 농사가 너무 잘되고 먹을 것이 풍부해져 창고에 보관해 두었던 곡식을 꺼낼 일이 없었

吏無爭鼠耗[437] 帝亦念民飢
河溢公田沒 陽驕農事遲
弘羊[438]死已久 天意杳難知

다는 것으로, 나라의 정치가 잘되는 것을 의미한다.

437) 서모(鼠耗) : 작서모(雀鼠耗). 관아에서 곡식을 빌려줄 때[還子] 곡식을 쌓아 둘 동안 쥐나 새들에 의해 소모될 것을 미리 계산해 한 섬에 몇 되씩 덧붙여 받던 곡식을 의미한다.

438) 홍양(弘羊) : 상홍양(桑弘羊). 서한의 유명한 재무(財務) 관료로서, 염철(鹽鐵)과 술의 전매(專賣)를 처음으로 시행하고 세금 정책을 개편해 국고를 부유하게 했다. 하지만 지나치게 엄격한 시행으로 민간 경제가 경직되고 상인들의 반발을 불러일으켰다. 그래서 후대에 이익을 독점하고 백성의 사정은 아랑곳하지 않는 고위 재무 관료의 대명사로 쓰이게 되었다. 목축업자였던 복식(卜式)이 상홍양을 미워해 "홍양을 삶아 죽여야만 하늘이 비로소 비를 내릴 것이다(烹弘羊 天乃雨)"라고 상주(上奏)하기도 했다. 《한서》 권58 〈복식전(卜式傳) 참조〉.

혼자서 읊조리다 백거이(白居易)의 시체(詩體)를 본뜨다

오십도 넘었으니 그릇된 것 알 만도 한데,
그대 아직 명성을 좇으니 얼마나 큰 바보인가?
눈치 빠르고 똑똑했던 건 날로 줄어들고,
꼬장꼬장한 행동거지는 시류와 엇나가네.
사람들은 술에 빠져 딸기코 되었다 놀리거늘,
귀밑머리 센 것이 어찌 시 때문이라 여기리오?
게다가 집도 가난하고 어머님도 늙으셨으니,
온갖 계획도 고향에 돌아감만 못하리라.

自詠 效樂天體439)

年過五十可知非440)　尙爾馳名何大癡
了了聰明隨日減　凉凉行止與時違
人譏鼻赤因耽酒　自識髥霜豈爲詩
更是家貧親亦老　百般心計不如歸

439) 효낙천체(效樂天體) : 당나라 대표 시인 중 하나인 백거이[白居易, 772~846, 자는 낙천(樂天)]의 시체를 본받았다는 의미. 여기서 말하는 백거이의 시체가 어떠한지에 대해서는 역자의 과문 탓에 정확히 알 수가 없다. 다만 그가 원화체(元和體)의 대표적 인물이었다는 점에 착안해서 유추해 볼 수는 있다. 원화체는 불경(佛經) 속의 운문인 게송(偈頌) 번역 문체의 영향을 받아 중당(中唐) 시기 원화(元和) 연간(806~820)에 성립된 통속시 문체를 말한다. 백거이의 〈장한가(長恨歌)〉는 원화체의 대표작으로 꼽힌다. 게송이 불교적 깨달음을 시 형식으로 표현한 것이라는 점을 고려할 때, 이 시는 이곡이 자신의 지난 시간을 철학적으로 반추하면서 그 깨달음을 적었다는 점에서 스스로 '효낙천체'란 부제를 붙인 것이 아닐까 짐작해 본다.

440) 오십가지비(五十可知非) : 나이가 지천명이 되면 세상의 이치를 깨달아 잘잘못을 구분할 수 있다는 의미다. 《회남자(淮南子)》〈원도훈(原道訓)〉에 "거백옥이 나이 오십에 49년 동안의 잘못된 것을 깨달았다(蘧伯玉年五十 而知四十九年非)"라 했다.

동년(同年)인 시승(寺丞) 장 모(張某)에게 부치다 2수

제1수

범을 타고야 알았지 내리기 어렵다는 것을
나귀 등에서 시나 읊지 벼슬은 왜 구했는지.
기이하구나! 조물주 어찌 이리 장난이 심한지
몰래 사람들 신발과 관의 위치 뒤집어 놓았으니.

제2수

경제는 때에 따라 쉽고 어려움이 있지만,
사람 마음은 고관 되기만을 원할 뿐이네.
지금 보니 참으로 쓸모없는 것이었거늘,
그때 일찌감치 귀거래하지 못한 게 후회스럽네.

寄同年張寺丞

其一

騎虎方知却下難441)　吟詩驢背442)苦求官

441) 기호방지각하난(騎虎方知却下難) : 기호난하(騎虎難下). 호랑이를 타고 있어 내리기가 힘들다. 어떤 일을 중도에 중지하고 손을 뗄 수

怪哉造物多機變443)　暗裏教人倒屨冠444)

其二

經濟隨時有易難　人心只願作高官
如今自揣眞無用　悔不當時早掛冠445)

없어 이러지도 저러지도 못하는 처지를 의미한다. 원에서 계속 벼슬을 할지 아니면 고려로 돌아갈지를 놓고 고민하는 이곡의 상황을 말해 준다. 《진서(晉書)》 권67 〈온교 열전(溫嶠列傳)〉 참조.

442) 음시려배(吟詩驢背) : 당나라 정계(鄭綮)는 "나의 시상(詩想)은 눈보라 치는 파교 위에서 나귀 등에 올라타고 있을 때 가장 잘 우러난다(詩思在灞橋風雪中驢子上)"라고 했다. 손광헌(孫光憲)의 《북몽쇄언(北夢瑣言)》 권7 참조.

443) 기변(機變) : 기변백출(機變百出). 때에 따라 다르고 변화에 맞추어 온갖 재간을 나타내다.

444) 도구관(倒屨冠) : 머리에 써야 할 관과 발에 신는 신발의 위치를 바꿈으로써 제 역할을 발휘할 수 없도록 했다는 의미다. 위에 있어야 할 현인(賢人)이 비천한 아랫자리에 있고, 아래에 있어야 할 불초자(不肖者)가 고귀한 윗자리에 있는 불합리한 당시 현실을 개탄한 것이다.

445) 괘관(掛冠) : 관을 벗어서 걸어 놓는다는 말로, 벼슬아치가 벼슬을 그만두고 물러나는 것을 의미한다.

7. 고려에서의 황혼기(1년 7개월)

50세(1348. 5)～52세(1350. 1) 사망

김맹견(金孟堅)의 시권(詩卷) 2수

《장자(莊子)》의 뜻에 대해서는 여러분들의 서(序)에서 다 말했으니 내가 군더더기로 붙일 말이 없다. 하지만 우곡[愚谷 : 정자후(鄭子厚)]이 상령(湘靈)의 구절을 거론했고, 초은[樵隱 : 이인복(李仁復)]이 의발(衣鉢)이란 말을 했으니, 나로서도 입을 다물고 잠잠히 있을 수 없길래 권면하는 뜻으로 이렇게 쓰게 되었다.

제1수

말은 황당하고 자못 상도(常道)에서 벗어나되,
자세히 살펴보니 어찌 우리 정신을 어둡게 하리오?
장주(莊周)가 꼭 나비가 아니라곤 할 수 없지만,
꿈꾸든 깨든 밤이 되면 등불은 밝혀지는 법.

제2수

김 군은 어려서부터 경서에 통달했다 했는데,
근래에는 글 짓는 힘이 거령(巨靈)과 닮았구나.
모쪼록 연산의 계수나무 가지를 잘 꺾게나.
귀밑머리 충분히 검지를 않은 건 염려치 말고.

題金孟堅446)詩卷

莊書之義, 諸公之序盡之矣, 僕不敢贅. 然愚谷擧湘靈之句, 而樵隱有衣鉢之語, 則亦不能含嘿, 因書以勉之云.

其一

語涉荒唐頗不經　　細觀寧昧此心靈
莊周未必非胡蝶[447]　夢覺殘燈入夜青

446) 김맹견(金孟堅) : 김맹견은 정자후의 제자로 학업을 마친 자리에 이곡도 참석해 격려의 시를 지어 주었다. 직접적인 제자는 아니었지만 스승과 친분이 두터운 분들이 함께 모여 제자의 앞날을 축복해 주고 이끌어 주는 새로운 관계를 만드는 당시 전통을 보여 준다. 그 자리에 참석한 것으로 확인이 가능한 인물은 스승인 정자후, 이인복, 민사평, 이곡 등인데, 민사평은 이날 모임의 서문에 해당하는 〈김맹견에게 드리다(贈金孟堅)〉[《급암 시집(及菴詩集)》 권3]를 지었으며, 나머지 참석자는 평성 청(靑) 자로 차운해 시를 지었다. 이 시에서 이곡은 도가(道家)에 재주를 보인 김맹견을 격려하면서 나이 때문에 포기하지 말고 원 제과에 응시할 것을 권유하고 있다.

447) 장주미필비호접(莊周未必非胡蝶) : 《장자》 〈제물론(齊物論)〉의 호접몽(胡蝶夢) 고사를 인용한 말이다. 꿈에서 나비가 된 장자는 꿈과 현실, 나비와 인간의 경계가 무너져 물아일체가 된 경지를 경험했다. "언젠가 장주가 꿈속에서 나비가 되었다. 나풀나풀 잘 날아다니는 나비의 입장에서 스스로 유쾌하고 만족스럽기만 했을 뿐 자기가 장주인 것은 알지도 못했는데, 조금 뒤에 잠을 깨고 보니 엄연히 장주라는 인간이었다. 모를 일이다. 장주의 꿈속에 나비가 된 것인가, 나비의 꿈속에 장주가 된 것인가? 하지만 장주와 나비 사이에는 분명히 구분이 있을 것이니, 이것을 일러 물의 변화라고 한다(昔者莊周夢爲胡蝶 栩栩然胡蝶也 自喩適志與 不知周也 俄然覺則蘧蘧然周也 不知周之夢爲胡蝶與 胡蝶之夢爲周與 周與胡蝶則必有分矣 此之謂物化)."

其二

金君自少號通經　　筆力年來似巨靈[448]
好折燕山一枝桂[449]　莫嫌鬢未十分靑[450]

448) 거령(巨靈) : 황하(黃河)의 신. 황하의 물줄기가 화산에 가로막혀 휘돌아 갈 수밖에 없자, 거령이 큰 도끼로 대화산과 용문(龍門)을 찍어 열어 놓아 황하의 물을 그 사이로 직진해서 흘러가게 했다는 '거령비희(巨靈贔屭)' 고사가 있다. 장형(張衡)의 〈서경부(西京賦)〉 참조. 여기서는 김맹견의 필력이 웅건함을 과장해서 칭찬하는 대목이다.

449) 절연산일지계(折燕山一枝桂) : 절계(折桂)는 계수나무 가지를 꺾었다는 말로 과거에 급제함을 의미한다. 김맹견의 예부시 급제 기록이 없기에 고려의 과거 급제를 바란다는 격려의 말로 봐도 무방하겠다. 하지만 연산(燕山)을 대도(大都)로 해석한다면 여기서는 원나라의 제과(制科)에 도전하길 권하는 것으로 보는 것도 일리가 있다.

450) 막혐빈미십분청(莫嫌鬢未十分靑) : 머리가 검다는 것은 젊다는 뜻이니, 여기서는 스스로 이미 나이가 많아서 과거에 도전하기에 적합하지 않다고 단정하고 포기하지는 말라는 의미다.

우곡(愚谷) 정자후(鄭子厚)가 은잔을 보시한 시에 차운하다

은잔을 보시하자 하늘에서 꽃비가 내리고,
용궁에 숨긴 보배 결코 옮겨지지 않는다네.
나는 나무바가지가 진솔해서 더 좋거늘,
황금 그릇은 부호들에게나 갖다주라지.
청빈해야 물 같은 마음 더욱 느낄 수 있나니,
잔뜩 취하면 샘물에 낯 씻으면 되는걸.
오직 시마(詩魔)가 달라붙어 밀쳐도 가지 않고,
시국에 느껴 회고할 때마다 괴롭게 피어난다.

愚谷施銀杯詩次韻

銀杯施與雨花天　　藏在龍宮定不遷
還我木瓢眞率好　　任他金椀富豪全
淸貧更覺心如水　　爛醉何妨面洒泉
唯有詩魔451)推不去　　感時懷古苦相緣

451) 시마(詩魔) : 시인에게 시를 쓰지 않고는 견딜 수 없게 만드는 강한 열망이나 영감을 의미한다. 고려 중기 문인 이규보(李奎報)의 〈시마를 쫓아내는 글(驅詩魔文)〉이 유명하다. 그는 시마에 중독되면 다섯

가지 죄를 면할 수 없다고 했다.

이문(理問) 김 모(金某)의 부인(夫人) 대흥 현군(大興縣君)의 죽음을 애도하며

상국의 명성 일찌감치 알려졌고,
부인의 덕도 걸맞게 빛났다네.
살고 죽는 것 모두 천명에 달렸거늘,
부귀할수록 더욱 상심하리라.
붉은 만장은 봄바람에 펄럭이고
화장갑(匣)은 새벽 달빛에 감춰졌네.
천자로부터 은혜로운 작위를 받으셨으니,
원나라로부터 멀리 꽃다운 명성 전해지리라.

哭金理問夫人大興縣君452)

相國知名早　　夫人配德光
死生皆有命　　富貴更堪傷
丹旐春風拂　　香奩曉月藏

452) 김이문부인대흥현군(金理問夫人大興縣君) : 이문은 정동행성이문소를, 대흥현(大興縣)은 현재 충남 예산군 일대를 말한다. 이문의 성이 김씨인 것으로 보아 그는 고려인이며, 그의 부인이 대흥 현군에 봉해진 것으로 보아 고위직이었음을 짐작할 수 있다.

恩封自天子　　　赤縣[453]遠流芳

453) 적현(赤縣) : 중국 또는 경기 지역[赤畿]을 말한다. 남편이 정동행성 이문이었으니 원나라 천자가 작위를 내렸다.

동년(同年) 김 모(金某)의 시에 차운하다

뜻밖에 서로 만나 진심을 보고는
이야기 하나 돌기 전에 술도 한 순배.
강산에 집중하니 곳곳마다 승경인데,
관심거리 세상사는 몇 번이고 달라지네.
백발 되어 만 리 길 고향 돌아가는 날인데,
홍분(紅粉)이 석 줄로 늘어서 자리 가득 봄이구나.
날더러 늙고 못났다 비웃질랑 마소.
예전부터 돈 귀신은 부릴 줄을 몰랐으니.

次金同年[454]韻

忽然相會見天眞　　一話前游酒一巡
着眼江山隨處好　　關心世事幾番新
白頭萬里還鄕日　　紅粉[455]三行滿座春
莫笑稼亭偏老拙　　從來不解使錢神

454) 김동년(金同年) : 지금까지 성명이 밝혀진 이곡의 동년 중 김씨 성을 가진 사람은 김천조[〈차운해 동년 김천조에게 부치다(次韻寄金同年天祚)〉(권18)], 김동양[〈원나라로 유학하러 떠나는 동년 김동양을 전송하는 시권의 서문(送金同年東陽遊上國序)〉(권8)], 김영후(金永煦)의 아들 김천(金蕆)[〈통주 장학장과 헤어지며 남기다(留別通州張學長)〉(《목은 시고》 권34)] 등이 있다. 이들 중 누구를 가리키는지는 알 수 없다. 그리고 이 시는 1348년 6월, 5개월여의 짧았던 중서성 감창직을 그만두고 고려로 돌아갈 것을 결정한 뒤 대도에서 우연히 만난 동년과 가진 술자리에서 지은 것이다.

455) 홍분(紅粉) : 곱게 치장한 기녀(妓女)를 가리킨다. 아마도 동년 김모를 위한 전송연에서 이 시를 지은 것으로 보인다.

연아체(演雅體) 1수

사마귀 매미 잡을 욕심에 어찌 뒤를 돌아볼까?
매가 참새 쫓는 것처럼 앞으로 바싹 붙어야지.
사자가 한 번 포효하면 백수가 엎드리거늘,
사당의 쥐와 성곽의 여우가 더욱 안됐구나.

演雅[456] 一首

蟷欲捕蟬[457]寧顧後　鷹如逐雀要當前
一聲師子百獸廢　社鼠城狐[458]尤可憐

456) 연아(演雅) : 시체(詩體)의 하나로, 송나라 황정견(黃庭堅)으로부터 시작되었는데, 각 구절마다 동물을 한 가지 이상씩 넣어서 짓게 되어 있다. 고려 시대 최초의 연아체 작품으로 볼 수 있다.

457) 당욕포선(蟷欲捕蟬) : 당은 당랑(蟷螂)으로 버마재비, 사마귀다. 당랑포선(蟷螂捕蟬) 고사를 말한다. 사마귀가 매미를 잡다, 곧 닥쳐올 재난은 모르고 눈앞의 이익에만 눈이 먼 것을 비유하는 말이다. 《장자》 〈산목(山木)〉에 "매미를 보니, 좋은 그늘을 얻자 그 몸을 잊었다. 사마귀가 앞다리를 들고 매미를 치려고 하며, 얻을 것을 보자 그 형체를 잊었다. 참새가 쫓아와 이로움을 얻으려고 했는데, 이로움을 보자 자신의 본모습을 잊게 되었다(睹一蟬, 方得美蔭而忘其身. 螳螂執翳而搏之, 見得而忘其形. 異鵲從而利之, 見利而忘其眞)"라 했다.

458) 사서성호(社鼠城狐) : 사당의 쥐와 성곽의 여우라는 뜻으로, 사람

들이 함부로 손댈 수 없는 신전(神殿)이나 성곽에 깃들여 사는 쥐나 여우처럼 임금 측근에 붙어 온갖 농간을 부리고 실속을 챙기는 간신들을 비유하는 말이다.

안렴(按廉) 정 모(鄭某)의 시에 차운하다

어찌 바닷가 푸른 산 작은 초가에서
국화주 함께 마실 기약 했으랴만.
백발에도 아직 귀향 계획 못 세우고,
벼슬길에서 그대 만나 길게 탄식하네.

次鄭按廉詩韻

海上青山小草堂　豈期同擧菊花觴
白頭猶未成歸計　宦路逢人感嘆長

낭중(郎中) 허백(許伯)의 시에 차운하다 2수

제1수

가을이 다한 황량한 숲에는 꽃도 보이지 않거늘,
돌연 놀랍게도 수레 하나 산골 집에 이르렀네.
갈도가 풍경 죽이는 것임은 알아야 하리,
대숲 밖 작은 비탈길에 있는 사립문에서는.

제2수

탐화에 뽑힌 문생을 기분 좋게 만나고,
오늘 공이 오신다길래 함께 집으로 돌아왔네.
숭문동에서 누런 국화 보며 막걸리 마시니,
나도 모르게 소맷자락 휘저으며 덩실덩실.

나와 허 공(許公)은 지난해 이날 숭문관(崇文館)에서 시관(試官)을 맡았다. 내가 어머니를 뵈러 한산(韓山)의 가정(稼亭)에 와 있는데 허 공이 사명(使命)을 받들고 오다가 내 집에 들렀으니, 이 어찌 천행(天幸)이 아니겠는가? 그래서 거처하던 곳을 숭문동(崇文洞)이라고 불렀다.

次許郎中459)詩韻

其一

秋盡荒林不見花　　忽驚車騎到山家
須知喝道殺風景460)　竹外柴門小逕斜

其二

喜見門生有探花461)　公來此日共還家

459) 허낭중(許郎中) : 정동행성(征東行省) 낭중(郎中) 허백(許伯, ?~1357)의 시에 차운한 시. 이 두 사람은 전해(충목왕 3, 1347) 10월, 허백이 지공거, 이곡이 동지공거가 되어 숭문관(崇文館)에서 과거 시험을 주관했다. 때문에 이곡은 자신의 거처를 숭문동(崇文洞)이라 불렀다.

460) 갈도살풍경(喝道殺風景) : 갈도는 갈도(喝導)라고도 하는데, 고관이나 특별한 관원이 행차할 때 위험을 제거하고 위엄을 세우기 위해 선두에서 인도하는 하인이 큰 소리로 앞길을 치우는 것을 말한다. 그리고 살풍경(殺風景)은 풍경을 손상한다는 말로, 경물을 감상하는 격조가 낮아서 남의 흥치를 깨는 행위를 말한다. 이에 관해서는 송나라 왕안석(王安石)의 고사가 있다. 왕안석이 달밤에 산보하고 있을 적에, 장지기(蔣之奇)가 발운사(發運使)가 되어 집에 들렀다. 그런데 그는 매우 호기를 부려 소리를 전해 가며 고함을 질렀고, 왕안석은 이를 불쾌하게 여겼다. 마침 장지기가 선(禪)에 대해 이야기하기를 좋아했기에 왕안석이 "뜻밖에 보게 되었네 전호하는 살풍경을, 선객이 밤에 찾을 줄은 전혀 몰랐구려(怪見傳呼殺風景 不知禪客夜相投)"라는 시를 지어 그를 풍자했다. 소백온(邵伯溫)의 《문견후록(聞見後錄)》 권17 참조.

461) 탐화(探花) : 탐화랑(探花郎)의 준말. 과거 시험에서 제3인으로 급제한 자를 일컫는 말이다. 과거 합격자는 우선 갑과(甲科)·을과(乙科)·병과(丙科)로 나눈 뒤, 갑과의 수석 합격자는 장원(壯元), 차석 합격자는 방안랑(榜眼郎), 제3등 합격자는 탐화랑이라 한다. 이들 3인을

白醪黃菊崇文洞　　　不覺僛僛舞袖斜

僕與許公於去年此日鎖圍[462]崇文館. 僕覲親在韓山稼亭, 而許公銜使命而來過焉, 豈非天幸也. 因號所居曰崇文洞.

갑과 급제자(甲科及第者)라고 한다. 탐화라는 말을 사용하게 된 것은 당나라 때부터다. 진사 급제자들이 곡강(曲江) 서쪽의 행원(杏苑)에서 연회를 열었는데, 나이가 어린 두 사람을 탐화사(探花使)라 칭하고 주위의 이름난 꽃을 찾아오게 했다. 그러다가 남송 후기에 이르러 탐화는 진사과 3등을 부르는 말로 사용되었다.

462) 쇄위(鎖圍) : 쇄원(鎖院), 쇄청(鎖廳)이라고도 한다. 과거 시험을 볼 때 시험장의 문을 봉쇄하고 외부와 격리하는 제도를 말한다. 또한 합격자를 발표하기 전에 시관(試官) 등을 과장(科場)에서 떠나지 못하게 하는 것도 포함된다. 여기서는 두 사람이 모두 시험관 임무를 수행했다는 의미로 보면 된다.

동년인 두 분 곽씨(郭氏)에게 부치다 모두 나주(羅州)에 있다

임무는 책임 따라 무겁거늘 녹봉만 축냄이 부끄럽고,
몸과 마음 한가롭게 은거함이 부럽구려.
어찌하면 몇몇 친구와 함께 남쪽 유람하며,
바닷가 경치 좋은 곳에 띳집 엮어 볼까나?

寄兩郭同年 俱在羅州

任隨責重慙尸祿[463]　身與心閑慕隱居
安得南游携數客　海邊佳處結茅廬

463) 시록(尸祿) : 재덕이나 공로가 없이 직책을 다하지 못하면서 자리만 차지하고 녹봉을 받아먹는 것을 비유하는 말. 《한서》〈주운전(朱雲傳)〉 참조.

주행(舟行)을 기록해 송정 거사(松亭居士) 전 모(田某)에게 올리고, 아울러 임주(林州)의 사군(使君) 반 모(潘某)에게 글을 보내다

부여(扶餘)의 네 명승지 사방에 전해졌으니,
고적 찾아서 배에 술 싣고 노 저어 가야 하리.
송정 거사와의 약속을 저버리지 않았는데,
임주(林州)의 어진 사군께서 대신 마중 오셨네.
강가의 대관(臺館)은 그림을 펼쳐 놓은 듯하고,
저녁 불빛은 음악 소리에 춤추는 어룡 같구나.
농사철에 비록 허리에 홀을 찬 수령은 없더라도,
키 돌려야지 어찌 잠시라도 머물 수 있겠는가?

紀舟行 奉寄松亭居士 兼簡林州464)
扶餘四詠465)四方傳　訪古應須棹酒船

464) 송정거사(松亭居士), 임주(林州) : 송정 거사와 임주가 누구인지는 이곡의 다른 글 〈주행기(舟行記)〉(권5)를 참고하면 송정 전 거사(田居士)와 임주 반 사군(潘使君)임을 알 수 있다. 진강 원산에서 출발한 뒤 용연에서 송정 전 거사와 임주 반 사군과 합류해 여행을 이어 간다. 부여 여행을 마친 뒤 이 시를 지어 두 사람에게 보낸 것으로 보인다.

不負松亭居士約　　更邀林邑[466]使君[467]賢
傍江臺館[468]開圖畫　入夜魚龍舞管絃[469]
農月縱無腰笏令[470]　廻橈豈敢小留連

465) 부여사영(扶餘四詠) : 부여의 명승지를 소재로 읊은 네 수의 작품. 낙화암(落花岩) · 조룡대(釣龍臺) · 호암(虎岩) · 천정대(天政臺)를 가리킨다. 《가정집》 권5의 〈주행기(舟行記)〉에 총 사흘간 이어진 부여 유람의 상세한 내용이 나온다. 간략히 살펴보자면, 1349년(충정왕 1) 5월 16일, 이른 새벽 진강(鎭江) 원산(圓山)에서 배로 출발 → 동트기 전, 용연(龍淵) 도착 → 송정 전 거사, 임주 반 사군과 함께 북쪽으로 향해 저녁에 고성(古城)에 정박 → 다음 날, 부여성 낙화암 아래 도착. 부여 감무(監務)가 승사(僧舍)에서 점심 대접 → 서쪽 조룡대 → 서쪽 5리, 강 남쪽 언덕의 호암이란 암자. 이어서 도보로 꼭대기 천정대 도착. 이들 지역은 모두 고향 한산(韓山)에서 60리 거리였다.

466) 임읍(林邑) : 임주(林州). 충청남도 임천군의 고려 시대 이름.

467) 사군(使君) : 일반적으로 임금의 명령을 받들고 온 사신에 대한 경칭이다.

468) 대관(臺館) : 누대(樓臺)와 관각(館閣). 일반적으로 조정 관서(朝廷官署)를 가리키는데, 여기서는 경치 좋은 강가로 늘어선 여각(廬閣)을 의미하는 것으로 보인다.

469) 입야어룡무관현(入夜魚龍舞管絃) : 밤이 되자 강가에 늘어선 주루(酒樓)와 여각의 불빛이 흔들리는 강물 위 파도에 비치는 모습을 묘사하고 있다. 불빛을 음악 소리에 맞춰 승천하는 용의 모습에 비유했다.

470) 요홀령(腰笏令) : 홀을 허리에 찬 수령이라는 뜻. 당나라 하이우(何易于)의 고사를 인용했다. 하이우가 익창(益昌)의 수령으로 있을 때 자사(刺史) 최박(崔朴)이 봄에 뱃놀이를 나와 백성에게 배를 끌게 했다. 그러자 그가 '홀을 허리에 꽂고[腰笏]' 자신이 직접 배를 끌었는

데, 자사가 놀라서 그 이유를 묻자, "백성은 밭 갈고 누에 치느라 다른 일을 할 수가 없고 오직 수령만 할 일이 없다"라고 대답했다. 이에 자사는 부끄러워하면서 서둘러 물러갔다. 《신당서(新唐書)》 권197 〈하이우 열전(何易于列傳)〉 참조.

도원역(桃源驛)에서 묵다

역 이름 도원(桃源)이라 부르기에 맞지 않은데,
황량한 수풀 무너진 지붕에 문패도 없어졌네.
지나는 길손 풍악산에 영험 빌러 가나니,
백성에게 복을 나눠 줄 수 있으리라.

宿桃源驛471)

471) 도원역(桃源驛) : 경기도 장단도호부(長湍都護府) 남쪽에 있는 역참(驛站). 1349년 8월 14일, 이곡은 금강산 유람을 주목적으로 해서 송도를 출발했다. 그리고 남아 있는 시를 기준으로 첫 번째로 묵은 숙소가 바로 도원역이었다. 이 시부터 시작해서 1350년(52세) 봄까지 관동지방 등의 유람이 이어지고, 이후 연말까지는 고향 인근에서 지내다 모친 장례 중 인생을 마친다. 이곡의 금강산 유람은 충정왕 즉위와 관련되어 있다. 당시 정치 상황을 간략히 설명하자면 다음과 같다. 1341년 5월부터 대도(大都)에서 숙위 중이었던 왕기(王祺, 훗날 공민왕, 1330~1374)는 1344년 1월 충혜왕이 폐위된 뒤 사망했을 때 이미 '대원자(大元子)'로 불리며 왕위 계승 1순위로 꼽혔다. 하지만 기황후(奇皇后)와 환관 고용보(高龍普)의 뜻에 의해 조카 왕흔(王昕, 당시 7세)이 충목왕에 즉위했고, 왕기는 강릉 부원대군(江陵府院大君)으로 책봉되어 후일을 기약할 수밖에 없었다. 이때 고려 조정은 한종유(韓宗愈)·이제현·김륜·박충좌 등을 중심으로 개혁을 시도하고 있었다. 당시 원 조정에서 봉훈대부(奉訓大夫) 중서사 전부(中瑞司典簿)로 있던 이곡은 그런 조정에 희망을 품었고 〈본국의 재상에게 올리는 글(寓本國宰相書)〉(《가정집》 권8)을 올려 인재 등용 문제를 건의하기도 했다. 김영돈과 왕후는 1347년(충목왕 3) 2월, 직접 순제의 명을 받아 일종의 특검이자 개혁 기구인 정치도감(整治都監)을 설치했고, 전국 5도 양계에 속관들을 파견해 양전(量田) 사업을 실시했다(《고려사》 권37 〈세가〉 권제37 충목왕 3년 2월 16일, 2월 18일). 하지만 '기삼만(奇三萬) 옥사사건'(《고려사》 권37 〈세가〉 권제37 충목왕 3년 3월 26일)을 기점으로 개혁을 지원하는 순제와 반대하는 기황후, 개혁 활동을 벌이는 정치도감과 저지하려는 정동행성이문소 간의 대립이 극대화했다. 그러던 중 1349년 12월 어린 임금 충목왕이 사망하자 고려 조정은 왕위 계승자로 왕기(18세)와 충혜왕과 희비(禧妃) 소생인 왕저(王眡, 당시 10세) 두 사람을 복수 추천했다. 왜냐하면 왕후나 이제현 등 개혁 지향적 인사들은 왕기를 지지했지만, 희비 윤씨와 인척 세력인 윤시우(尹時遇) 등과

驛名不合作桃源　　破屋荒林不記門
過客乞靈楓岳去　　可能分福與黎元

노책(盧頙)·최유(崔濡) 등 부원배(附元輩)들은 왕저를 지지했기 때문이다. 1349년(충정왕 1) 2월, 원 조정은 왕저를 대도로 불러들이고 5월, 그를 왕위 계승자[충정왕]로 결정한다는 통보를 내렸다(《고려사》 권37 〈세가〉 권제37 충정왕 원년 2월 13일, 5월 8일). 이 무렵 정치도감 판사 김광철(6월)과 왕후(7월) 등이 연이어 병사하고, 정치도감이 공식적으로 해체됨(7월)으로써 고려 조정은 자정의 동력원을 거의 상실하고 만다. 충정왕 환국 직후 생모 희비 윤씨가 주도하는 대대적인 인사 발령이 단행되었다. 이 인사 발령은 노책이 수상인 첨의정승(僉議政丞), 손수경(孫守卿)·이군해(李君侅) 등이 재상으로 승진 발탁된 일종의 공신 책정의 성격이 짙었다. 이렇게 외척과 부원배가 권력의 중심에 서게 되자 왕기를 지지했던 이제현이나 이곡 같은 인물들은 한껏 몸을 낮춘 채 흩어질 수밖에 없었다. 이에 이곡은 유람을 핑계 삼아 8월 14일 송도를 출발해 관동 지역을 돌고 경상도와 충북을 거쳐 고향 한산에 은거할 때까지 10여 개월의 긴 여행을 떠났다.

충숙왕(忠肅王)이 철원(鐵原)에서 사냥하며 고석정(孤石亭)에 올라 절구 한 수를 남겼는데, 이때 안부(按部) 정자후(鄭子厚)가 객관(客館)에 썼다. 그리고 뒤에 삼장 법사(三藏法師) 조순암(趙順菴)도 그 시의 운을 따라 시를 지었다. 이에 나도 가만히 있을 수 없기에 삼가 절구 두 수를 지었다

제1수
앞서 엎어진 수레를 보고 뉘라서 경계치 않으랴?
태봉(泰封)이 남긴 자취 산천은 그대로구나.
주상께 권면하오니, 먼 곳의 사냥 좋은 생각 아님은,
다만 간신들이 하늘을 두려워하지 않기 때문이나니.

제2수
산을 등진 관사 앞으로 그림 같은 풍경 펼쳐지니,
반걸음만 올라도 백 리 길 하천이 나타나네.
주안상 차리고서 어진 태수 다시 만나고,
좋은 절기에 승경 유람하니 가을이 한창이로구나.

忠肅王田于鐵原　上孤石亭留詩一絶　時按部鄭公子

厚[472]書于客館 後有三藏法師趙順菴[473]依韻應製 縠不能嘿嘿 敬書二絶

其一

覆轍誰能後戒前　　泰封[474]遺跡舊山川
勸王遠狩非良策　　只爲姦臣不畏天

472) 정공자후(鄭公子厚) : 정자후(鄭子厚, ?~1360)는 고려 후기의 문신으로 자는 재물(載物)이고, 호는 우곡(愚谷)이다. 익재 이제현, 급암 민사평과 함께 개경의 철동에 살았고, 수많은 고려 후기의 문신들과 교유하며 많은 시를 남긴 것으로 보이지만, 그는 후손도 없고 문집도 남아 있는 것이 없다. 다만《동문선》에 세 수의 시가 전하고 있을 뿐이다.

473) 조순암(趙順菴) : 순암은 조인규(趙仁規)의 넷째 아들로, 법명은 의선(義旋)이다. 장경 출판에 공이 커 황제로부터 삼장(三藏)이라는 법호를 받기도 했다.

474) 태봉(泰封) : 통일 신라 말기, 궁예(弓裔)는 북원(北原, 원주)을 기반으로 한 양길(梁吉)의 부하가 되어 그의 신임을 얻고 강원도 각지를 공략했다. 이후 자기 세력을 모아 임진강 일대를 취하는 등 독자적인 기반을 닦아 898년 송악(松岳, 개성)에 웅거해 자립의 기초로 삼았다. 이 무렵 왕건이 휘하에 들어오자 그에게 철원태수(鐵原太守) 관직을 주고 북원의 양길에게 대항하게 해 결국 그 지역을 점령하고 901년 스스로 왕이라 칭하고 국호를 고려라 했다. 905년 도읍을 철원으로 옮기고, 911년 국호를 태봉이라 고쳤다. 궁예는 철원을 중심으로 강원 · 경기 · 황해 대부분과 평안 · 충청 일부를 점령해 경쟁자인 신라나 견훤의 후백제보다 큰 세력을 형성했다. 하지만 정신 이상에 가까운 자아도취와 잔인함으로 민심을 잃어 왕건에 의해 추방당했다가 부양(斧壤, 평양)에서 백성에게 살해당했다. 앞 구절의 엎어진 수레는 궁예의 태봉을 의미한다.

其二

背山官舍畫屛前　　跬步登臨百里川
置酒更逢賢太守　　勝遊佳節正秋天

금성현(金城縣)에서 묵다

금성에 가을 드니 비단도 이보단 못해
온 산의 모든 나무 첫서리를 맞았네.
숲 사이엔 떠나간 농민의 낡은 집만 있고
산 위엔 세금에 다 뺏기고 자갈밭만 남았네.
정신없이 바쁘게 오가는 사신들 꺼리지 말게나.
교묘하게 빼앗는 아전의 행패가 더 싫으니.
한가히 유람하는 나 같은 이도 폐 되긴 매한가지니,
유독 고향 오두막 사랑한 도연명에게 심히 부끄럽네.

宿金城縣475)

秋入金城錦不如　　千崖萬樹得霜初
林間老屋流亡外　　山上磽田476)賦稅餘

475) 금성현(金城縣) : 강원도 김화(金化) 지역의 옛 지명. 금성현의 동쪽과 북쪽은 회양(淮陽), 서쪽은 평강(平康), 남쪽은 낭천(狼川) · 김화와 접한다. 고려 시대에 금성현에서 묵었다는 것은 도원도(桃源道), 즉 개성부에서 교주(交州)까지의 역도에 있는 21개소의 역 중에서 금성현의 역참이 있는 이령역(梨嶺驛)에서 묵었음을 추측할 수 있다. 이곡은 8월 14일 송도를 출발한 이후 20일, 금성현에서 묵었다.

476) 교전(磽田) : 메마른 땅. 돌밭 땅. 화전민이 일구어 만든 괜찮은 땅

莫厭使華紛傳遽　　惟嫌吏弊巧侵漁[477]
閑遊似我猶相擾　　深愧淵明獨愛盧[478]

은 빼앗기고 자갈밭만 남았다는 의미다.

477) 침어(侵漁) : 어부가 고기를 잡듯 백성의 생명과 재물을 빼앗는다는 의미다.

478) 연명독애려(淵明獨愛廬) : 〈귀거래사(歸去來辭)〉의 작자 도잠을 인용했다. 연명은 도잠의 자다. 《도연명집(陶淵明集)》 권4 〈독산해경(讀山海經)〉에 "초여름에 풀과 나무 무성하게 자라나서, 집을 에워싸고 나뭇가지 우거졌네. 새들도 깃들일 곳 있어서 좋겠지만, 나도 내 오두막을 사랑한다오(孟夏草木長 繞屋樹扶疎 衆鳥欣有托 吾亦愛吾廬)"라 했다.

천마령(天磨嶺)에 오르다

통구를 지나면서 점점 기이한 경치 펼쳐짐에,
야윈 말이 부러 느릿느릿해도 급할 것 없구나.
고개 위를 걸으니 허공을 걷는 듯한데,
구름은 산허리에 걸려 때때로 비를 뿌리네.
늘그막에 험한 산행 감행한 자신이 부끄럽거늘,
한가할 때일수록 위태로움을 생각해야 하는 법.
왕존(王尊)은 나라에 충성했고 왕양(王陽)은 효도했지만,
나는 경치만 찾을 줄 아니 얼마나 형편없는 바보인가!

登天磨嶺479)

路過通溝境漸奇　　任敎羸馬故遲遲
人行嶺上步虛處　　雲在山腰行雨時
自愧老來還試險　　却從閑裏更思危

479) 천마령(天磨嶺) : 강원도 회양(淮陽)에 있다. 이곡은 8월 21일, 천마령(단발령)을 통과해 장양현(長楊縣)에서 숙박했다. 천마령을 읊은 시는 이 외에도 〈천마령에 올라 금강산을 바라보다(天磨嶺上望金剛山)〉(권19), 〈천마서령에 올라(登天磨西嶺)〉(권19)가 있다.

王尊忠國[480]王陽孝　只解尋幽也大癡

480) 왕존충국(王尊忠國) : 《몽구(蒙求)》 〈왕존질어(王尊叱馭)〉에 왕존(王尊)과 왕양(王陽)의 고사가 나온다. 전문을 보면 다음과 같다. 전한(前漢) 왕존의 자(字)는 자공(子贛)이니, 탁군(涿郡) 고양(高陽) 사람이다. 젊었을 때 아버지를 잃고 연못 가운데에서 양을 치며 학문을 어깨너머로 배우더니, 사서(史書)에 능하고 또 《서경(書經)》과 《논어(論語)》의 대의에도 통했다. 탁군태수(涿郡太守) 서명(徐明)은 그의 재능을 알아보고, 오래도록 민간에 두는 것은 마땅치 않다며 천거했다. 황제께서 왕존을 불러 미령(郿令)을 삼았다가, 이어서 익주자사(益州刺史)로 옮겨 주었다. 이보다 앞서 왕양이 익주자사가 되어 다스리는 부내(部內)를 순시하다가, 공래산(邛郲山)의 구절판(九折阪)에 이르러 탄식해 말하기를, "부모에게서 물려받은 몸을 이끌고 어찌하여 자주 이 험한 곳에 올랐는가?"라고 했는데, 뒤에 병으로 죽었다. 왕존이 자사가 되어, 그 언덕에 이르러 아전에게 묻기를, "이곳은 왕양이 두려워하던 길이 아닌가?"라고 하자, 아전이 대답하기를, "그렇다"고 했다. 이에 왕존은 말 부리는 사람을 꾸짖어 말하기를, "말을 빨리 몰아라. 왕양은 효자가 되어 몸을 상하는 것을 두려워했다. 그러나 나는 충신이 되어 임지에 빨리 가지 않으면 안 된다"라 했다. 그는 임지에 있는 2년 동안 서남(西南)의 변경을 굳게 지켰다. 이에 오랑캐들이 그 위엄과 믿음으로 인해 모두 귀복(歸服)했다(前漢王尊字子贛, 涿郡高陽人. 少孤牧羊澤中, 竊學問能史書, 略通尙書論語大義. 涿郡太守徐明薦尊, 不宜久在閭巷. 上召尊爲郿令, 稍遷益州刺史. 先是王陽爲刺史行部, 至邛郲九折阪歎曰, "奉先人遺體奈何數乘此險." 後以病去. 及尊爲刺史, 至其阪, 問吏曰, "此非王陽所畏道邪." 曰"是." 尊叱其馭曰, "驅之. 王陽爲孝子, 王尊爲忠臣." 居部二歲, 懷來徼外, 蠻夷歸附其威信). 그 외 《한서》 권76 〈왕존전(王尊傳)〉도 참조.

다시 통구현(通溝縣)에서 묵으며 느낀 점이 있기에

오며 가며 통구에서 두 번째 묵거늘,
백성 고생뿐 아니라 나도 볼 낯 없네.
여곽 주인 말 중 하나 기쁜 것은,
가까운 산의 수확이 예전보다 낫다네.

산은 금강산을 말한다. 통구현 사람들이 말하길, (척박한) 산이라 (땅을 뺏기지 않아) 가을에 수확할 것이 있었다.

再宿通溝縣481)有感

往來二度宿通溝　　不獨民勞客亦羞
唯有主人言可喜　　近山禾稼勝前秋

山謂楓岳. 縣人云以山故有秋.

481) 통구현(通溝縣) : 강원도 금성(金城). 이곡은 8월 23일, 천마 서령을 넘어 통구현에서 숙박하면서 이 시를 지었다.

회양부(淮陽府)에서 묵으며 벽에 붙은 집의(執義) 허 모(許某)의 시에 차운하다

땅이 척박하니 어찌 권세가 손에 넘어갔으랴?
올해 가을걷이엔 날씨 더욱 화창하네.
땅이 외지니 나그네가 적어야 하거늘,
산이 좋아도 사는 사람 외려 싫어하네.
북쪽 고개는 쇠사슬로 가둔 듯 겹겹이 관문인데,
남쪽 강물은 푸른 비단 일렁이듯 굽이도는구나.
정녕 남은 민가라도 생업이 안정되었으면.
요즘 같은 나라님 덕이라면 바다에도 파도 일지 않으니.

宿淮陽府 次壁上許執義韻

田薄何曾入勢家　　西成今歲氣尤和
地偏過客應來少　　山好居人却厭多
北嶺重關牢鐵鎖　　南江一帶漾靑羅
丁寧遺戶且安業　　聖德如今海不波

학사(學士) 윤 모(尹某)의 시에 차운하다

이 고을 풍물은 관동에서도 으뜸이거늘,
한 도의 끝자락 경계의 산천이라.
예로부터 백성은 낙토를 꿈꾸나니,
철령관이 막아선들 어찌 머무를 수 있으랴?

次尹學士詩韻

此州風物冠東州　　一道山川欲盡頭
自古民心思樂土　　鐵關雖鎖豈能留

철령(鐵嶺)에 오르다 2수

제1수

짐승도 궁지에 몰리면 더욱 미쳐 날뛰는 법인데,
개탄스럽구나. 스스로 문 열고 범과 늑대를 들이다니.
허리에 찬 황금 부절은 또 어디에 쓸 것인가?
이곳은 한 사람이 만 명을 지킬 험한 관문이거늘.

제2수

나라에 인재가 없어 적이 침략 마음먹었으며,
이 관문으로 곧장 몇천 길을 쳐내려왔지.
비록 연기(燕岐)의 핏물에 절굿공이 떠내려갔다 한들,
백성은 지금까지도 원한을 품고 산다고 하네.

登鐵嶺[482]

其一

獸窮則搏更猖狂	可歎開門納虎狼
腰下金符亦安用	險關只合一夫當[483]

其二

國本無人賊有心	關門直下幾千尋
縱然漂杵燕岐血[484]	竟使良民怨至今

482) 철령(鐵嶺) : 함경남도 안변(安邊)과 강원도 회양(淮陽)의 경계에 있는 높이 685미터의 고개. 서울과 관북 지방을 연결하는 교통과 군사상 요충지이자 화주(안변도호부)로 가기 위해선 반드시 거쳐야 하는 곳이다. 그런데 1287년 쿠빌라이의 막냇동생이던 내안(乃顏)이 내란 혐의로 처형당한 뒤 그 잔당이 합단(哈丹)의 병사와 합류했고 1289년 11월, 원군에게 쫓겨 고려의 북쪽으로 침투해 들어왔다. 이에 고려 조정은 만호 나유(羅裕) 등을 보내 철령관을 방어하게 했다. 하지만 나유는 적이 등주(登州)에 이르렀다는 말을 듣고 겁에 질려 달아났고, 백성은 산성이나 섬으로 들어가 화를 피했다. 이에 합단군은 쌍성총관부를 짓밟고 충청도까지 남하해 백성을 유린했다. 이듬해 2월 여원(麗元) 연합군이 합단군을 겨우 물리치기는 했지만 고려가 입은 피해는 엄청났다.

483) 험관지합일부당(險關只合一夫當) : 한 사람이 관문을 지키면 만 사람이 와도 뚫지 못한다(一夫當關萬夫莫開)는 뜻으로, 수비하기는 쉽지만 공격하기는 어려운 험한 지세를 비유하는 말이다. 이백의 《이태백집(李太白集)》 권2 〈촉도난(蜀道難)〉에 "검각이 험난하게 우뚝 솟아 버티고 있으니, 한 사나이가 관문을 지키면 일만 명이 공격해도 열지 못할 것이다(劍閣崢嶸崔嵬 一夫當關 萬夫莫開)"라 했다.

484) 표저연기혈(漂杵燕岐血) : 표저는 절굿공이가 둥둥 떠내려간다는

뜻이다. 《서경(書經)》 〈무성(武成)〉에 따르면 주 무왕(周武王)이 은(殷)나라 주왕(紂王)을 정벌해 목야(牧野)에서 싸울 적에 "적의 피가 흘러서 절굿공이가 떠내려가게 했다(血流漂杵)"고 한다. 여기서는 고려-원 연합군이 합단군을 물리쳤던 전투 장면을 묘사하고 있다. 1291년 5월에 고려의 군대가 원나라 군대와 연합해 연기(燕岐)의 원수산(元帥山) 아래에서 적도를 대파했는데, 당시 죽은 적의 시체가 무려 30여 리에 이르렀다고 한다. 적의 정예 1000여 기병(騎兵)이 도하(渡河)해 도망쳤으나 다시 추격해 6월에 또 대파해 완전히 섬멸했다. 《조선사략(朝鮮史略)》 권9 〈고려기(高麗紀)〉 충렬왕 17년(忠烈王17年) 참조.

학포(鶴浦)의 원수대(元帥臺)에 올라

파도치는 호수 한가운데 푸른 섬 떠 있어,
시인들이 고치고 또 고쳐 새 정자 만들었지.
다시 올 땐 천 말들이 술을 싣고 와야겠네.
바람 불기도 전에 벌써 술에서 깨다니.

登鶴浦元帥臺485)

百頃湖心孤嶼青　　詩人增損作新亭486)
重來載酒須千斛　　不待風吹骨已醒

485) 학포원수대(鶴浦元帥臺) : 학포(鶴浦)는 강원도 통천군(通川郡) 흡곡면(歙谷面) 지역에 있었다. 현재 함경남도 안변(安邊)이다. 오압산(烏鴨山)에서 뻗은 산줄기가 학포를 감싸고 남과 북에서 해안으로 뻗쳐 있어 마치 학이 날개를 펴서 감싸안은 듯한 지형의 생김새에서 붙은 이름이다. 원수대(元帥臺)는 해안의 아름다운 경치를 감상할 수 있는 곳이었다고 한다. 이곡은 8월 27일 화주(和州) 공관에서 이틀을 묵은 뒤, 30일 출발해서 학포 어귀에 도착했다.

486) 시인증손작신정(詩人增損作新亭) : 중세에는 풍경이 이름난 정자를 찾으면 시를 지어 걸어 두는 것이 전통이었다. 원수대에 온 수많은 시인들이 시를 짓고 붙이는 바람에 원수대의 명성이 높아지고 나날이 새로워졌다는 의미다.

학포현의 원수대에 근재 안축 선생의 시가 있었는데, 그 마지막 구절에서 "어떡하면 동해의 물이 불어나게 해서, 좋은 경치 모두 잠겨 이 고통 면하게 할꼬?"라고 했다. 이는 아마도 경치 구경하러 온 자들이 백성을 괴롭게 했기 때문일 것이다. 나는 그 뜻을 뒤집어서 절구 한 수를 지어 보았다

야윈 말 지친 종 갈 길은 더욱 먼데,
외딴 마을 허물어진 역 참으로 황량하네.
어떡하면 관동 지방 부유하게 만들어서,
좋은 경치 볼 때마다 한바탕 취해 볼꼬?

鶴浦縣亭有安謹齋詩487) 其末句云 若爲添得東溟水 沒盡奇觀免此勞 蓋以游觀者勞民故也 余反其意作一絶云

瘦馬羸童路更長　　孤村破驛正荒凉
若爲富庶關東路　　每遇奇觀醉一場

487) 시(詩) : 이 시란 안축의 문집인 《근재집(謹齋集)》 권1의 〈국도시(國島詩)〉를 말한다.

삼일포(三日浦) 사선정(四仙亭)의 시에 차운하다

승경을 어찌 한곳에 다 모아 놓을 수 있으랴만
이 호수는 백이(伯夷)의 청아함을 닮았구나.
물이 하늘 머금으니 맑은 마음처럼 푸르고,
산은 가을 하늘에 기대니 눈 씻은 듯 맑구나.
얼핏 구름 사이로 신선 그림자 보이는 듯하고,
때때로 달 아래 옥피리 소리 들려온다.
붉은 글씨 깎아 내도 여전히 그대로거늘,
신선 자취 쳐다보며 세상 물정 얘기하기 부끄럽네.

次三日浦488)四仙亭詩韻

勝景安能集大成　　此湖應似伯夷淸489)

488) 삼일포(三日浦) : 강원도 고성에 있는 호수로 관동 팔경의 하나. 북한의 천연기념물 제218호로 지정되었다. 신라의 사선(四仙), 즉 영랑(永郞) · 술랑(述郞) · 안상(安祥) · 남랑(南郞)이 사흘간 이곳에서 놀았다는 전설에서 삼일포란 이름이 붙었다. 36봉우리로 둘러싸여 있고, 호수 안에는 사사선(四四仙) · 무선대(舞仙臺) · 봉락대(鳳樂臺) · 석대(石臺) 등 네 개의 섬이 있다. 그중 한 섬에 사선정이 있다.

489) 백이청(伯夷淸) : 백이(伯夷)는 상나라 말기의 전설적 인물로, 동생 숙제(叔齊)와 함께 충절의 상징으로 여겨진다. 고죽국(孤竹國) 왕

水涵天宇澄心碧　　山倚秋空刮眼明
如見雲間絳節[490]影　時聞月下玉簫聲
丹書斲了[491]還依舊　羞對仙蹤說世情

의 아들이었으나 왕위 계승을 서로 양보하고 떠났는데, 주나라 무왕이 상나라의 폭군 주왕(紂王)을 제거하려 하자 이를 반대해 수양산에 은거하며 고사리를 캐 먹고 연명하다 굶어 죽었다고 한다. 맹자는 백이를 청성(淸聖)이라 하고 이윤(伊尹)을 임성(任聖)이라 하고 유하혜(柳下惠)를 화성(和聖)이라고 한 뒤에, 공자를 시성(時聖)이라고 하면서 "공자야말로 여러 성인의 특성을 한 몸에 모두 갖추어 크게 이룬 분이라 할 것이다(孔子之謂集大成)"라고 평가했다. 《맹자》 〈만장(萬章)〉 하(下) 참조.

490) 강절(絳節) : 사신을 상징하는 붉은 절부(節符). 상제(上帝)나 신선이 사용하는 의장용 붉은 깃발을 말하기도 한다. 여기서는 사선정에서 놀던 신선의 자취를 의미한다.

491) 단서착료(丹書斲了) : 단서는 바위나 돌에 새긴 글을 말하는데, 삼일포의 석벽(石壁)에는 '술랑도남석행(述郎徒南石行)'이라는 붉은색의 여섯 글자가 새겨져 있다. 옛날 고을 사람이 유람 온 자들을 접대하기가 너무 괴로워서 이 글씨를 깎아 내려고[斲] 했지만, 5촌(寸)가량이나 깊이 새겨져 있던 까닭에 자획(字畫)을 완전히 없애지 못했다고 한다. 《가정집(稼亭集)》 권5 〈동유기(東遊記)〉 참조.

흡곡(歙谷) 객사(客舍)의 시에 차운하다

현관의 직함은 응당 권농관을 겸하거늘,
대부분 전야는 황폐하고 인구도 늘지 않네.
성곽 밖 청산도 하소연하려는 듯
나그네 오자 굳이 처마 안으로 들어온다.

次歙谷客舍[492]詩韻

縣官銜必勸農兼　　田野多荒口不添
郭外青山如欲訴　　客來故故入前簷

492) 흡곡객사(歙谷客舍) : 강원도 흡곡. 이곡은 8월 30일, 학포(鶴浦)에 도착해 국도(國島)와 원수대(元帥臺)를 구경한 뒤 다음 날 흡곡(歙谷) 객사에서 하루 묵었다. 이때 쓴 시다.

간성(杆城)의 현판에 있는 시에 차운하다

간성은 산촌과 이어져 일마다 그윽하거늘,
봉우리들 비스듬히 이어지고 나무들은 쭉쭉 뻗었다.
길이 다하자 또 옆에는 천 길 바다 나타났는데,
동헌은 높아서 백 척 누대를 오르는 듯.
관리들은 한가해서 항상 일찌감치 흩어지고,
사신은 역참에서 급히 출발해 예선 멈추지 않는다지.
고과가 비록 하하(下下)라도 해로울 게 뭐 있으랴?
마을 돌며 백성 돌보느라 심신이 피로하면 되지.

次杆城[493]板上詩韻

城接山村事事幽　峯巒邐迤樹林脩
路窮更傍千尋海　軒逈如登百尺樓
卯簿[494]吏閑常早散　星軺[495]驛急未曾休
考雖下下庸何害[496]　撫字心勞一道州

493) 간성(干城) : 강원도 간성. 이곡은 9월 1일 흡곡을 떠나 총석정(叢石亭)을 본 뒤 통주에 숙박했다. 9월 2일 금란굴(金蘭窟)을 유람한 뒤 통천의 임도현(臨道縣)에서 숙박했다. 9월 3일, 고성군(高城郡)에 도착해 유점사(楡岾寺)를 가려 했으나 말에 문제가 생겨 포기했다. 9월 4일, 고성(高城)의 삼일포(三日浦)와 미륵당(彌勒堂)을 방문해, 석벽 글씨와 사선정(四仙亭)을 관람했다. 그날 안창현(安昌縣, 고성)을 통과해 간성 명파역(明波驛)에서 숙박했다. 9월 5일에 간성에서 하루를 머물렀는데, 열산현[烈山縣, 간성 옛 현으로 운근역(雲根驛) 부근] 객사에서 묵었다. 이 시는 여기서 지은 것으로 추측된다.

494) 묘부(卯簿) : 형조(刑曹) 낭관(郎官)들의 근무 상황을 기록하는 장부. 묘시(卯時)의 출근 장부라는 뜻으로, 관원의 연령 · 관적(貫籍) · 주소 · 경력 등도 함께 기재해 일종의 인사 기록 카드 역할도 했다. 여기서는 간성현 관리들의 출퇴근 등 근무 자세 점검이 각박하지 않고 여유가 있어 보인다는 말이다.

495) 성초(星軺) : 사신이 타는 수레.

496) 고수하하용하해(考雖下下庸何害) : 고는 고과(考課)를 말한다. 하하(下下)는 관원의 성적을 상상(上上) · 상중(上中) · 상하(上下) · 중상(中上) · 중중(中中) · 중하(中下) · 하상(下上) · 하중(下中) · 하하의 아홉 등급으로 나누어 평가하는 이른바 9품 전최(九品殿最) 중에서 가장 아래에 해당하는 성적이다. 당나라 양성(陽城)이 도주자사(道州刺史)로 나가서 선정(善政)을 베풀며 부세(賦稅)를 거두는 데에는 신경을 쓰지 않았으므로 관찰사로부터 여러 차례나 질책을 당했다. 다

시 고과 산정을 위해 자료를 위에 올려야 할 때가 되자 스스로 평가하며 "백성을 돌보느라 마음고생했을 뿐 부세를 징수하는 정사는 졸렬했으니, 성적을 매기면 하하에 해당한다(撫字心勞 徵科政拙 考下下)"라고 했다. 《구당서(舊唐書)》 권192 〈양성 열전(陽城列傳)〉 참조.

만경대(萬景臺) 시에 차운하다

길가의 기이한 바위 누대가 되었으되,
지나던 나그네 어찌 특별한 이유로 왔겠는가?
한가로이 노닐다 누대 올라 한참 구경하는데,
주인이 가득 찬 술잔을 권하니 더욱 기뻐라.
이때 동년(同年)인 육 군(陸君)이 간성(杆城)의 수령으로 있었다.

次萬景臺497)詩韻
道傍奇絶石爲臺　　過客何嘗特地來
喜我閑遊登覽久　　主人況復勸深杯
時同年陸君爲杆城守

497) 만경대(萬景臺) : 간성 청간정(淸澗亭)에 있는 누대. 이후 화재로 소실되었다. 이곡은 9월 7일, 선유담(仙遊潭)에서 술자리를 가진 뒤 청간역(淸澗驛)을 통과하면서 만경대에 올랐다. 그리고 그날은 인각촌(仁覺村)의 민가에서 숙박했다.

동선역(洞仙驛) 관란정(觀瀾亭)의 시에 차운하다 2수

제1수

정자 밖 봉우리들 동산현을 에워싸거늘,
난간 앞 백사장은 어촌을 품에 안았구나.
푸른 물결은 늙은이 수염 물들일 만하고,
맑은 풍경은 병들어 흐린 눈 고칠 만하네.
세 섬은 아득해 하늘과 함께 머나먼데,
온갖 내는 넓디넓어 바다가 삼켜 버리네.
만약 이곳에서 세상일 잊고 앉을 수 있다면,
인간 세상의 달존과 비교하지 않고 살 텐데.

제2수

고관 저택 쫓아다니는 일에 게으르더니,
한가로이 푸른 대 흰 모래 마을 찾아왔지.
동쪽 바다 물결이 자니 하늘 더욱 푸른데,
서쪽 마을 산이 높으니 날이 쉽게 저문다.
우연히 하게 된 승지 유람 유달리 기쁘니,
세상일 말하려다가도 다시 삼켜 버린다.
바다를 보면 보통 강은 물로 여기지 않는 법,
우물 밑에서 누가 함부로 잘난 체하는가?

次洞仙驛觀瀾亭[498]詩韻

其一

亭外峯巒擁縣門　　檻前洲渚抱漁村
碧波可染衰髯白　　淸景能醫病眼昏
三島茫茫天共遠　　百川浩浩海幷呑
若爲對此忘機[499]坐　不校人間有達尊[500]

498) 동선역관란정(洞仙驛觀瀾亭) : 강원도 양양. 《신증동국여지승람(新增東國輿地勝覽)》에는 동산현(洞山縣) 동쪽 2리에 있다고 했고, 《여지도서(輿地圖書)》에서는 부(府) 남쪽 50리 동산현 동쪽에 있었으나 지금은 없어졌다고 했다. 《양양군(襄陽郡)의 역사(歷史)와 문화유산(文化遺産)》에 따르면, 부 남쪽 50여 리 동산(洞山) 고현(古縣) 동쪽 죽도(竹島)의 서북 해변에 있다. 그 정자(관란정)에 시판(詩板)이 많았으나 현재는 폐지되었고 기지(基址)는 철도 정차장이 되어 있다고 한다. 이곡의 일정을 보면, 9월 8일 간성의 원암역(元巖驛)에서 영랑호(永郎湖) 뱃놀이를 하고 낙산사(洛山寺) 관음굴(觀音窟)에 들른 뒤 밤늦게 양주(襄州)에 도착했다. 9월 9일, 비 때문에 나가지 못하고 양주 누대에서 국화주를 마시며 시간을 보냈다. 9월 10일, 강원도 양양 상운역(祥雲驛) 정자를 통과하고, 동산현에서 숙박했다. 그리고 동선역의 관란정에 오른 뒤 이 시를 지었다.

499) 망기(忘機) : 기심(機心)을 잊다. 즉, 속세의 일이나 욕심을 훌훌 털어 내고 물외의 지취(旨趣)를 추구하는 심성의 상태를 말한다.

500) 달존(達尊) : 세상 사람들이 모두 존경할 만한 사람을 말한다. 《맹자》 〈공손추〉에서 천하의 달존이 세 가지가 있는데, 작(爵), 치(齒), 덕(德)이 그것이라고 했다.

其二

懶踵金鋪畫戟門[501]　閑尋翠竹白沙村
東溟浪靜天逾碧　西塞山高日易昏
偶作勝遊殊可喜　欲談時事却成吞
古來觀海難爲水[502]　井底何人妄自尊

501) 금포화극문(金鋪畫戟門) : 귀족과 고관의 저택을 가리킨다. 금포는 황금 문고리이고, 화극은 당나라 때 3품 이상 고위 관원의 저택 문 앞에 세워 두었던 채색한 목창(木槍)을 말한다.

502) 관해난위수(觀海難爲水) : 바다를 본 사람은 물을 말하기 어렵다는 뜻인데, 큰 것을 깨달은 사람은 아무리 사소한 것이라도 함부로 얘기하지 않는다는 의미로 확대 해석하기도 한다. 《맹자》〈진심(盡心)〉상(上)에서 맹자는 안회를 평가하며 "바다를 본 사람은 물을 일컫기 어렵고, 성인의 문에 들어가 본 사람은 말을 하기 어렵다(觀於海者難爲水, 游於聖人之門者難爲言)"라 했다.

강릉(江陵) 객사(客舍)의 동헌(東軒)에 있는 시에 차운하다

내 여행 좋은 절기에 풍년까지 들었는데,
취해 강릉에 쓰러지니 별천지로구나.
북쪽에서 내려온 산은 푸른빛 끝나지 않고,
동쪽 끝 바다는 넓기가 끝이 없네.
경포호에 술 실은 배 띄우니 밝은 달이 출렁이고,
돌 아궁이 차 달이니 자색 연기 피어난다.
범보다 사나운 가혹한 정사만 없었다면,
고을 백성 원래 한 무리 신선이었던걸.

임영(臨瀛)은 강릉의 별호(別號)다. 경포(鏡浦)와 한송정(寒松亭)에는 모두 옛 신선들이 차를 달였다는 돌 아궁이가 남아 있다.

次江陵客舍東軒503)詩韻

我行佳節更豐年　　醉倒臨瀛別洞天

503) 강릉객사동헌(江陵客舍東軒) : 이곡은 양양을 떠나 강릉으로 출발해 9월 11일, 연곡현(連谷縣) 동덕역 옆에서 숙박했고, 다음 날 경포대(鏡浦臺)에서 기다리던 강릉존무사 성산(星山) 이 군을 만났다. 그리고 강릉 동헌에서 묵으며 이 시를 썼다.

山自北來青未了　　　海爲東極浩無邊
鏡湖載酒搖明月　　　石竈煎茶颺紫煙
但自不逢苛政虎[504]　州民元是一群仙

臨瀛, 江陵別號. 鏡浦及寒松亭, 皆有古仙煎茶石竈.

504) 가정호(苛政虎) : 가정맹어호(苛政猛於虎). 가혹한 정치는 호랑이보다 무섭다는 뜻으로, 공자(孔子)가 제자들에게 가혹한 정치를 경계한 말. 공자가 제자들과 태산(泰山)을 지나가다가 어떤 아낙네가 묘(墓) 옆에서 통곡하고 있는 것을 보고는 어찌 된 영문인지 물었더니, 예전에 시아버지와 남편을 호랑이가 잡아먹었는데 이제는 아들까지 잡아먹었다고 대답했다. 공자가 그렇다면 왜 이곳을 떠나지 않느냐고 묻자, 여기는 가혹한 정사가 없어서 그렇다고 대답했다. 이에 공자는 제자들에게 "너희들은 기억해 두어라. 가혹한 정사는 맹호보다도 사나운 것이니라(小子聽之 苛政猛於虎)"라고 했다. 《예기》 〈단궁(檀弓)〉 하(下) 참조.

예천군(醴泉君) 권한공(權漢功)이 지은 한송정(寒松亭) 시에 차운하다

오로지 승경을 찾을 뜻으로,
일찌감치 옛 성문을 나섰지.
신선 떠난 한송정은 무너졌고,
산속에 묻힌 돌 아궁이만 남았네.
사람 인심 예와 지금 차이 있듯,
만물 모습 아침저녁으로 달라지네.
이곳에 와 보지 않고서는
말만 듣고 근거 없다 하겠지.

次寒松亭505)醴泉君506)所題韻

505) 한송정(寒松亭) : 강릉 강동면에 있었던 신라 때 정자. 인근에 한송사(寒松寺)가 있었는데, 이곳을 한송정과 혼동해서 표기하기도 한다. 《동국여지승람》에 따르면, 한송정 자리 근처에 차우물[茶泉] · 돌아궁이[石竈] · 돌절구[石臼] 등이 있었는데 이를 화랑의 다도 유적(茶道遺蹟)이라 표현했다. 이 시를 보면 이곡이 찾아왔을 때 이미 한송정이 황폐해졌음을 알 수 있다. 이곡은 강릉에 도착해 이군을 만난 뒤 9월 13일 비로 하루 머문 뒤, 9월 14일 문수당(文殊堂)을 구경하고 전별주를 마셨다. 이 시는 당시 퇴락한 한송정을 보면서 권한공의 시를 떠올리며 지은 것으로 보인다.

506) 예천군(醴泉君) : 권한공(權漢功, ?~1349)의 봉호(封號)다. 호는 일재(一齋)다. 관직이 도첨의정승(都僉議政丞)에 이르렀고, 1324년 예천 부원군(醴泉府院君)에 봉해졌다. 그는 충선왕을 따라 원나라 대도에 머무르면서 최성지(崔誠之)와 함께 충선왕 재원 정치(在元政治)의 핵심 인물로 활약했다. 그는 충선왕의 총애를 바탕으로 인사권을 행사하는 등 개인적 사욕을 챙겼다. 이에 이사온(李思溫), 김심(金深) 등의 탄핵을 받기도 했지만 곧 석방되었다. 1320년, 충선왕이 백안독고사(伯顔禿古思)의 참소를 받아 토번으로 귀양을 가자, 그도 순군(巡軍)에 갇혔다가 1321년 유배되었다. 이듬해 풀려나 자신을 배척한 충숙왕을 폐하고 심왕(瀋王) 왕고(王暠)를 세우려고 획책하다 원나라의 거부로 실패했다. 충혜왕이 원나라에 잡혀갔을 때 그의 석방을 반대하기도 해 대표적인 간신으로 전락했다. 그는 이곡의 좌주 이제현과 함께 충선왕의 최측근이었기에 이곡과도 가까운 사이였다. 《가정집》을 보면, 이곡이 한림국사원에 재직 중 그에게 관리로서 순수함을 지키고 싶은 마음을 전달하기도 하고[〈매화 일재 권한공의 시에 차운해(梅花次權一齋韻)〉(권15)], 권한공이 조정의 중신으로서 이곡의 전별연에서 전송시를 지어 주기도 했으며, 이곡이 정동행성 원외랑으로 근무하던 중 권한공의 시에 차운해 중양절 모임에 참석하지 못한 아쉬움을 달래기도 했다[〈권한공이 중양절에 용산에 올라 두목의 시를 차운해 지은 시에

意專尋勝景　　早出故城門
仙去松亭廢　　山藏石竈存
人情有今古　　物像自朝昏
不是曾來此　　聞言謂不根507)

차운하다(次權一齋九日登龍山用牧之詩韻)〉(권15)]. 특히 이곡은 아들 이색을 당대 세도가 안동 권씨 집안이던 권한공의 손녀와 혼인을 시킴으로써 혈연관계를 맺기도 했다.

507) 문언위불근(聞言謂不根) : 황폐해진 한송정을 보고 안타까운 심정을 표현한 시구다. 한송정에 대한 소문을 듣고 찾아온 유람객이 막상 아무런 흔적이 없는 것을 보고 탄식하며 죄다 근거 없는 거짓말이라 할 것이라고 추측하는 것이다.

〈삼척 서루 팔영(三陟西樓八詠)〉 시에 차운하다 8수

제1수 대숲에 감춰진 옛 절

대를 사랑함에 크기 물어 무엇 하리오?
'이 임'이라고 한 것도 잘못은 아니리.
푸른 대숲 우거져 절이 어딘지 알 수 없거늘,
석양에 홀로 돌아가는 스님만 보이네.

제2수 맑은 못에 비친 바위 절벽

절벽 아래 못이 생겨 큰 하천으로 흘러가고,
바위 끝 바로 아래 내려다보니 아찔하다.
고을 사람 못에 비친 달 잡으려 하니,
변치 않는 순박한 풍속 있음을 알겠구나.

제3수 산에 기댄 시골집

강 위엔 푸른 산 산 아랜 마을이라,
태평한 생활이라 문도 닫지 않네.
주민들은 어찌 강산 좋은 줄 알리오?
새벽부터 일어나 저물 때까지 일만 하는걸.

제4수 물 위에 누운 나무다리

십 리의 인가가 여울 하나 끼고 있어,
외나무다리 오가며 세찬 물결 건넜다지.
벼슬길 헛디디면 이보다 위험할 테지.
다리 있어도 어찌 물러서서 볼 수 있으랴?

제5수 소 타는 목동

저 집 자매는 예쁜 눈썹 가진 미인들로,
밤마다 고되게 길쌈해 혼례복 짓는구나.
어여쁜 그대 나면서부터 근심 걱정 없이,
도롱이 쓰고 피리 불며 소 몰고 돌아오네.

제6수 밭두둑 새참 가져온 아낙네

서로 그리매 어찌 다시 애써 더 먹으라 권하랴?
아내는 밥하고 남편은 밭 가는 게 세상일임을 깨닫네.
미색으로 남편 섬기다간 버림받는 경우 많은 법,
예쁜 얼굴도 한번 가면 다시 오지 않으리.

제7수 물가에서 물고기를 세다

흰 비단 같은 긴 강에 가을 하늘 비치고,
굽어보며 시 읊다 보니 해는 이미 뉘엿뉘엿.

물고기 셀 만큼 맑다고 말하면 그만이거늘,
하나하나 손꼽아 센다면 바보 같겠지.

제8수 담 너머 스님을 부르다
관사와 승방은 겨우 벽 하나 사이인데,
섬돌의 꽃과 창가의 대는 함께 더부룩하다.
누대에 오를 친구 없어 그냥 불렀을 뿐,
태전(太顚) 스님의 도풍이 있어서가 아니라네.

次三陟西樓八詠508)詩韻
其一 竹藏古寺
愛竹何須問徑圍　　此君509)稱謂未應非

508) 삼척서루팔영(三陟西樓八詠) : 서루는 죽서루(竹西樓)를 말한다. 이 시는 안축(安軸)의 삼척 서루 팔영[《근재집(謹齋集)》 권1]과 동일한 여덟 개 주제, 즉 죽장고사(竹藏古寺), 암공청담(巖控淸潭), 의산촌사(依山村舍), 와수목교(臥水木橋), 우배목동(牛背牧童), 농두엽부(隴頭饁婦), 임류수어(臨流水魚), 격장호승(隔墻呼僧)을 연작시로 읊은 것이다. 이 시는 이곡이 9월 17일 삼척 죽서루(竹西樓)에서 읊은 것인데, 이 외에도 〈진주신기명사(眞州新妓名詞)〉(권20)가 있다.

509) 차군(此君) : '이 사람' 또는 '이분'이라는 뜻으로 대나무를 이르는 말이다. 진(晉)나라 왕휘지(王徽之)가 대나무를 가리켜 "어떻게 하루라도 이 임 없이 지낼 수가 있겠는가?(何可一日無此君耶)"라고 한 데서 유래했다. 《진서(晉書)》 권80 〈왕휘지 열전(王徽之列傳)〉 참조.

招提[510]翠密不知處　唯見斜陽僧獨歸

其二 巖控淸潭

巖底成潭是大川　巖頭直下視茫然
州人欲取潭心月　知有淳風不變遷

其三 依山村舍

江上靑山山下村　太平煙火不關門
居民豈識江山好　早起營生直到昏

其四 臥水木橋

十里人家挾一灘　往來橫木渡狂瀾
宦途失脚危於此　有足何曾却立看

其五 牛背牧童

渠家姊妹有娥眉[511]　夜績辛勤作嫁衣
愛汝生來無念慮　披蓑橫笛任牛歸

其六 隴頭饁婦

相思寧復勉加飧　婦餉夫耕了世間

510) 초제(招提) : 관부(官府)에서 사액(賜額)한 절.

511) 아미(娥眉) : 누에나방의 촉각처럼 아름다운 눈썹이라는 뜻으로, 흔히 미인을 의미한다.

以色事人多見棄　　顏華一去不曾還

其七 臨流數魚

長江如練寫秋空　　俯瞰吟詩日已紅
但道游魚淸可數　　區區屈指與癡同

其八 隔墻呼僧

官舍僧房纔隔壁　　砌花窓竹共成叢
上樓無偶聊相喚　　非爲顚師512)有道風

512) 전사(顚師) : 당나라 승려 태전(太顚). 당나라 한유(韓愈)가 조주자사(潮州刺史)로 있을 적에 서로 왕래하며 친하게 지냈다. 한유가 조주를 떠날 때는 그와 작별하면서 자신의 의복을 남겨 주었다고 한다. 한유(韓愈)의 〈여맹상서서(與孟尙書書)〉 참조.

울진(蔚珍) 객사(客舍)의 시에 차운하다

관동 여행길도 이제 끝나 가려 하니,
기이한 풍경도 훑고 나면 어느새 헛것이라.
낡은 객사에 등불 켜니 빗소리 이어지고,
구월 황폐한 성엔 바람 불어 잎이 진다.
피리 소리 들으니 옛 친구 생각나 쓸쓸한데,
누대에 기대고 보니 세상일 이룬 게 없구나.
티끌세상에서 좋은 경치 감상할 이 몇이나 될까?
깊은 못의 물고기요 새장 속 학과 같으니.

次蔚珍客舍[513]詩韻

馬首關東路欲窮　　奇觀過眼旋成空
一燈古館連江雨　　九月荒城落木風
寂寞舊交聞笛裏　　蹉咤[514]世事倚樓中
幾人塵土懷淸賞　　魚在深池鶴在籠[515]

513) 울진객사(蔚珍客舍) : 이곡은 강릉을 떠난 뒤 삼척에 들러 9월 19일, 경북 울진(蔚珍) 객사에서 머물며 이 시를 썼다.

514) 차타(蹉咤) : 시간이나 기회를 헛되이 보내거나 일을 제대로 이루지 못한 상황을 묘사하는 말이다.

515) 어재심지학재농(魚在深池鶴在籠) : 지어농조(池魚籠鳥). 못 속의 물고기와 새장 속의 새라는 뜻으로, 세상살이에 속박을 받아 자유롭게 살지 못하는 대상을 비유한 말이다. 여기서는 이곡이 출세의 욕망에 사로잡혀 벼슬길에서 헤매느라 좋은 경치를 감상할 여유를 갖지 못한 자신을 돌아보는 부분이다. 반악(潘岳)의 〈추흥부(秋興賦)〉에 "연못 속의 물고기와 새장 속의 새가 강호와 산림을 생각하는 것과 같다(譬猶池魚籠鳥 有江湖山藪之思)"라 했다.

영희정(迎曦亭)의 시에 차운하다

부상에서 해가 떠 하늘과 땅 비추는데,
한끝에선 북두칠성 아직도 희미하네.
비바람에 갈리고 씻겨 터럭 끝까지 깨끗하고,
안개구름 걷히고 흩어지자 눈앞이 탁 트였다.
우습구나, 세상 사람들 바다를 헤아리려 하고,
여전히 학문으로 관란(觀瀾)을 이해하려 하다니.
남으로 북으로 바쁘게 다니는 많은 사신들이여,
이곳을 평범한 객사로 보지 말게나.

次迎曦亭516)詩韻

日上扶桑照兩間　　一邊星斗尙闌干
風磨雨洗毫端淨　　霧散雲收眼界寬
自笑世情思測海　　仍敎學術解觀瀾517)

516) 영희정(迎曦亭) : 울진역 남쪽 45리인 덕신역(德神驛) 근처에 있는 정자. 이곡은 9월 21일 새벽 울진 객사를 출발해 성류사(聖留寺, 성류굴), 영희정, 월송정(越松亭)을 돌아본 뒤 평해(平海) 객사에서 묵었다.

517) 관란(觀瀾) : 관수(觀水). 물살의 흐름을 보다. 물을 보면서 삶의 과정에서 부딪히는 자잘한 시비들이 얼마나 부질없으며 인간 역시 우

紛紛南北多星使[518]　莫作尋常傳舍[519]看

주와 시간 속에서 흘러가는 존재임을 깨닫는다는 의미다. 이것을 직접 체험하지 않고 책으로만 이해하려 하는 태도를 반성하는 대목이다. 《맹자》〈진심(盡心)〉 상(上)에 "물을 관찰하는 방법이 있다. 반드시 여울을 보아야 할 것이니, 그러면 그 물의 근원이 있음을 알 것이다(觀水有術 必觀其瀾)"라 했다.

518) 성사(星使) : 천자가 파견한 사자(使者).

519) 전사(傳舍) : 일정한 돈을 받고 손님을 묵게 하는 집. 여관.

흥해현(興海縣) 객사 2수

제1수

비옥한 땅 풍성한 산물에 어염(魚鹽)까지 갖췄거늘,
유일한 걱정 백성 대하는 관리 청렴치 못함이네.
낡은 객관 어느 누가 다시 일으켜 세울는지,
썩은 서까래 깨진 기와 처마 앞으로 떨어지는데.

제2수

나라엔 다염(茶鹽)으로 괴롭히는 신법도 없는데,
유능한 인재까지 보내 위로하고 살펴 준다네.
지금 백성이 고통받는 것은 무엇 때문인지?
깊은 생각 잠겼다 보니 노을이 빈 처마로 들어온다.

누대(樓臺)에서 시를 읊는 것은 종종 그러했다. 그런데 영덕(盈德) 이남은 강산이 뛰어난데도 누대가 없었다. 그래서 시인 묵객들이 항상 지나가면서도 자신의 흥취를 표현할 곳이 없었으니, 어찌 억울하고 안타깝지 않았겠는가? 그러다 흥해(興海)에 와서 보니 좋은 땅들이 펼쳐져 있고, 산해에서 나오는 물산도 풍성한데, 마을은 쓸쓸하고 관사(館舍)는 퇴락했으니, 이른바 누대 같은 것을 감히 바랄 수나 있었겠는가? 이 때문에 측은한 느낌이 들어 절구 두 수를 벽에다 남겨 민풍(民風)을 시찰하는 자에게 보이고자 한다.

題興海縣客舍

其一

田腴地利帶魚鹽　　只恐臨民頗不廉
古館何人能起廢　　腐椽殘瓦落前簷

其二

國無新法攙茶鹽[520)]　　更遣才能按且廉
民病如今在何處　　沈吟落照入虛簷

樓臺題詠, 往往皆是. 盈德以南, 江山自若而樓臺闕如也. 詞人墨客所嘗經過, 而託興無所, 安得不一爲之慨然乎. 及興海之爲郡, 良田彌望, 又饒山海之利, 而井邑蕭條, 館舍頹落, 敢望所謂樓臺者耶. 因惻然有感, 留二絶于壁間, 以示觀民風者云.

520) 다염(茶鹽) : 송(宋)나라 신종(神宗) 때 왕안석(王安石)이 시행한 신법(新法)의 하나로, 차와 소금의 생산과 판매를 독점하는 정책이다.

칠곡(漆谷)의 동년(同年) 규정(糾正) 배 모(裵某)의 초당 2수

제1수

낮은 벼슬은 내 뜻이 아니니,
만년에는 한가롭게 살아야지.
산을 마주하며 세월을 잊고,
대를 심어 풍광을 끌어들인다.
맑은 이슬 토란밭을 적시고,
누런 구름 논두렁 확 가렸네.
부끄럽네 내 허명을 좇느라
말안장에서 백발이 되어 버렸으니.

제2수

직접 얼굴 보고 백발에 서로 놀랐거늘,
다정한 눈빛으로 일찌감치 망년지우였네.
세상일이 동쪽으로 흘러가는 물이라면
친구들은 사방으로 흩어진 연기 같구나.
이웃에 살려면 땅이 있어야 하거늘,
늙어서 돌아갈 땅도 아직 없다네.
지금도 생각나네, 송도 아래에서

서로 찾으며 술 취해 쓰러지던 일이.

題八莒[521]同年裵糾正草堂 二首

其一

薄宦非吾志	閑居在晩年
對山忘歲月	栽竹引風煙
淸露蹲鴟[522]圃	黃雲沒鶴田[523]
愧予名所誤	鞍馬到華顚

其二

白頭驚會面	靑眼[524]早忘年
世事東流水	親朋四散煙

521) 팔거(八莒) : 칠곡(漆谷)의 옛 이름이다.

522) 준치(蹲鴟) : 토란의 별칭으로, 올빼미가 웅크리고 앉아 있는 것 같다 해서 붙은 이름이다.

523) 황운몰학전(黃雲沒鶴田) : 몰학전은 농지에서 사냥 중인 학이 보이지 않을 정도로 곡식이 무성하게 자랐음을 의미하고, 황운은 그렇게 들판을 뒤덮은 황금 들판을 묘사하는 말이다.

524) 청안(靑眼) : 파랗게 빛나는 눈동자로 상대방을 바라보는 것으로, 상대에 대한 호의를 표시하는 눈빛으로 가장 친근하게 대하는 태도다. 백안(白眼)의 반대말. 위(魏)나라 완적(阮籍)이 속된 사람을 만나면 백안, 즉 흰 눈자위를 드러내어 경멸하는 뜻을 보였고, 의기투합하는 사람을 만나면 청안, 즉 검은 눈동자로 대해 반가운 뜻을 드러낸 고사가 전한다. 《세설신어(世說新語)》 〈간오(簡傲)〉 참조.

卜隣應有地　　歸老尙無田
每憶松巒下　　相尋發酒顚

성산(星山)을 지날 무렵부터 황간현(黃澗縣)에 이를 때까지 갈수록 더 황폐해지는 것이 가엽게 느껴졌다. 영동군(永同郡)에 도착해서 시 한 수를 남겨 왕래하는 사람들에게 보인다

죽령(竹嶺)은 동남으로 통하는 두 번째 고개인데,
이 요충지가 언제부터 인적이 끊어졌는지.
상하 관료 다투어 세금 걷는 것도 이미 싫거늘,
아침저녁으로 보내고 맞는 것도 두려운 일이지.
길 가는 나그네 가벼이 감정을 드러내지 말게나.
남은 백성 혹여 태평성대 보게 될지도 모르니.
시구를 남기려다 다시 시름에 잠기는데,
옛 객사 낡은 처마로 석양이 밝게 비치네.

道過星山 至黃澗縣 漸凋弊可憐 行次永同郡 留詩一首 以示往來

竹嶺[525]東南第二程　要衝何日斷人行

525) 죽령(竹嶺) : 경상북도 영주시와 충청북도 단양군 경계에 있는 고개. 해발 689미터로, 과거에는 문경새재, 추풍령과 함께 영남 3대 관문으로 일컬어졌다. 하지만 중앙 고속 도로와 중앙선 철로가 새로 신설되

已嫌上下爭科斂　　更怯朝昏管送迎
過客毋輕生喜怒　　遺民儻幸見昇平
欲留詩句還愁絶[526]　　古館頹簷夕照明

면서 죽령의 고갯마루를 지나는 옛길은 교통로보다는 아름다운 자연 경관을 가진 명승으로서의 가치를 갖고 있다.

526) 수절(愁絶) : 애절한 시름. 시름을 못 견디는 모양.

양산현(陽山縣)에 도착해서 보니 벽 위에 시가 있었는데 그 이름이 지워져 있었다. 장난삼아 그 운을 써서 두 수를 지은 다음에 그 시를 판(板) 위에 함께 써 놓고는 "이 판도 누가 떼어 내지 않을지 어떻게 알겠는가?"라고 했다

제1수
반백 년 세월을 객지에서 머물다가,
집 돌아오니 백발이라 동네 사람 놀라네.
다시 옛 관동 길 찾아 나섰다가,
바닷가 고을에선 시를 짓기도 했지.
산이 좋으면 때때로 잠시 머물기도 하고,
풍년이 들면 가는 곳마다 환영을 받았네.
벽 사이의 이름은 지워 버리지 마시게나.
붓으로 먹고사는 우리 일을 알아주길.

제2수
쓸쓸한 작은 고을 역 마을 객사 같은데,
벽 위의 시를 보니 기쁘고도 놀라워라.
길이 험해 언제 사절을 맞기나 했으랴?
사람들 한가하니 큰 고을과 멀리 떨어진 줄 알겠네.

문 앞에 서 있는 고목은 누가 심었으려나?

발을 걷으니 푸른 산이 절로 다가온다.

이제 나루터 묻기 싫으니 집 짓고 정착할 생각도 있거늘,

세상에 짝지어 밭 갈 장저(長沮)와 걸익(桀溺)이 없구나.

行次陽山縣 壁上有詩 其名字爲人所磨 戱用其韻作二首 幷書其詩于板曰 安知此板亦不爲人之所去乎

其一

半百光陰寄旅亭　　還家鬢髮里閭驚
又因訪古關東路　　仍得尋詩海上城
山好有時成小駐　　年豐到處喜相迎
壁間名字休磨去　　認取吾儕事筆耕

其二

蕭條小縣似郵亭　　壁上看詩喜且驚
路險何曾邀使節　　人閑更覺遠州城
當門老樹知誰種　　捲箔青山不待迎
已厭問津527)思卜築528)　世無沮溺耦而耕

527) 문진(問津) : 이곳에서 저곳으로 건너갈 배가 머무는 나루터를 묻다. 공자(孔子)가 제자들을 데리고 천하를 주유(周遊)하다가 초나라에

들렀을 때 자로(子路)를 시켜 밭을 갈고 있는 은자(隱者)였던 장저(長沮)와 걸익(桀溺)에게 나루를 물었다. 이에 학문과 진리의 길을 묻는다는 의미로 사용한다. 《논어》〈미자(微子)〉 참조.

528) 복축(卜築) : 살 만한 땅을 가려 집을 짓고 정착해서 산다는 의미다.

금주(錦州) 객사 2수

제1수

사방이 막혔고 길도 험난한데,
고관 수레 어찌 기꺼이 오리오?
집들은 무성한 교목과 함께 낡아 가고,
처마는 비스듬히 좋은 산 향해 열렸다.
기생 명부엔 홍분(紅粉)이 남았거늘,
빈계(賓階)에는 초록 이끼 끼었구나.
흥이 막혀 좋은 구절 생각나지 않는 건,
소재가 부족해서 그런 것은 아니라오.

제2수

승경 유람에 험한 곳 따지지 않아
우연히 이곳 금산으로 왔다네.
험한 돌길도 거의 끝나 가는데,
산굽이를 돌자 눈앞이 확 트이네.
빗소리는 골목 나무에 세차게 들리고,
산그림자 이끼 낀 뜰에 가득 비치네.
가르치고 키우는 건 누구의 책임인가?
신령한 땅이 뛰어난 인재 낳을 것이니.

금주는 사방으로 통하는 길이 모두 험난하다. 양산(陽山)에서 금주로 오는 길이 더욱 험난하기 때문에 사람들이 '험한 돌길(犖确路)'이라고 부른다.

題錦州[529]客舍

其一

四塞路幽險	高車豈肯來
屋依喬木老	軒傍好山開
樂籍[530]殘紅粉	賓階[531]點綠苔
興闌無秀句	不是乏詩材

其二

勝游無險易	偶向錦溪[532]來
犖确[533]行方盡	紆餘[534]望忽開

529) 금주(錦州) : 충남 금산(錦山)의 옛 이름.

530) 악적(樂籍) : 장악원(掌樂院) 악공(樂工)의 등록 원부. 여기서는 관부에 소속된 창기(娼妓) 명단으로 보는 것이 좋을 듯하다.

531) 빈계(賓階) : 서쪽 계단. 반면 동쪽 계단은 조계(阼階)라 한다.《의례(儀禮)》참조. 서쪽 뜰이라고 하기도 한다. 어느 쪽이든 금주 객사가 외딴 곳이라 찾는 이가 없는 바람에 계단에 이끼가 끼었다고 표현했다.

532) 금계(錦溪) : 역시 금산(錦山)의 옛 이름이다.

533) 낙각(犖确) : 산에 큰 돌이 많은 모양.

雨聲深巷樹　　　山影滿庭苔
敎養是誰責　　　地靈生異材

錦州四達皆嶮. 自陽山至州尤嶮, 人謂犖确路.

534) 우여(紆餘) : 넓고 아득히 먼 모양. 또는 물이 휘돌아 흐르거나 숲이나 언덕이 구불구불 잇대어 있는 모양.

내가 지치(至治) 연간에 일 때문에 진동현(珍同縣)에 왔었다. 그런데 여러 집들이 허물어져 비바람을 막을 수 없길래 이미 백성이 정처 없이 떠나 버려서 다시는 인가(人家)가 없을 것이라고 생각했다. 이번에 와서 보니 영접하는 관리도 있고, 접대하는 장소도 있는데 왜 그런지 이유를 물었다. 그랬더니 진신로(陳臣老)라는 사람이 호장직(戶長職)을 맡아 다시 새로 지었기 때문이라고 했다. 나는 너무 기뻐서 진씨(陳氏) 집의 벽에 시를 써서 풍속을 살피는 직책을 맡은 사람에게 보이고, 현감에게 경계가 되게 하는 한편 온 마을 사람들이 진씨를 본받도록 했다

시대의 흥폐와 함께 백성 형편 알 수 있는데,
옛 고을에 다시 오니 눈이 번쩍 뜨이네.
이미 황무지가 옥토로 바뀌었고,
가시덤불은 사람 사는 집으로 변했구나.
내 어찌 이 시구에 화답하길 기대하리오?
외려 내 이름 아는 이 없는 것이 기쁘거늘.
나라 섬기고 집안 다스림도 이처럼만 한다면,
촌구석에서 공경이 나온들 뭐가 문제일까?

余於至治間 因事到珍同縣 數家破屋 不庇風雨 謂已流亡 無復人烟也 今者之來 候迓有吏 應接有所 詢其所以 陳其姓 臣老其名 戶長其職者 能有以起廢故也 余喜甚 因題陳家之壁 以示觀風 以警監縣 且令一鄕之人取法陳家云

與時興廢見民情[535]　古縣重來忽眼明
已變草萊爲黍稷　更敎荊棘化軒楹
敢期有客賡詩句　却喜無人識姓名
奉國持家只如此　窮鄕何害出公卿

535) 민정(民情) : 백성의 사정과 형편.

연산(連山)에 도착해서 김광정(金光鼎) 선생이 가까운 고을에서 학생들을 가르치고 있다는 말을 들었다. 이에 절구 2수를 지어 보낸다

제1수

예전에 반궁(泮宮)에서 생도를 가르치시더니,
물러나 살면서도 유풍(儒風)을 진작하고자 하시네.
육경을 말할 땐 사설(邪說)을 배격해야지.
우리 도가 시문만 공을 들일 수 있겠는가?

제2수

청산 십 리에 집은 일 묘에 불과하거늘,
수많은 학생들과 무우(舞雩)의 바람을 쐰다네.
이웃에 살면서 우리 도 논하고 싶은 맘 간절하거늘,
요즘 공짜 밥만 축내다 보니 식공(食功)에 부끄럽구나.

行次連山 聞金先生光鼎在近邑教授生徒 以二絶寄之

其一

曾誨螟蛉536)在泮宮537)　閑居猶欲振儒風
要談六籍排邪說　　吾道寧專筆硯功538)

其二

十里青山一畝宮539)　　侁侁540)童冠舞雩風541)

536) 명령(螟蛉) : 생도(生徒)의 별칭. 원래 명(螟)은 멸구과의 벼 마디를 먹는 배추벌레를, 영(蛉)은 잠자리목 배추벌레 털매미를 뜻하는데, 빛깔이 푸른 나방과 나비의 어린 벌레를 의미한다. 옛날 사람들은 나나니벌[蜾蠃]이 명령을 업어다가 자기 새끼를 키운다고 믿었다. 그래서 양자(養子)라는 의미로도 쓴다. 《시경》 〈소아 소완(小雅 小宛)〉에 "언덕 가운데의 콩을 서민들이 거두어 가는 것처럼, 명령의 새끼를 과라가 업어 데리고 가서 키우니, 그대도 아들을 잘 가르쳐서, 좋은 방향으로 닮도록 하라(中原有菽 庶民采之 螟蛉有子 蜾蠃負之 教誨爾子 式穀似之)"라 했다.

537) 반궁(泮宮) : 천자의 국학 기관을 벽옹(辟雍)이라 한 것에 비해 제후국에 있는 국학 기관을 가리키는 말이다. 우리나라에서는 성균관과 문묘를 의미하기도 한다. 반은 반원을 이룬 연못이 있다는 뜻이고, 궁은 학생들이 기거하면서 교육을 받는다는 학궁(學宮)을 의미한다. 연못을 두는 이유는 학생들이 붓으로 글을 쓰고 학문을 연마하는 과정에서 필요한 물을 공급한다는 상징적 의미다. 여기서는 김광정 선생이 국자감에서 교수를 지냈음을 의미한다.

538) 오도녕전필연공(吾道寧專筆硯功) : 이곡이나 김 선생이 학문의 근간으로 삼고 있는 유학에서는 시문 짓기만 몰두해서는 안 되고 경전 공부를 위주로 해야 함을 충고하는 대목이다. 이 무렵 고려에는 안향을 필두로 백이정, 이제현 등에 의해 주자 성리학이 유입되었고, 이는 유학의 새로운 경향으로 자리를 잡아 가고 있었다. 하지만 지방 곳곳에 그 영향이 미치기에는 아직 시간이 필요했을 것이다. 이곡은 이 부분을 지적한 것으로 보인다.

539) 일묘궁(一畝宮) : 일묘지궁(一畝之宮). 아주 작은 집, 가난한 사람의 집이란 뜻인데, 여기서는 청빈한 선비의 검소한 거처를 의미한다.

卜隣甚欲論吾道　　　尸素542)年來愧食功543)

《예기》〈유행(儒行)〉에 "선비는 가로세로 각각 10보(步) 이내의 담장 안에서 거주한다. 좁은 방은 사방에 벽만 서 있을 뿐이다. 대를 쪼개어 엮은 사립문을 매달고, 문 옆으로 규(圭) 모양의 쪽문을 낸다. 쑥대를 엮은 문을 통해서 방을 출입하고, 깨진 옹기 구멍의 들창을 통해서 밖을 내다본다(儒有一畝之宮 環堵之室 篳門圭窬 蓬戶甕牖)"라 했다.

540) 신신(侁侁) : 여럿이 많이 모인 모양.

541) 동관무우풍(童冠舞雩風) : 동관은 관례를 한 남자 어른과 하지 않은 남자아이로, 일반적으로 학생이나 제자들을 가리키는 말이다. 공자의 제자 증점(曾點)이 "늦은 봄에 봄옷이 만들어지면 관을 쓴 벗 대여섯 명과 아이들 예닐곱 명을 데리고 기수에 가서 목욕을 하고 기우제 드리는 곳에서 바람을 쏘인 뒤에 노래하며 돌아오겠다(暮春者 春服旣成 冠者五六人 童子六七人 浴乎沂 風乎舞雩 詠而歸)"라고 자신의 뜻을 밝히자, 공자가 감탄하며 인정했다고 한다. 《논어》〈선진(先進)〉 참조. 무우(舞雩)는 기우제를 지내는 곳을 말한다.

542) 시소(尸素) : 시위소찬(尸位素餐). 공짜로 먹다. 재덕이나 공로가 없이 직책을 다하지 못하면서 분수에 맞지 않는 자리만 차지하고 녹을 받아먹는 것을 비유한 말이다.

543) 식공(食功) : 비슷한 혹은 적당한 양의 노동의 대가로 음식을 먹다. 원래 국가에 공을 세운 사람에게 보답하는 의미로 백성의 세금을 주어서 생활하게 하는 식읍(食邑)과 같은 뜻이다. 《춘추좌씨전》 문공(文公) 18년 기사에 "법도를 가지고 그 사람의 덕을 관찰하고, 그 덕을 가지고 일을 처리하게 하고, 그 일을 가지고 공을 헤아리고, 그 공을 가지고 백성의 세금으로 먹고살게 한다(則以觀德 德以處事 事以度功 功以食民)"라는 말이 있다.

금산사(金山寺)의 벽 위에 있는 시에 차운하다

이 땅에 봄이 오고 해는 중천인데,
승경 유람도 농번기는 피해야 하고말고.
바다 위 봉래산을 찾아 나섰다가,
인간 세상 도사궁(都史宮)을 들르게 되었지.
높이 치솟은 처마 끝은 북두성에 닿을 듯,
법을 설하는 풍경 소리 봄바람과 말을 거네.
절경을 죄다 찾아가고픈 생각 간절하지만,
안개가 골에 가득해 길이 자꾸만 막히네.

次金山寺壁上韻

春到青丘日欲中　　勝遊要及未農功
爲尋海上蓬萊境544)　因訪人間覩史宮545)

544) 봉래경(蓬萊境) : 삼신산이 해동에 있다는 삼신재해동설(三神在海東說). 중국에서는 발해만 동쪽에 있다는 봉래산(蓬萊山) · 방장산(方丈山) · 영주산(瀛洲山)을 가리켜 삼신산이라고 부르는데, 진시황과 한 무제가 불로장생의 명약을 구하기 위해 이곳으로 동남동녀 수천 명을 보냈다고 전한다.

545) 도사궁(覩史宮) : 미륵보살이 있는 도솔천(兜率天)의 궁전이라는 말로, 금산사 미륵전(彌勒殿)을 가리킨다. 도사는 범어(梵語) 'Tuṣita'

危構簷牙磨北斗　　法音鐸舌語東風

更思杖屨窮幽絶　　滿壑煙霞路易窮

를 음역한 도사다(覩史多)의 준말로, 도솔(兜率)과 같은 말이다. 신라의 진표(眞表)가 경덕왕(景德王) 때에 금산사를 중건하면서 미륵장륙상(彌勒丈六像)을 조성해 주불(主佛)로 봉안했고, 또 법당의 남쪽 벽에 미륵보살이 도솔천 내원(內院)에서 내려와 그에게 계법(戒法)을 전수하는 모습을 그려 놓았기 때문에 이렇게 말한 것이다.

학사 은 모(殷某)가 홍산(鴻山)에서 지은 시에 화답했기에 삼가 그 시에 차운해 바치다 2수

제1수

빰 가득 봄빛이나 귀밑머리 서리 가득인데,

늘그막 풍류는 장창(張蒼)과 같구나.

선생의 즐거움을 세상사람 어찌 구하랴?

게다가 청산이 화당(畫堂)을 둘렀거늘.

제2수

아름다운 높은 절개 풍상에도 굴하지 않고,

무성한 가지와 잎은 푸른 옥에 새긴 듯하네.

졸렬한 필력이나마 나름 솜씨를 부려,

가정 안에 차군당을 지었다네.

殷學士見和鴻山546)所題 謹用其韻奉贈

其一

滿頰春光滿鬢霜　　風流晩歲似張蒼547)
世間那得先生樂　　更有青山繞畫堂548)

其二

猗猗高節傲風霜549)　　枝葉扶疎刻水蒼550)

546) 홍산(鴻山) : 충청남도 부여 지역의 옛 지명. 기러기가 나는 것같이 생겨 이름이 붙은 비홍산(飛鴻山)에서 유래한 지명.

547) 장창(張蒼) : 한 문제(文帝) 때의 승상. 그는 늙어서 이가 다 빠진 뒤에도 100살이 넘도록 젊은 청년처럼 건강하게 살면서 정승직을 지냈다고 한다. 《사기》 권96 〈장 승상 열전(張丞相列傳)〉에 "장창이 재상에서 면직된 뒤에 늙어서 입안에 치아가 없자 젖을 먹었는데 젊은 여자를 유모로 두었다. 처첩이 100을 헤아렸는데, 한번 임신하면 다시 가까이 하지 않았다. 장창은 나이 100여 세까지 살다가 죽었다(蒼之免相後 老口中無齒 食乳 女子爲乳母 妻妾以百數 嘗孕者不復幸 蒼年百有餘歲而卒)"라고 했다.

548) 화당(畫堂) : 채화로 장식한 홀이나 대청. 여기서는 단풍으로 온 산이 물든 모양을 비유하는 말이다.

549) 의의고절오풍상(猗猗高節傲風霜) : 의의는 아름답고 성한 모양을 표현하는 의태어다. 《시경》 〈위풍 기오(衛風 淇奧)〉에 춘추 시대 위 무공(衛武公)을 칭송한 "저 기수 물굽이를 바라다보니, 푸른 대나무가 의의하도다. 아름답게 문채 나는 우리 임이여, 깎고 다듬은 위에 또 쪼고 간 듯하도다(瞻彼淇奧 綠竹猗猗 有匪君子 如切如磋 如琢如磨)"라는 구절이 있다. 이는 은 학사의 정원에 있던 대숲과 은 학사의 절조를 연결한 표현이다.

墨戲[551]敢煩揮妙手　稼亭中作此君堂[552]

550) 수창(水蒼) : 푸른빛이 나는 옥의 한 종류.

551) 묵희(墨戲) : 묵저(墨豬)라고도 하는데, 글씨에 살만 많고 골(骨)이 없는 것을 일컫는 말이다. 일반적으로 필력이 좋은 작품은 골이 많고 좋지 않은 작품은 살이 많다고 하는데, 여기서는 이곡이 자신의 필력을 겸사한 것으로 보인다.

552) 가정중작차군당(稼亭中作此君堂) : 가정은 이곡 자신을, 차군은 대나무를 비유한다. 시구의 의미상 몇 가지 층위로 해석이 가능하다. 우선 이곡이 은 학사의 집에서 본 대숲을 잊지 않고 있다가 시로 표현하기에 부족해 직접 묵죽(墨竹)을 그렸다는 의미로 해석할 수 있다. 또 은 학사가 대나무 그림에 조예가 깊은 것을 알고 그림을 부탁하는 것으로도 볼 수 있는데 그렇게 되면 "번거롭게도 묵적으로 묘수를 휘둘러 주신다면, 가정에 차군당이 만들어지는 셈입니다"라는 뜻이 된다. 또는 "내 부족한 필력이라, 감히 묘수를 휘둘러 주셔서 가중에 차군당을 지어 주시길 청합니다" 정도로 번역할 수 있겠다.

완산(完山) 가는 길에서 2수

제1수

최 장원과 이 장원 재주와 명성이 뛰어나거늘,

전라도의 으뜸 도시라 기상이 웅장하다.

길 가는 나그네여, 귀한 신분 자랑 마오.

이 고장에서 공경이 수없이 나왔으니.

제2수

나 전부(典簿) 이곡은 주벽(酒癖)이 있었고,

장항(張沆) 상국께서는 시웅(詩雄)이라 불렸지.

젊은 시절 대낮부터 벌였던 완산의 추억이여,

세상만사 한바탕 웃음으로 갈무리되는구려.

完山553)途中

其一

狀元崔李554)才名大　界首555)全羅氣象雄

553) 완산(完山) : 전라북도 전주(全州)의 옛 이름.

554) 최이(崔李) : 최는 충숙왕 7년(1320) 6월 예부시(禮部試)에 장원

過客休誇金紫556)貴　公卿多出一鄕中

其二

典簿先生557)成酒癖　訥齋相國號詩雄
靑春白日完山道　萬事都休一笑中

급제한 최용갑(崔龍甲)이다. 그의 관직 경력에 대해서는 별다른 기록이 남아 있지 않다. 참고로 이 과거 시험에서 이곡은 을과 3위를 했다. 한편 이(李)가 누군지는 미상이다.

555) 계수(界首) : 지방 제도에서 일정 권역의 가장 격이 높은 군현(郡縣)을 뜻한다. 완산이 그런 곳이기에 최 장원, 이 장원과 같은 인재가 나왔다는 의미다.

556) 금자(金紫) : 금으로 만든 도장인 금인(金印)과 자줏빛 인끈인 자수(紫綬)를 함께 이르는 말로, 고관(高官)의 의장(儀章), 즉 높은 벼슬아치를 비유해 나타낸다. 고관(高官)의 별칭으로 쓴다. 한나라 때 승상(丞相)과 태위(太尉) 등이 모두 황금 인장(印章)에 자색 수대(綬帶)를 띠었던 데서 온 말이다. 이곡은 1348년 6월 귀국하면서 고려 조정으로부터 광정대부 도첨의찬성사 우문관 대제학 감춘추관사 상호군(匡靖大夫都僉議贊成事右文館大提學監春秋館事上護軍, 정2품)을 제수받았고, 이 시를 쓸 무렵인 1350년에는 원 조정으로부터 봉의대부 정동행중서성 좌우사낭중(奉議大夫征東行中書省左右司郎中, 정5품)을 제수받았다.

557) 전부선생(典簿先生) : 이곡 자신을 가리킨다. 그는 1343년 4월 한식 무렵부터 1345년 12월까지 원 조정으로부터 봉훈대부 중서사 전부(奉訓大夫中瑞司典簿, 종7품)에 임명되었다.

시골집

나는 푸른 바닷가에 집 짓고 살고픈데,
어촌은 어딜 가나 참으로 어여쁘다.
이 집엔 술이 있고 대나무도 많은데,
벽에 시 쓰며 주인 찾을 필요 없으리.

題村舍

我欲卜居滄海濱　　漁村到處盡堪憐
此家有酒仍多竹　　題壁何須問主人558)

558) 제벽하수문주인(題壁何須問主人) : 여기서는 이곡이 찾아 들어간 시골집의 풍경이 마음에 들었고, 이를 동진(東晉)의 왕휘지(王徽之) 고사를 인용해 적절히 비유해 술과 대나무가 풍성한데 굳이 주인까지 만날 필요가 있을까란 농을 던지며 풍류 정신을 드러냈다. 대나무를 사랑했던 왕휘지는 어느 날 어떤 사대부의 집에 멋있는 대나무가 있는 것을 보고는 그 집에 들렀다. 집주인은 술자리를 마련해 놓고서 그가 방 안으로 들어오길 기다렸다. 하지만 왕휘지는 대숲을 감상한 뒤에 바로 떠나려 했다. 이에 주인이 당황하면서 문을 닫아걸고 못 나가게 하며 그를 끝내 만류했다. 이에 왕휘지는 그의 성의를 높이 평가해 그 자리에 머물러서 함께 술을 마신 뒤에 떠났다고 한다. 《진서(晉書)》 권80 〈왕휘지 열전(王徽之列傳)〉 참조.

해 설

고려 후기는 거의 1세기에 걸친 무신 정권이 끝나고 조선이 건국되기 전까지를 말한다. 구체적인 시간으로는 13세기 후반에서 14세기 말까지라고 하겠다. 당시 고려는 정치와 경제 부분에서 내부적으로 심각한 문제에 직면해 있었고, 원나라라고 하는 세계 제국의 힘 앞에 서서히 무너져 가고 있었다. 그리하여 고려 왕조가 선택한 길은 원 제국의 부마국(駙馬國) 체제였다. 황제의 사위가 됨으로써 왕권 안정과 독립국으로서의 지위를 유지하고자 했다. 이런 계획은 비록 종속화 문제 등 심각한 부작용도 있었지만, 일정 부분 성공해 고려 사회가 업그레이드되는 계기가 되기도 했다. 이곡(李穀, 1298~1351)은 이러한 시대, 모두가 '메이드 인 원(元)'을 외치던 시대를 살았던 인물이었다. 그는 원나라의 과거 시험인 제과(制科)에 좋은 성적으로 당당히 급제해 중앙 관료인 한림국사원(翰林國史院) 검열관(檢閱官)으로 발탁되었다. 그리고 원나라에서 10년간 거주하며 고려에 정동행성(征東行省) 원외랑(員外郞)으로 파견된 것을 포함해 무려 11년 10개월 동안 관료 생활을 한, 고려 문인으로서는 최장 기록 보유자가 되었다.

이곡은 권문세족(權門世族)에 들지도 않는 미천한 가문에서 태어났다. 그는 충청도 한산(韓山)에서 대대로 호장직(戶長職)을 이어 온 지방 토착 세력의 후손이었다. 호장은 이방이나 형방처럼 지방에서 대대로 머물러 살며 관아에서 행정을 맡아 했던 하급 관리를 말한다. 총명한 머리와 문학적 감수성과 논리성, 강력한 출세 의지를 갖춘 그가 선택할 수 있는 것은 공부밖에 없었다. 그것은 새로운 공부, 즉 이제 막 열풍이 불기 시작한 성리학이었다. 마침 1314년[인종 연우(延祐) 1], 원 제국은 과거 제도를 부활시켰고, 고려에 향시(鄕試) 자격을 부여했다. 이곡은 재수 끝에 1333년 2월, 고려인 기준 역대 최고 성적(제2갑)으로 합격함으로써 원에서의 관직 생활을 시작했다. 이후 그의 관직은 원나라에서는 종5품인 중서성 감창(中書省監倉)까지, 고려에서는 정2품인 예문관 대제학(藝文館大提學)까지 올랐고, 한산군(韓山君)에 봉해지기도 했다. 당시 여원(麗元) 관계나 원 제국 내 문관(文官)에 대한 위상 등을 고려하더라도 고려 문인으로서는 전무후무한 케이스라 하겠다. 그리고 아들 이색(李穡, 1328~1396)을 음서(蔭敍)로 국자감에 입학시켜 선진 학문을 익히게 했다. 이색은 고려 후기를 대표하는 유학자로 성장해 이종덕(李鍾德)[지밀직(知密直)], 이종학(李鍾學)[첨서밀직(簽書

密直)], 이종선(李種善)[집의(執義)] 세 아들을 모두 훌륭하게 키워 냈다. 그리하여 그의 가문 한산 이씨는 이곡 당대와 2~3세대를 지나면서 정치 사회적 지위가 급상승한 대표적인 신진 가문으로 부상하게 되었다.

본 시집을 살펴보는 것은 52년 5개월이란 비교적 짧은 시간을 살다 간 이곡이라는 한 인물의 자취를 더듬어 보는 작업이다. 그는 자수성가하고 자식 농사를 잘 지은 문인답게 자신의 문집 자료를 충실히 남겼다. 그의《가정집(稼亭集)》은 총 다섯 번에 걸쳐서 간행되었다. 그 과정을 다음과 같이 요약해 볼 수 있다.

첫 번째, 초간본(初刊本)은 1364년(공민왕 13) 이색의 사위 박상충(朴尙衷)이 금산(錦山)에서 간행했다. 이는 1359년 이색이 20권으로 편집해 둔 것을 처음으로 간행한 것이다.

두 번째, 중간본(重刊本)은 1422년(세종 4) 손자인 이종선(李鍾善)이 강원도 관찰사 유사눌(柳思訥)의 도움을 받아 간행했다. 양란을 거치면서 초간본이 거의 사라져 귀하게 되자 다시 간행했다.

세 번째, 삼간본(三刊本)은 1635년(인조 13) 종친인 이덕형(李德泂)이《가정집》한 질을 구한 뒤 경상도 관찰사인 이기조(李基祚)에게 부탁해 대구에서 간행했다. 삼간본은 흩어져 없어진 책판(版冊)을 모아서 간행하다 보니 시문 일부가 빠진 결유본(缺遺本)이다. 김상헌(金尙憲)의 발문이 붙어 있다.

네 번째, 사간본(四刊本)은 1658년(효종 9) 충청도 관찰사 이태연(李泰淵)이 완본을 구해 전주에서 목판으로 간행했다. 빠진 부분에 대해 상당히 보충한 판본이라 할 수 있다. 본 시집의 대본인 연세대학교 소장본도 사간본으로 판단된다.

다섯 번째, 오간본(五刊本)은 1940년 후손 이영복(李英馥) 등이 책 제일 앞에 〈가정공 사적(稼亭公事蹟)〉을, 책 끝에 홍여하(洪汝河)가 지은 〈가정 비기(稼亭碑記)〉와 나계종(羅繼從)이 지은 〈가정 선생 화상찬(稼亭先生畫像贊)〉을 붙여서 충남 예산(禮山)에서 연활자(鉛活字)로 간행했다.

《가정집》은 고려 후기의 역사와 문학을 연구하는 데 매우 중요한 위치를 차지하고 있다. 그의 굵직한 발자취와 함께 자료가 절대적으로 부족한 상황에서 20권이라는 방대한 양의 문집이 완전한 상태로 보존되어 전한다는 것은 참으로 다행이다. 《가정집》에 수록된 다양한 장르와 작품수는 다음과 같이 정리할 수 있다. 우선 13권까지 수록된 산문 장르와 편수는 다음 표와 같다. 잡저(雜著), 기(記) 등 총 17개 장르 105편의 작품이 있다.

<table>
<tr><th>권수</th><th>장르</th><th colspan="2">편수(篇數)</th><th>참고</th></tr>
<tr><td>제1권</td><td>잡저(雜著)</td><td>9편</td><td></td><td></td></tr>
<tr><td>제2권</td><td rowspan="6">기(記)</td><td>9편</td><td rowspan="6">30편</td><td></td></tr>
<tr><td>제3권</td><td>7편</td><td></td></tr>
<tr><td>제4권</td><td>7편</td><td></td></tr>
<tr><td>제5권</td><td>4편</td><td></td></tr>
<tr><td rowspan="2">제6권</td><td>3편</td><td></td></tr>
<tr><td>비(碑)</td><td>3편</td><td></td><td></td></tr>
<tr><td rowspan="3">제7권</td><td>설(說)</td><td>8편</td><td></td><td></td></tr>
<tr><td>제발(題跋)</td><td>2편</td><td></td><td></td></tr>
<tr><td>명찬(銘讚)</td><td>5편</td><td></td><td></td></tr>
<tr><td rowspan="3">제8권</td><td>서(書)</td><td>3편</td><td></td><td></td></tr>
<tr><td>계(啓)</td><td>1편</td><td></td><td></td></tr>
<tr><td rowspan="3">서(序)</td><td>3편</td><td rowspan="3">13편</td><td>5언 절구 1수 포함</td></tr>
<tr><td>제9권</td><td>8편</td><td></td></tr>
<tr><td rowspan="4">제10권</td><td>2편</td><td>7언 율시 1수 포함</td></tr>
<tr><td>표전(表箋)</td><td>7편</td><td></td><td></td></tr>
<tr><td>소어(疏語)</td><td>3편</td><td></td><td></td></tr>
<tr><td>청사(靑詞)</td><td>3편</td><td></td><td></td></tr>
<tr><td rowspan="2">제11권</td><td>제문(祭文)</td><td>4편</td><td></td><td></td></tr>
<tr><td rowspan="2">묘지명(墓誌銘)</td><td>5편</td><td rowspan="2">7편</td><td></td></tr>
<tr><td rowspan="2">제12권</td><td>2편</td><td></td></tr>
<tr><td>행장(行狀)</td><td>2편</td><td></td><td></td></tr>
<tr><td rowspan="2">제13권</td><td>정문(程文)</td><td>2편</td><td></td><td></td></tr>
<tr><td>책(策)</td><td>3편</td><td></td><td></td></tr>
<tr><td></td><td>17 장르</td><td>105편</td><td></td><td></td></tr>
</table>

다음으로 14권부터 20권까지 수록된 시문의 경우는 시체별로 정리했다. 시의 경우는 시 제목을 기준으로 369편이 있었고, 같은 제목 아래 여러 편이 있는 경우를 함께 계산하면 492수(首)가 있음을 확인할 수 있다. 일반적인 근

체시와 고체시의 모든 종류가 망라되어 있고, 당시로는 창작 자체가 쉽지 않았던 사(詞) 작품이 10수나 되는 것도 눈에 띈다.

	권8	권 10	권 14	권 15	권 16	권 17	권 18	권 19	권 20	합계 (首)
7언 고시			21							21
5언 고시			9	1			1			11
5·7장단구			1							1
6언시						1		1		2
5언 절구	1			5		5	10		1	22
5언 율시				4	8	19	14	4	4	53
7언 절구				56	39	17	40	47	34	233
7언 율시		1		17	25	37	17	23	19	139
사(詞)									10	10
	1	1	31	83	72	79	82	75	68	492

마지막으로 가정 이곡에 대해 진행된 기존 연구에 대해 살펴보도록 하겠다. 그간의 연구는 그가 고려 후기 지성사와 문학사에서 차지하는 비중에 걸맞게 다양한 각도에서 심도 깊게 전개되었다. 크게 다섯 가지 정도의 방향으로 나눌 수 있으며, 대표적인 연구는 다음과 같이 정리할 수 있다.

첫째, 생애와 사상에 대한 개괄적 연구다.

· 고혜령(高惠玲), 〈가정(稼亭) 이곡(李穀)과 원(元) 사대부(士大夫)와의 교유(交游)〉, 《민족사의 전개와 그 문화》(벽사 이우성 교수 정년 퇴직 기념 논총), 창작과비평사, 1990.

· 고혜령, 〈가정(稼亭) 이곡(1298~1351)에 대하여 ―관직활동과 정치관을 중심으로〉, 《이화사학연구》 18, 이화사학연구소, 1988.

· 고혜령, 〈원 궁정에 펼쳐진 고려인 사회〉, 《한국사 시민강좌》 28, 일조각, 2001.

· 김창현, 〈가정집 시 분석을 통한 이곡의 인생여정 탐색〉, 《한국인물사연구》 22, 한국인물사연구회, 2014.

· 마종락, 〈가정(稼亭) 이곡(李穀) 생애(生涯)와 사상(思想)〉, 《한국사상사학》 31, 2008.

· 배규범, 〈이곡(李穀)의 《가정집(稼亭集)》을 통해 본 14세기 전반기 인적 네트워크의 양상〉, 《동양한문학연구》 53, 동양한문학회, 2019.

· 배규범, 〈가정 이곡(1298~1351)의 중국 체험과 원나라 인적 네트워크 고찰〉, 《동양한문학연구》 65, 동양한문학회, 2023.

· 유명종, 〈가정(稼亭) 이곡(李穀)의 생애(生涯)와 사상(思想)〉, 《동양철학》 8, 한국동양철학회, 1997.

· 이병혁, 〈가정의 사상과 그 문학〉, 《부산공전대논집》 20, 부산공전, 1979.

· 이성규, 〈고려(高麗)와 원(元)의 관료(官僚) 이곡(李穀) 연보고(年譜考)〉, 《동아시아 역사의 환류》(전해종 박사 팔순 기념 논총), 지식산업사, 2000.

· 한영우, 〈가정 이곡의 생애와 사상〉, 《한국사론》 40, 서울대학교 국사학과, 1998.

둘째, 성리학 수용 과정 및 그의 유학 사상에 대한 연구다.

· 고혜령, 〈14세기(世紀) 고려(高麗) 사대부(士大夫)의 성리학(性理學) 수용(受容)과 가정(稼亭)〉, 이화여대 박사학위논문, 1992.

· 김남이, 〈14세기 사대부의 이학적 세계관과 문예의식－성리학 수용기의 이제현 · 이곡 · 백문보의 산문을 중심으로〉, 이화여대 석사학위논문, 1994.

· 김영우, 〈유가의 가족윤리론－이곡의 조포충효론과 관련하여〉, 《철학연구》 61, 철학연구회, 2003.

· 김인호, 〈원(元)의 고려 인식(高麗認識)과 고려인(高麗人)의 대응(對應)〉, 《한국사상사학》 21, 한국사상사학회, 2003.

· 김종진, 〈이곡(李穀)의 산문에 나타난 성리학과의

교섭 양상〉, 《한문학보》 13, 우리한문학회, 2005.

· 박순남, 〈고려 말 지식인의 소학 수용에 관하여〉, 《동양한문학연구》 17, 동양한문학회, 2003.

· 유인희, 〈이곡(李穀) 이색(李穡)의 윤리철학과 고려(高麗) 유학(儒學)의 성격〉, 《동방학지》 101, 연세대학교 국학연구원, 1998.

· 이병혁, 《고려 말 성리학 수용기의 한시 연구》, 태학사, 1989.

· 홍성욱, 〈이곡 산문의 연구－성리학적 이데올로기의 실천을 중심으로〉, 《돈암어문학》 11, 1999.

셋째, 원나라 문화 수용과 대원(對元) 의식의 변화에 대한 연구다.

· 김순자, 〈고려 말 대중국관계의 변화와 신흥유신의 사대론〉, 《역사와현실》 15, 한국역사연구회, 1995.

· 김인호, 〈원(元)의 고려 인식(高麗認識)과 고려인(高麗人)의 대응(對應)－법전(法典)과 문집(文集) 내용을 중심으로〉, 《한국사상사학》 21, 한국사상사학회, 2003.

· 김종진, 〈이곡의 대원 의식〉, 《태동고전연구》 1, 한림대학교 태동고전연구소, 1984.

· 도현철, 〈원명 교체기 고려 사대부의 소중화 의식〉,

《역사와 현실》 37, 한국역사연구회, 2000.

· 박종기, 〈원 간섭기 유교 지식인의 사상적 지형〉, 《역사와현실》 49, 한국역사연구회, 2003.
· 성범중, 〈고려 말 지식인의 중국 체험과 그 형상화 양상〉, 《진단학보》 114, 진단학회, 2012.
· 어강석, 〈고려(高麗) 후기(後期) 문인(文人)의 원(元) 문화 수용(文化受容)과 의식(意識) 변화(變化)〉, 《개신어문연구》 20, 개신어문학회, 2003.
· 어강석, 〈이곡(李穀)의 재원기(在元期) 시에 나타난 교유 양상과 정신적 갈등〉, 《한국한문학연구》 45, 한국한문학회, 2010.
· 최봉준, 〈14세기 고려 성리학자의 역사 인식과 문명론〉, 연세대학교 박사학위논문, 2014.
· 최봉준, 〈이곡(李穀)의 기자(箕子) 중심의 국사관과 고려 · 원 전장조화론(典章調和論)〉, 《한국중세사연구》 36, 한국중세사학회, 2013.

넷째, 영사시(詠史詩) · 농민시 · 사(詞) 등 그의 시 문학이 갖는 주제와 내용에 대한 분석이다.

· 강동석, 〈이곡(李穀)의 시 세계(詩世界)와 자아의식(自我意識)〉, 《한문교육연구》 35, 한국한문교육학회, 2010.

· 김건곤, 〈고려 문인들의 팔경문학 향유에 대하여〉, 《장서각》 34, 한국학중앙연구원, 2015.
· 김시업, 〈고려 후기 사대부 문학의 일성격－농민을 제재로 한 이곡과 윤여형의 시〉, 《대동문화연구》 15, 성균관대학교 대동문화연구원, 1982.
· 김종진, 〈이곡(李穀)의 시 세계〉, 《한문학논집》 2, 근역한문학회, 1984.
· 김종진, 〈이곡의 영사시 연구－27수 영사시를 중심으로〉, 《한문교육연구》 12, 한국한문교육학회, 1998.
· 김현주 · 윤혜지, 〈고려 사인의 중국사 수용 양상 고찰－이곡 사(李穀詞)를 중심으로〉, 《중국연구》 42, 한국외국어대학교 중국연구소, 2008.
· 류기수, 〈고려 시대(高麗時代)의 사인(詞人) 및 사문학(詞文學)의 발전 배경(發展背景) 고찰(考察)〉, 《중국학연구》 29, 중국학연구회, 2004.
· 박성규, 〈이곡의 영사시 연구〉, 《한국한문학연구》 26, 한국한문학회, 2000.
· 배규범, 〈가정집을 통해 본 이곡의 욕망 추구와 인간적 고뇌〉, 《대동한문학》 55, 대동한문학회, 2018.
· 배규범, 〈14세기 전반 고려 문인의 사회적 욕망 탐구－가정 이곡을 중심으로〉, 《온지논총》 56, 온지학

회, 2018.
· 유재영, 〈전라(全羅) 산천(山川) 풍경(風物) – 가정집(稼亭集)을 중심(中心)으로〉, 《향토문화연구》 1, 원광대학교 향토문화연구소, 1978.
· 유호진, 〈이곡 시에 있어서의 반성적 시선과 자유에의 지향〉, 《한국한문학연구》 26, 한국한문학회, 2000.
· 이태형, 〈이곡(李穀)과 정포(鄭誧)의 사(詞)에 투영된 울주 8경(蔚州八景) 형상고(考)〉, 《선도문화》 9, 국제뇌교육종합대학원대학교 국학연구원, 2010.
· 정원표, 〈이곡 시 연구〉, 《한국한시작가연구》 1, 한국한시학회, 1995.
· 황재국, 〈가정(稼亭) 이곡(李穀)의 영사시(詠史詩) 소고(小考)〉, 《어문연구》 11, 한국어문교육연구회, 1983.
· 황재국, 〈가정 이곡의 시에 나타난 망향 사친과 귀거래의 의미〉, 《온지논총》 4, 온지학회, 1998.
· 황재국, 〈가정 이곡의 영사시 소고〉, 《어문연구》 11-1, 한국어문교육연구회, 1983.
· 황재국, 〈이곡 한시(李穀漢詩)의 운율 연구(韻律研究)〉, 《우리문학연구》 5, 우리문학회, 1985.

다섯째, 서(序)·기(記)·설(說)·가전(假傳) 등 산문 문학을 통한 문학사상 탐구에 대한 연구다.

· 김현용, 〈이곡의 죽부인전(竹夫人傳) 소고-여말 문학에 나타난 대(죽) 상징의 문제〉, 《겨레어문학》 8, 겨레어문학회, 1983.
· 도현철, 〈원 제과(1333년)의 고려인·중국인 대책문(對策文) 비교 연구〉, 《역사와현실》 89, 한국역사연구회, 2013.
· 서신혜, 〈이곡(李穀)의 산문에 나타난 나눔 문화의 양상과 의미-〈차마설(借馬說)〉과 〈의재기(義財記)〉를 중심으로〉, 《퇴계학과유교문화》 55, 경북대학교 퇴계연구소, 2014.
· 송재소, 〈가정 이곡의 〈동유기〉에 대하여〉, 《한국한문학연구》 24, 한국한문학회, 1999.
· 안병설, 〈이곡 죽부인전의 제재〉, 《중국학논총》 6, 국민대학교 중국인문사회연구소, 1990.
· 원주용, 〈14세기 전반기(前半期) 글쓰기 양상(樣相)의 한 국면(局面)에 대하여〉, 《한문학논집》 34, 근역한문학회, 2012.
· 원주용, 〈가정(稼亭) 이곡(李穀)의 기(記)에 관한 고찰〉, 《동방한문학》 40, 동방한문학회, 2009.
· 원주용, 〈이곡(李穀) 산문의 문예적 특징〉, 《동방한

문학》 46, 동방한문학회, 2011.
· 최준하, 〈여말(麗末) 이곡(李穀) · 이색(李穡) 부자(父子)의 '전(傳)' 문학(文學) 비교 고찰(比較考察)〉, 《어문연구》 62, 어문연구학회, 2009.
· 홍성욱, 〈이곡 산문의 연구－성리학적 이데올로기의 실천을 중심으로〉, 《돈암어문학》 11, 돈암어문학회, 1999.
· 황재국, 〈한중 죽부인전 연구－장뢰, 양유정 및 이곡의 작품을 대상으로〉, 《동방문학비교연구총서》 1권, 동방비교연구회, 1985.

이상의 연구들을 통해 가정 이곡은 한국 문학사나 유학사에서 14세기 전반기를 대표하는 인물임을 확인할 수 있다. 그의 문학은 총 20권에 달하는 《가정집》을 통해 살펴볼 수 있다. 《가정집》은 특히 고려 문인으로서 최장 시간 중국에 거주한 것은 물론 원나라의 관리로서 활약했던 독특한 이력을 고스란히 담고 있다. 그런 점에서 후속 작업으로 이곡의 산문선이 갖는 의미도 충분하다 하겠다.

지은이 연표

제1기(1298. 7~1333. 1) 제과(制科) 급제 이전

0세 1298년(충렬왕 24)

현 충남 서산군 한산면에서 3남 1녀 중 셋째[첫째 형 이배(李培)가 집안을 건사, 둘째 형 이축(李畜)은 요절]로 출생. 초명은 운백(芸白).

12세 1310년(충선왕 복위 2)

7월 3일, 부친 이자성 사망.

19세 1317년(충숙왕 4)

박효수(朴孝修)가 주관한 거자과[擧子科, 국자감시(國子監試)]에 합격.

모친을 모시고 송도에서 도평의사사(都評議使司)의 연리(掾吏) 일을 맡음. 예부시(禮部試) 이전 송도에서 살며 공부했던 것은 사실[〈차운답가형(次韻答家兄)〉(권18)]인데, 아마도 국자감시 합격 후 연리 일과 본과 준비를 병행한 것으로 보임.

과거 급제 전 유람 중 영해(寧海) 향교대현(鄕校大

賢) 김택(金澤)의 딸[함창 군부인(咸昌郡夫人)]과 혼인했다고 하는데, 정확한 시기는 알 수 없음.

22세 1320년(충숙왕 7)

9월, 이제현(李齊賢)[지공거(知貢擧)]과 박효수[동지공거(同知貢擧)]가 주관한 예부시에 2등으로 합격해 복주(福州, 현 밀양) 사록참군(司錄參軍, 정9품) 발령. 고려에서 관직 생활 시작.

25세 1323년(충숙왕 10년)

가을, 임기를 마친 뒤 발령이 나지 않자 송도로 가서 여러 가지를 모색.

복주의 향교생이던 정운경(鄭云敬, 정도전의 부친)과 망년지우를 맺고 함께 유람하기도 함.

28세 1326년(충숙왕 13)

8월, 정동행성(征東行省) 향시(鄕試)에 3등으로 합격.

29세 1327년(충숙왕 14)

2월, 원나라 대도(大都)의 회시(會試)에 응시했지만 탈락.

30세 1328년(충숙왕 15)

5월 9일, 아들 이색이 영해(寧海) 외가에서 출생.

31세 1329년(충숙왕 16)

6월, 고향 한산(韓山)으로 내려감. 이색도 이때부터 한산에서 살게 됨[《목은 시고(牧隱詩藁)》 권17 〈독서처가 병서(讀書處歌 幷序)〉].

33세 1331년(충혜왕 1)

봄, 예문검열(藝文檢閱, 정9품)에 임명되어 중앙 진출.

34세 1332년(충숙왕 복위 1)

8월, 정동행성 향시에 1등으로 합격.

제2기(1333. 2~1337. 9) 제2차 제3차 재원(在元) 활동기

35세 1333년(충숙왕 복위 2)

3월, 회시에 합격했으나 원 문종(文宗)과 영종(寧宗)이 사망한 뒤 새 황제가 즉위하지 못하는 정치적 상황 때문에 대기 상태.

6월, 순제(順帝)가 즉위한 뒤 9월, 직접 정시[廷試, 전시(殿

試)]를 주관. 이곡은 이 정시에서 한인(漢人)·남인(南人)과 함께 본 좌방(左榜)에서 제2갑(甲)의 성적으로 합격. 회시에서 경(經) 1도(道)에 《역경》을 선택할 정도로 역에 뛰어남.

승사랑(承事郎) 한림국사원(翰林國史院) 검교관(檢校官, 정8품)에 임명됨.

당시 이곡은 고려승들이 거주하던 대도의 대숭은복원사(大崇恩福元寺)의 별원(別院) 보은승방(報恩僧房)에 방을 얻어 기거하며 시험을 준비.

36세 1334년(충숙왕 복위 3)

6월, 학문을 일으키라는 순제의 조서를 가지고 귀국. 고려 여러 고을의 묘학(廟學)을 시찰.

출발 전(4월 18일) 원에서 1차 송별연을 가짐. 이 자리에서 총 14명이 13제(題) 18수(首)의 시와 서문 1편(篇)을 지어 줌[진여(陳旅)의 〈송이중부사정동행성서(送李中父使征東行省序)〉를 비롯해 송본(宋本) 7언 절구 4수, 구양현(歐陽玄) 5언 율시 2수, 사단(謝端) 7언 율시, 초정(焦鼎) 7언 율시, 악지(岳至) 7언 배율, 정겸(程謙) 7언 배율, 왕기(王沂) 5언 율시, 반적(潘迪) 7언 율시, 게혜사(揭傒斯) 5언 배율, 곽가(郭嘉) 5언 율시, 왕사점(王士點) 5언 율시, 송경(宋

裵) 7언 율시, 정익(程益) 5언 배율].

37세 1335년(충숙왕 복위 4)

3월, 원으로 돌아감.

출발 전 고려에서 송별연을 가짐. 이 자리에서 총 11명이 10제 10수의 시와 서문 1편을 지어 줌[최해(崔瀣)의 〈송봉사이중부환조서(送奉使李中父還朝序)〉를 비롯해 이제현(李齊賢) 7언 율시, 권한공(權漢功) 7언 절구, 안진(安震) 7언 율시, 안축(安軸) 5언 배율, 민자이(閔子夷) 7언 율시, 정천유(鄭天儒) 7언 율시, 이달존(李達尊) 5언 배율, 백문보(白文寶) 5언 배율, 정포(鄭誧) 7언 절구, 안보(安輔) 7언 율시].

윤12월, 〈대언관청파취동녀서(代言官請罷取童女書)〉(권8)를 지어 어사대(御史臺)에 올려 고려로부터 공녀(貢女) 받는 것을 금지해 줄 것을 요청(1337년부터 시행됨).

38세 1336년(충숙왕 복위 5)

원에서 유림랑[儒林郎, 문산(文散), 종6품] 휘정원관구(徽政院管勾) 겸(兼) 승발가합고(承發架閣庫, 정8품)에 임명됨.

제3기(1337. 10~1341. 1) 정동행성(征東行省) 원외랑(員外郎) 근무기

39세 1337년(충숙왕 복위 6)

9월, 유림랑 정동행중서성(征東行中書省) 좌우사원외랑(左右司員外郎, 종6품)에 임명되어 귀국, 10월 업무 시작.

9월 15일, 원에서 2차 송별연을 가짐. 이 자리에서 총 9명이 12제 17수의 시와 문 1편을 지어 줌[왕기의 〈가정기(稼亭記)〉, 사단의 〈가정사(稼亭詞)〉, 황진(黃溍)의 〈집연명구 봉제가정(集淵明句 奉題稼亭)〉, 왕사성(王思誠) 5언 고시, 송경 5언 율시, 소천작(蘇天爵) 7언 율시, 유문(劉聞) 7언 율시, 유열(劉閱) 7언 배율, 정익 7언 절구 5수, 공 사태(貢師泰) 7언 배율, 여궐(余闕) 5언 배율 2수, 왕사점 5언 배율].

10월, 고려에서는 중현대부(中顯大夫) 성균좨주(成均祭酒) 예문관제학(藝文館提學) 지제교(知製敎, 종3품)를 제수함.

41세 1339년(충숙왕 복위 8)

고려에서 정순대부(正順大夫) 판전교사사(判典校寺事), 예문관제학 지제교(정3품)를 제수함.

43세 1341년(충혜왕 복위 2)

2월, 원외랑 임기를 마치고, 원의 개원(改元)을 축하하는 정동성(征東省) 〈하개원표문(賀改元表文)〉을 가지고 원에 들어감.

5월, 아들 이색이 13세의 나이로 김광재(金光載)가 주관한 성균관시(成均館試)에 합격.

제4기(1341. 2~1345. 12) 제4차 재원 활동기

44세 1342년(충혜왕 복위 3)

6월, 고려에서 온 사람들과 대도(大都) 근교 유람.

8월 20일, 통주(通州) 신하방수(新河放水) 유람.

45세 1343년(충혜왕 복위 4)

한식 무렵, 오랜 기다림 끝에 원에서 봉훈대부(奉訓大夫) 중서사전부(中瑞司典簿, 종7품)에 임명됨.

46세 1344년(충혜왕 복위 5)

4월, 원에서 즉위(2월)한 충목왕이 귀국하자 왕을 보필하는 측근들에게 축하와 정치 개혁을 당부함. 특히 한종유(韓宗愈)와 정동행성 원외랑 이원필(李元弼)에게 기대감을 표현함[〈송한상국(送韓相國) 2수(二首)〉(권16), 〈송황회산(送黃檜山)〉(권16), 〈우본국재상서(寓本國宰相書)〉(권8)].

47세 1345년(충목왕 1)

고려에서는 봉익대부(奉翊大夫, 종2품) 판전교사사(判典校寺事) 예문관제학 동지춘추관사(同知春秋館事) 상호군(上護軍)을 제수.

고려에서 다시 봉익대부 밀직부사(密直副使)에 제수, 예문관제학직은 유지.

5월 말~8월, 황제를 모시고 상도(上都 : 여름 궁궐)를 다녀옴.

제5기(1346. 1~1347. 12) 고려에서의 반삭(頒朔) 활동기

48세 1346년(충목왕 2)

중서전부(中瑞典簿)로서 황제의 책력(冊曆)인 정삭(正朔)을 받들고 귀국.

원에서 3차 송별연을 가짐. 이 자리에서 총 8명이 8제 8수의 시와 서 1편을 지어 줌[주선(周璿)의 〈송이중부사정동서(送李中父使征東序)〉, 장기암(張起岩)

7언 율시, 주선 7언 율시, 임희광(林希光) 7언 율시, 섭항(葉恒) 7언 율시, 부형(傅亨) 7언 율시, 방도예(方道叡) 7언 율시, 주돈(周暾) 7언 율시, 성준(成遵) 7언 율시].

이제현의 추천으로 안축과 함께 서연강설(書筵講說)을 담당.

봄, 고려에서 지밀직사사(知密直司事, 종2품)를 제수.

여름, 광정대부(匡靖大夫, 종2품) 정당문학(政堂文學) 진현관제학(進賢館提學) 지춘추관사(知春秋館事) 상호군을 제수.

가을, 중대광(重大匡, 종1품) 한산군(韓山君) 예문관대제학(藝文館大提學) 지춘추관사를 제수.

10월, 이제현 · 안축 · 안진(安震) · 이인복(李仁復) 등과 함께 민지(閔漬)가 찬(撰)한 《편년강목(編年綱目)》의 증수(增修)와 충렬 · 충선 · 충숙 《삼조실록(三朝實錄)》을 수찬(修撰).

아들 이색이 우정승(右政丞)을 지낸 권한공(權漢功)의 손녀이자 화원군(花原君) 권중달(權仲達)의 딸과 결혼.

49세 1347년(충목왕 3)

10월, 동지공거(同知貢擧)로서 양천군(陽川君) 허백(許

伯)과 함께 김인관(金仁琯) 등 33명을 선발함. 하지만 사헌부의 탄핵으로 시험은 무효 처리됨.

12월, 다시 원으로 돌아감.

제6기(1348. 1~5) 재원 활동기

50세 1348년(충목왕 4)

아들 이색을 음서(蔭敍)로 원 국자감의 생원(生員)으로 입학시킴.

원에서 중서성(中書省) 감창(監倉, 종5품)에 임명됨.

4월 17일, 천수절(天壽節)에 아들 이색과 함께 대명전(大明殿)의 축하 의식(儀式)에 참여.

제7기(1348. 6~1350. 12) 고려에서의 황혼기

50세 1348년(충목왕 4)

4월 말~6월 초, 귀국. 귀국 즉시 안축을 문병함(6월 21일 사망).

고려에서 중대광 도첨의찬성사(都僉議贊成事) 우문관(右文館) 대제학(大提學) 감춘추관사(監春秋館事) 상호군을 제수함.

51세 1349년(충정왕 1)

이제현과 왕후(王煦) 등이 벌인 공민왕 추대 운동에 참여. 원 중서성에 공민왕 계승을 요청하는 고려 중신들의 상표(上表)를 대부분 이곡이 집필.

5월, 원에서 충정왕(忠定王)이 즉위. 신변에 불안을 느낀 이곡은 유람을 시작.

5월 16일 밤, 진강(鎭江) 원산(圓山) 출발, 새벽에 용연(龍淵) 도착 → 다음 날, 부여(扶餘) 유람.

7월, 충정왕이 귀국하자 8월 14일, 이곡은 송도(松都)를 출발해 금강산과 동해안 유람 시작. 도원역(桃源驛) → 오계역(五溪驛) → 금화역(金化驛) → (천마령을 넘어) 장양현(長楊縣) → 배점대(拜岾臺) · 표훈사(表訓寺) · 정양암(正陽庵) · 신림암(新琳庵) · 삼불암(三佛庵) · 장안사(長安寺) → 통구(通溝) → 회양부(淮陽府) → (철령을 넘어) 복령현(福靈縣) → 등주(登州) → [학포구(鶴浦口) · 국도(國島) · 총석정(叢石亭)을 거쳐] 통구 → [금란굴(金蘭窟) · 통족암(痛足巖)을 거쳐] 임도현(林道縣) → 고성(高城) → [삼일포(三日浦) · 미륵당(彌勒堂) · 사선정(四仙亭)을 거쳐] 명파역(明坡驛) → [선유담(仙遊潭) · 청간역(淸澗驛) · 만경대(萬景臺)를 거쳐] 인각촌사(仁覺村舍) → [영랑호(永郎湖) · 낙산사(洛山寺)를 거쳐] 양주

(襄州) → 동선현(洞仙峴) → 연곡현(連谷縣) → 강릉(江陵) 경포대(鏡浦臺) → [문수당(文殊堂) · 한송정(寒松亭)을 거쳐] 안인역(安仁驛) → [등명사(燈明寺) 일출대(日出臺)를 거쳐] 우계현(羽溪縣) → 삼척(三陟) 서루(西樓) → 옥원역(沃原驛) → 울진(蔚珍) → [성류사(聖留寺) · 성류굴(聖留窟) · 월송정(越松亭)을 거쳐] 평해(平海).

9월 21일, 평해(경상도 시작) 도착.

9월 말, 처가인 영해(경북 영덕)에 도착 후 겨울을 보내고 이듬해 봄 다시 여행 시작.

52세 1350년(충정왕 2)

봄, 경상도를 거쳐 고향 한산으로 돌아감. 흥해(興海) → 경주(慶州) → 영주(永州) → 경산부(京山府) 금산(星山) → 금산(김천)과 추풍령(秋風嶺) → 황간현(黃澗縣) · 양산현(陽山縣, 충북 영동).

5월, 원에서 봉의대부(奉議大夫) 정동행중서성(征東行中書省) 좌우사낭중(左右司郎中, 종5품)에 임명해, 정계 복귀.

가을, 아들 이색이 상도(上都) 분학(分學)에서의 공부를 마치고 귀향해 근친(覲親).

10월 10일, 모친 사망(82세). 한산(韓山)에서 장례, 정운경(鄭云敬)이 방문해 담소 나눔.

12월 15일, 모친을 한산원(韓山原)에 안장. 이제현이 모친의 묘지명을 지어 줌[《익재난고》 권7 〈대원제봉 요양현군 고려 삼한국 대부인 이씨 묘지명(大元制封遼陽縣君高麗三韓國大夫人李氏墓誌銘)〉].

12월 20일, 이색이 원 대도 국자감으로 출발.

53세 1351년(충정왕 3)

1월 1일, 이곡이 한산 숭문동(崇門洞)에서 사망.

1월 30일, 이색이 분상(奔喪) 귀향. 고려에서 시호 문효공(文孝公)을 하사.

옮긴이에 대해

배규범(裵圭範)은 1998년 〈임란기 불가문학 연구〉로 문학박사 학위를 받은 이래, 해외에서 한국학 연구와 후학 양성에 매진하고 있다. 한국학대학원 부설 청계서당(淸溪書堂) 및 국사편찬위원회 초서 과정을 수료했으며, 수당(守堂) 조기대(趙基大) 선생께 사사했다. 학술진흥재단의 고전 번역 프로젝트를 수행했으며, 국사편찬위원회의 《승정원일기》·《조서왕조실록 : 고종순종》 교열 및 교감 작업에 참여했다. 경희대와 동국대에서 학술연구교수를 지냈으며, 2008년부터 베이징 대외경제무역대학(KF 객원교수)을 거쳐 중국 후베이성 우한시 화중사범대학 한국어학과 정교수로 재직 중이다. 주요 관심사는 고려 시대 한문학과 한중 비교 문학이며, 현재는 인물로 살펴본 한중 문화 교류사 시리즈를 집필 중이다. 주요 논저로는 《불가시문학론》·《조선조 불가문학 연구》·《불가 잡체시 연구(佛家雜體詩硏究)》·《고려 시기 한문학 연구(高麗時期漢文學硏究)》 등이 있고, 역저로는 《중관대사 시선(中觀大師詩選)》·《초의시고(草衣詩稿)》·《정관집(靜觀集)》·《선가귀감(禪家龜鑑)》·《무의자 문집(無衣子文集)》·《청허당집(淸虛堂集)》·《허응당 시선(虛應堂詩選)》·《허정문집(虛靜文集)》·《사명당집(四溟堂集)》·《중국 고대 문학 관념 발생사(中國古代文學觀念發生史)》·《중국민간고사경전》·《예일에서 도쿄까지 : 난징대학살의 증거를 찾아》 등이 있다.

이곡 시선

지은이 이곡
옮긴이 배규범
펴낸이 박영률

초판 1쇄 펴낸날 2025년 12월 30일

지만지한국문학
출판등록 제313-2007-000166호(2007년 8월 17일)
02880 서울시 성북구 성북로 5-11
전화 (02) 7474 001, 팩스 (02) 736 5047
commbooks@commbooks.com
www.commbooks.com

지만지한국문학은
커뮤니케이션북스(주)의 한국 문학 출판 브랜드입니다.

ISBN 979-11-430-1590-7 03810

책값은 뒤표지에 있습니다.